财务与会计案例集

（第一辑）

邓学衷　袁江云　李凤莲 ◎ 编著

中国财经出版传媒集团
经济科学出版社
Economic Science Press
·北 京·

图书在版编目（CIP）数据

财务与会计案例集．第一辑／邓学衷，袁江云，李
凤莲编著．-- 北京：经济科学出版社，2023.9
ISBN 978 - 7 - 5218 - 5136 - 6

Ⅰ.①财…　Ⅱ.①邓…　②袁…　③李…　Ⅲ.①财务会
计 - 案例　Ⅳ.①F234.4

中国国家版本馆 CIP 数据核字（2023）第 175686 号

责任编辑：凌　　敏
责任校对：隗立娜
责任印制：张佳裕

财务与会计案例集（第一辑）

CAIWU YU KUAIJI ANLIJI（DIYIJI）

邓学衷　袁江云　李凤莲　编著

经济科学出版社出版、发行　新华书店经销

社址：北京市海淀区阜成路甲 28 号　邮编：100142

教材分社电话：010 - 88191343　发行部电话：010 - 88191522

网址：www. esp. com. cn

电子邮箱：lingmin@ esp. com. cn

天猫网店：经济科学出版社旗舰店

网址：http：//jjkxcbs. tmall. com

北京密兴印刷有限公司印装

710×1000　16 开　21.25 印张　340000 字

2023 年 9 月第 1 版　2023 年 9 月第 1 次印刷

ISBN 978 - 7 - 5218 - 5136 - 6　定价：78.00 元

前　言

　　中国经济在高质量发展的道路上孕育了众多独特的会计和财务管理实践案例，聚焦中国情境的财务和会计教学案例不仅可以深入探究中国企业财务实践的理论建构，而且有助于讲好中国企业财务实践的故事，形成知行合一、师生互动的案例教学模式。

　　长期以来，长沙理工大学在创新应用型财会人才培养的过程中，依托交通、电力、水利等基础行业，始终坚持质量优先、自主创新和特色化、智能化发展的导向，重视案例教学和案例开发，以案例分析提升学生理论素养和职业判断能力，着力培养财会人才应对和处理复杂经济业务的分析与行动能力。

　　《财务与会计案例集》（第一辑）是长沙理工大学经管学院财会系的教学团队根据公开资料及案例调研共同编著的教学案例集，是教学团队多年来开展案例调研、案例教学的初步总结，也从一个侧面反映了近年来长沙理工大学会计学、财务管理专业和MPAcc教学改革的部分成果。其内容涉及财务会计、管理会计、审计、战略与风险管理、商业伦理等方面，基本覆盖了会计学、财务管理本科专业和会计硕士专业学位的大部分必修课程和选修课程，以独特、鲜活的案例分析来引导学生的理论思考，从而培养学生独立处理复杂财务实践问题的能力。

目　录

案例一　闻风转篷：W公司财务共享推进财务转型的价值贡献路径

专业领域/方向：管理会计、财务管理

适用课程：《管理会计理论与实务》《财务共享》

选用课程：《财务管理理论与实务》

编写目的：本案例旨在帮助学员了解财务转型的动机、条件，分析财务共享模式运行的治理、风险管理、绩效管理及实际价值贡献，以及财务共享模式运行可能引发的商业伦理冲突，说明财务共享模式推动企业财务转型是通过怎样的路径、在哪些节点上产生了实际价值贡献，引导学员在实践中关注财务共享模式运行的效果及其价值贡献形式。根据本案例的资料，学员一方面可以感受"业财融合"的具体表现，熟悉财务共享模式运行的治理、风险管理、绩效管理，领会财务共享模式的实际价值贡献；另一方面可以在了解全球共享服务（GBS）框架的基础上，进一步把握财务共享模式的价值贡献机理，摸索数字化时代企业财务管理创新的思路。

知识点：财务共享模式　业财融合　财务共享治理　财务共享风险　价值贡献

关键词：财务共享模式　财务共享治理　财务共享风险　价值贡献

摘要：本案例在实地调研的基础上，比较详细地描述了W公司运用财务共享模式推动财务转型的实践过程。W公司是一家综合性能源企业集团，在加快会计职能从重核算到重管理决策的引导下，立足公司发展战略建立财务共享模式，通过财务共享模式运行的治理、风险管理、绩效管理等实践路径，发掘了财务共享模式的价值贡献，取得了显著成效，在行业企业的财务管理创新潮流中处于引领地位，夯实了企业数字化转型的基础。

引言：探索财务共享模式的价值之路

在新一代信息技术（Information and Communication Technology，ICT）的支撑下，企业财务职能正由原来的业务核算者角色向价值创造者角色转换，财务共享服务得到快速了发展。2014年，财政部在《关于全面推进管理会计体系建设的指导意见》中指出："鼓励大型企业与集团充分利用专业化分工和信息技术的优势，建立财务共享服务中心，加快会计职能从重核算到重管理决策的拓展。"财务共享新模式的运用，既整合了企业分散、重复的业务，又通过业务单元或共享服务伙伴的信息和数据共享，支持业务和战略决策，从而引发企业财务管理的创新。

当前，越来越多的国内企业开始部署共享服务中心，将其作为财务转型再造、支持企业经营战略的重要步骤。特许公认会计师公会（The Association of Chartered Certified Accountants，ACCA）及其他相关调研报告显示：在已实施财务共享的集团中，有75%的企业主要业务是费用报销、应付账款、应收账款等业务的核算，一部分还没有涉及管理会计职能、成本管理、全面预算、税务管理等功能；而且，实施财务共享企业的高级财务人员多数将财务共享理解为财务标准化的集中核算，对处于财务信息化阶段的财务共享服务，主要定位于借助标准化和流程化为财务转型提供数据基础。

另外，由于文字和图像识别软件（Optical Character Recognition，OCR）、移动通信、云计算和大数据等技术的推动，财务信息化的进程突飞猛进，并有望实现业务流程、财务会计流程和管理会计流程的逐步智能化。同时，技术、经济和市场环境的变化使财务共享服务中心在业务服务和交付方式面临全新挑战，共享服务中心需要不断探索和创新，为客户提供更加便捷、灵活、多样的定制化服务，为国内企业的全球化战略提供巨大的推动力。

由此，就提出了一个重要的命题：随着大数据、智能化、移动化、云计算等先进技术在国内企业财务共享中心的应用，财务共享模式的价值贡献是通过怎样的路径展示出来呢？现在，我们基于 W 公司财务共享中心运行的实地调研，来解开 W 公司财务转型过程中财务共享模式的价值贡献路径。

一、W 公司发展状况及财务转型的动机

（一）公司发展历程

W 公司成立于 1995 年 5 月，为某集团公司的二级单位，是一家综合性能源公司。W 公司主要从事电、热力的开发、投资、建设、生产、经营和销售；相关的煤炭、煤层气、页岩气开发及相关交通运输、投资、建设、生产、经营和贸易等业务；节能环保工程投资、建设、生产、运营；相关产业技术的科研开发、技术咨询服务、工程建设、运行、维护、工程监理、招投标代理等；业务范围内设备的成套、配套、监造、运行及检修；经销建筑材料、工业用木材、电工器材和政策允许的金属材料。

截至 2017 年底，W 公司资产总额 416.42 亿元，注册资本 77.9 亿元，拥有 76 家单位，员工总人数 2 454 人。W 企业一直遵循着"自强不息，追求卓越"的企业精神，践行着"责任、进取、务实、创新"的价值观，在业界获得了良好的口碑，并先后荣获"全国五一劳动奖状"等荣誉称号。

（二）财务转型的动机

W 公司发展规模不断扩大，组织机构增多，管理跨度层级增多，协调难度加大，组织成本居高不下，效率在降低。每个分公司下设会计和出纳，人工成本和资源投入成本偏高。不同区域、地点实体分别进行会计核算业务，也无法保证会计记录和报告的规范与统一。根据交易成本理论，若通过财务转型，将资源重新配置，对重复性的、非核心的业务进行剥离和整合，则可以达到降低成本、提升效率的目的，如图 1-1 所示。

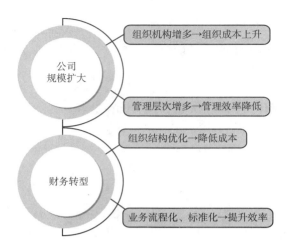

图 1 - 1　财务转型动机之一

W 公司通过财务转型可使企业组织结构能得到有效整合，人才管理模式和人才培养模式将有所转变，随着技术资源合理应用于恰当的流程中会给企业带来超额回报，并最终实现企业动态能力改善。组织结构的调整使生产管理决策权下放，高附加值、胜任能力强的人才资源向基层倾斜，底层组织更富主动性和创造性，同时信息技术将公司整体联结，共享信息、共享知识。通过财务转型，企业财务组织成为衔接公司战略、运营与绩效的桥梁纽带，开展公司整体资源配置、并进行准确衡量、全程控制和监督，以确保企业价值链系统的可持续发展，提升企业动态能力，如图 1 - 2 所示。

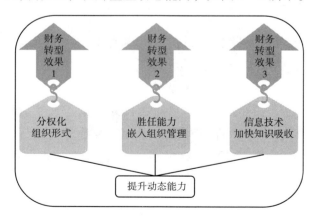

图 1 - 2　财务转型动机之二

二、W公司财务共享模式的建立与运行

（一）建设财务共享中心前提条件

1. 符合公司实际情况。2010年原有流域梯级开发基本完成，公司不断向其他区域扩张；2014年以来省内新能源项目发展较快，项目分布广，核算主体多，单体装机量较小。财务管控模式亟待调整，通过财务共享，进一步优化财务资源配置，可使之更契合"集中经营，分层管理"的管控。模式同时，水电、新能源的产业特点比较适宜推行统一核算。

2. 具备财务管理基础。W公司2003年将资金集中管理，2010年开始走上财务集约化之路，2011年实现了7家直属电厂财务集中，2013年实现了区域公司财务集中，具有较好的财务管理基础。作为更高层次的财务集约化，财务共享服务是财务集约化发展的趋势和方向。财务核算的集中管理实现了公司从标准化向集中化的迈进，为后续的进一步演变奠定了基础。

3. 信息技术系统支持。公司2015年已实现企业资源计划（Enterprise Resource Planning，ERP）系统全覆盖，将公司的四大流——物流、人流、财流、信息流进行整合集成管理，奠定了信息化基础。在财务共享服务模式下，信息技术平台是实现"协同商务、集中管理"的必要条件，财务共享系统在考虑技术融合的前提下，可充分利用ERP建设成果。

4. 高层管理人员重视。基于集团深化体制改革的要求，作为财务共享试点单位，集团高层管理人员对公司的财务共享建设十分重视，多次强调，并现场调研指导。实行财务共享，需对现有财务组织架构、业务流程等方面进行较大变革，不可避免地会触及现有内部利益格局。财务共享服务的成功实施很大程度上取决于高层领导的支持与协调。

（二）财务共享中心建设历程及业务范围

W公司财务共享试点建设共分为四个阶段：调研阶段、设计阶段、实施阶段、完善阶段。2015年12月启动研究策划，2016年9月13日开始实施建设，2016年11月21日共享信息系统正式上线，2017年银企直联、税企直联等后续优化功能上线。截至目前，财务共享模式已运行超过1年，业务处

理及系统运转平稳，效果基本达到预期。

1. 调研阶段（2015 年 12 月至 2016 年 4 月）主要包括以下工作：财务共享理论学习和内部讨论；重点难点课题揭榜攻关；实地调研；财务人员问卷调查。调研阶段使公司财务人员对财务共享有了一定的认识，对财务共享实施过程中可能遇到的重点难点作出了初步探究，向其他公司学习借鉴经验并考虑与自身的适配性，同时，充分了解财务人员对财务共享的建议与意见，有利于财务人员思想观念转变。

2. 设计阶段（2016 年 5 月至 2016 年 8 月）主要包括以下工作：财务共享理念普及宣传；征求基层单位意见建议；设计财务共享总体方案；成立工作组织机构、招标选聘实施商。设计阶段强化了财务共享理念宣传，深入考虑基层单位实际需求，描绘了财务共享的蓝图，为具体实施提供了指导路径。

3. 实施阶段（2016 年 9 月至 2016 年 11 月）主要包括以下工作：业务流程梳理与职责界定；信息系统开发；办公场地与设施改造；机构与人员调整；工作转轨交接。实施阶段对组织机构进行了调整，实现了流程再造，将原有的 ERP 内核与财务共享平台集成开发。为了预留年底财务决算时间，该阶段时间紧任务重，但得益于前期充分的设计和调研工作，实施得以顺利完成。

4. 完善阶段（2016 年 12 月至 2018 年 5 月）主要包括以下工作：建设实时监控大屏；配套建立制度规范；资金管理平台、银企直联上线；税务管理平台、税企直联上线；电子报账平台、移动报销平台上线。公司的财务共享建成后一直在不断完善，使财务业务进一步融合，朝着更有利于管理决策的方向发展。

目前，财务共享已在公司层面实现了全覆盖，涵盖了 75 家服务单位。

财务共享中心集中进行 15 家单位的会计核算，包括：3 个区域性的事业部和分公司（宁夏事业部、山西事业部、云南事业部），5 家子公司（2 家常规水电、3 家辅业公司），以及 7 家直属电厂。其下设 5 个共享分部：新疆分部（负责新疆事业部内所涵盖区域内的财务核算）、四川分部（负责四川分公司及周边区域）、新能源分部（负责新能源分公司及省内小水电）、五华分部、黔东分部。财务共享中心设 8 个业务办、组，分别为：资金管理办、税务管理办、机关财务办、共享财务办、共享办——报表组、共享办——制证组、共享办——审核组、共享办——支付组。

（三）财务共享中心的业务

W 公司的财务共享主要涵盖以下四个方面。

1. 职能界面。财务共享模式下，将原有财务人员分为三个维度：战略财务、共享财务、业务财务。

第一个维度为战略财务，落地于经营与评价部即原有的财务部。负责财务体系建设，全面预算管理，组织目标管理和业绩评价、经营分析和评价，股权管理，资产管理，投资项目财务管理，对标管理，财务监督等。

第二个维度为共享财务，落地于财务共享中心。集中处理事务性工作，产出无差异化的会计信息。负责会计核算相关工作及资金、税务管理，财务人员委派管理，财务共享模式建设，财务信息系统管理等。

第三个维度为业务财务，落地于基层单位。负责基层单位财务管理，包括预算执行、经营分析、税务协调、资金计划、合同管理、报账业务前端审核等职能。

战略财务专业化，共享财务集中化，业务财务一体化，三者有机组合，如图 1 - 3 所示。这就使得财务管理趋于精细，财务效能被放大，从而实现了财务的高效管理。原财务集中模式下，电厂设财务人员，仅保留 1 名报账员处理报税等简单实务。财务共享后，要求基层财务专注于财务管理工作，全面参与经营管理，并将经验较丰富、素质较好的财务人员向基层单位倾斜，强化基层财务力量。

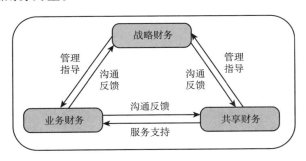

图 1 - 3　W 战略、业务、共享的三角关系

2. 机构人员。财务共享前，公司设财务部及会计中心两个平行部门，会计中心主要负责财务集中业务处理。实行财务共享后，公司设经营与评价部（财务部）、财务共享中心两个平行部门，管理三级单位均设立了财务机构或财务人员。在财务集中阶段，会计人员在同一个地方以相同的标准做事，而在共享阶段，会计人员在同一个地方以相同的标准按照专业化的分工来做事。

同时，考虑到下属五家单位的管理自主性强，业务同质化程度不高，且财务人员多为当地招聘不便于集中到总部办公，按照"业务集中部署，人员属地管理"的思路设立财务共享分部，业务在信息系统统一处理，仅人员保留在当地管理。

财务共享中心机构设置包括四个办公室及四个组，如图1-4所示。资金管理办主要负责公司资金统筹管理，包括资金调拨、融资等；税务基建办主要负责公司整体纳税筹划及对各单位进行税务指导；机关财务办主要负责机关报账前端审核；共享业务办负责财务共享中心内部综合性事务处理，共享业务办按照会计核算的流程节点下设四个组：制证、审核、支付、总账报表。

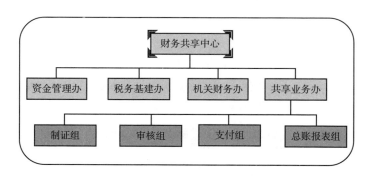

图1-4　W公司财务共享服务中心机构设置

财务共享实现后，财务人员的结构比例也有了较大的改变。共享前，80%的财务人员从事会计核算工作，负责宏观财务管理的人员仅占20%；共享后，财务管理人员的比例达到了60%，其中包括战略财务10%，基层财务50%，如图1-5所示。基层财务从纷繁复杂的会计核算中解放出来，全面参与经营分析、税务协调、资金计划、绩效考核、战略管理等高附加值的管理会计工作。

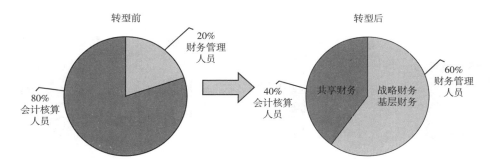

图1-5　W公司共享前后财务人员比例

3. 业务流程。目前的业务流程主要分为两个大的阶段：一是基层单位的审核、审批阶段，这个阶段的主要流程是：经办人的业务发起；经办人在业务发起后将原始单据扫描上传至电脑；业务单据流转至第一个审核环节即业务财务环节，同时经办人将纸质单据交给业务财务。业务财务进行第一道审核：线上影像与线下单据是否匹配、单据是否合规。经业务财务审核无误后提交给基层单位领导审批，至此基层单位的审批已全部完成。二是财务共享阶段，主要有制证、审核、支付及报表编制。制证及审核阶段采用随机抢单模式，在这种模式下，会计人员接到的业务可能来自各个公司；支付环节因涉及网银盾的保管、密码设置等，按照单位作出区分；编制报表也对各个单位作出区分。会计核算打破了原来的按单位分工的模式，会计业务核算集中到财务共享中心处理，按照流程节点进行流水线作业，如图1-6所示。

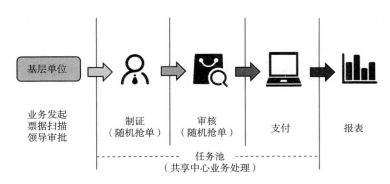

图1-6　W公司共享中心业务流程

业务流程注重线上业务处理与线下单据流转相结合。业务处理均在线上进行，会计核算完全脱离了纸质单据的传递，财务人员根据原始单据线上影像完成制证、稽核、支付等工作。线下单据流转：纸质原始单据及凭证由各单位打印整理，定期传递到财务共享中心，当月的凭证及原始单据一般会在下月 15 号之前统一进行装订归档。

4. 信息系统。公司信息系统集成后形成以 ERP 为核心，建设横向集成、纵向管控的财务共享管理体系（集团管控→ERP→共享系统→共享中心）；ERP、财务共享系统数据互联互通，数据完整准确（凭证等账务数据一致）。

建成后的财务共享系统如图 1-7 所示。按照集团公司信息化整体规划，W 公司已于 2016 年底完成了第三期建设，实现了全面覆盖。为了发挥 ERP 业财一体化的优势，财务共享信息系统的建设选择了以 ERP 为核心的继承模式，最大程度利用了 ERP 建设成果，保证了 ERP 建设成果，保证了 ERP 数据的唯一性、完整性，技术方面具备较好的可复制性。

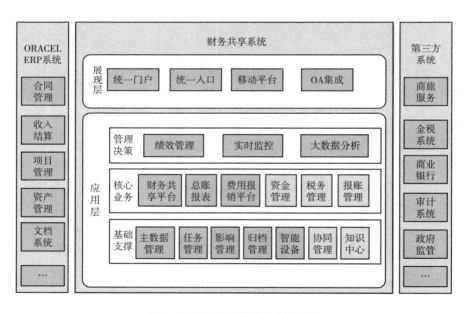

图 1-7　W 公司的财务共享系统

因资金工作、税务工作与会计核算的关联度较高，财务集中管理后一直划分为会计中心的职责范畴。将资金及税务工作继续纳入财务共享，一方面保证了业务衔接的稳定性、延续性，另一方面内部可实现资金支付、税务申报与核算的自动关联，外部可联通企业与银行、税务机关的信息渠道。

（四）W公司业财融合的实现

实现财务共享后，财务人员在掌握财务目标的前提下，同时了解企业的运作状况，可以帮助企业实现有效的资源配置。财务部门在对业务实施管控的同时，也要向业务部门提供服务。财务人员的工作不再是业务的事后核算和监督，已经从价值角度对前台业务事前预测，计算业务活动的绩效，并把这些重要的信息反馈到具体业务人员，从而为其行动提供参考。以下从三个维度说明公司业财融合的具体表现。

1. 预算管理。W公司预算管理、费用报销与财务会计系统在同一平台上，预算管理系统数据与财务会计系统数据共享，如图1-8所示。例如，费用报销环节系统根据费用明细，关联出预算科目，进行预算控制。同时，财务共享实时监控屏上，可以直观地看到期间费用占比、两金余额的目标值与实际值。对于发电公司，收入与固定成本较为稳定，对期间费用的控制就显得尤为重要；"两金"指产成品库存及应收账款净额，两金相对值过高则说明公司存货周转率、应收账款周转率较低，运营能力较弱，这时需要根据实际情况找出目标值与实际值存在较大差异的原因，然后及时调整预算或通报有关人员加快出清和催收账款。

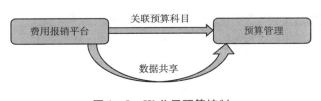

图1-8　W公司预算控制

2. 资金管理。资金管理作为财务管理的重要组成部分在W公司财务共享系统主要包括：资金监控与分析、资金计划、账户管理、资金支付、融资管理、票据管理。其中资金计划管理有力保障资金计划管理制度、管理目标、经营战略的有效落实，规范资金计划编制工作，以业务为出发点，以企业经营目标为主线，进行集团公司各级单位资金计划的编制、上报、汇总、平衡、分解、发布及执行分析的闭环管理，为准确掌握公司现金流状况，实现资金资源的统筹高效配置提供有力支撑。融资管理则采用全生命周期管理，最终可以达到自动形成资金缺口确定融资计划的可融金额的目的。财务共享系统简化了采购、销售与财务之间的流程过程，充分利用财务与其他业务之间数据信息的互通，提高管理效率，使资金管理贯穿于整个企业业务流程的每个环节，对企业各个环节进行实时监控。

3. 利润管理。W 公司财务共享中心对本年、本月、日利润完成情况实施监控，如图 1 – 9 所示。本期累计利润、上期同期利润、增减额、增减率均能直观展现。其中最能体现业财融合的是日利润情况，这主要得益于公司的行业特征：发电行业收入稳定、易于测算，发电集控中心能实时归集各单位发电数，发电设备固定成本多可预估分摊，变动成本可实时取数。公司领导可以在早晨获知前一天各单位的利润情况以及总体日利润趋势，了解哪些单位对利润的贡献更大、哪些单位的利润还有上升空间。财务共享中心通过信息系统也在一定程度上加强了各部门之间的相互联系与沟通，这有利于公司实现盈利潜力。

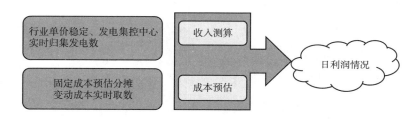

图 1 – 9　W 公司日利润情况监控

三、W 公司财务共享模式的治理

（一）财务共享治理的理论框架

财务共享服务中心依托于新一代信息技术（ICT）及其发展的应用集成，其治理机制、治理能力区别于传统的组织治理。一般地，财务共享中心的治理分解为两个维度，即规则导向的治理能力与共识导向的治理能力。二者的相互关系，如图 1 – 10 所示。

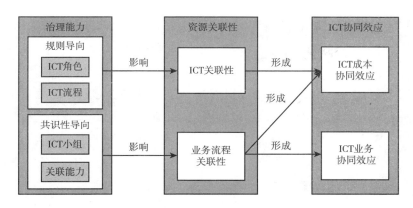

图 1 - 10　财务共享中心治理的理论分析框架

在图 1 - 10 的理论框架中，规则导向的治理维度涉及三个方面：（1）组织内部通过定义强有力的 ICT 决策角色能够使 ICT 资源跨越内部组织障碍，即打破财务共享中心与各业务层之间的交流障碍，从而形成强 ICT 关联性。（2）通过运用信息技术手段融入各个业务与非业务流程，使决策者更清楚财务共享中心成本协同效应的重要性，激发组织整体广泛节约能力，直接导致 ICT 强关联性。（3）组织内部形成 ICT 强关联性的体现是使决策者更倾向于使用相同配置的硬件软件基础设施，在此过程中，组织会受益于较低的成本购买或开发软件，从而实现 ICT 成本效应。

共识性导向的治理维度，是组织内部通过 ICT 团队与关联能力建设，在利益相关者之间达成关于 ICT 决策的协议，形成治理能力，增加业务流程关联性，从而进一步形成 ICT 成本协同效应。（1）建立 ICT 团队能在团队内特定系统映射不同业务能力，使下层业务经理意识到 ICT 系统的负担，潜在流程亟待加强，从而水平协调业务层与 ICT 管理层，并在二者之间围绕相关业务与管理达成一致目标。（2）组织内部的业务流程关联性形成 ICT 成本协同效应，业务流程之间的关联性使得组织降低了开发特定解决方案、定制现有应用程序或购买额外硬软件的需求，进而降低了维护和支持服务的成本。越多的业务过程被协调，组织内部的管理就越容易。

以上两个维度的治理可以引发的第三层次综合治理效应，即以 ICT 关联性和业务流程关联性为助力源形成的 ICT 业务协同效应。在多个业务单元之间建立共同的 ICT 资源，形成业务协同效应；通用的基础设施和跨部门的业务流程建设建立了全新的业务线。

（二）W公司财务共享模式的三维治理

1. 规则治理。W公司在建设财务共享中心时通过对相关决策者进行清晰的责任划分、规定决策权、制定决策程序，形成鲜明的以规则为导向的治理能力。W公司在成立财务共享中心之初，对所有原财务部人员实行"全部起立"重新启用和培训，重新竞聘上岗，要求基层财务专注于财务管理工作，全面参与经营管理，并将经验较丰富、素质较好的财务人员向基层单位倾斜，强化基层财务力量，这实际上就是构建定义强有力内部组织角色的基础，由原财务部门熟悉相关业务流程的人员重新上岗培训再从中挑选相关决策人员。

W公司在设计财务共享中心之初，利用信息技术手段，重塑业务流程，形成独立的会计核算车间，提高了工作效率；在性能监控流程设计上，采用财务监督集中管控模式，业务标准统一，人为差错和判断差异减少，风险防控也得到加强；绩效流程设计上，公司采用"随机抢单"模式使运营与绩效挂钩。W公司财务共享中心利用新型二维码技术，实现了由业务发起到票据扫描，共享中心业务处理，资金支付，最后装订归档整个过程的基本无纸化处理，既贴合了业务特点，又进行了创新的二维码扫描设计，大大节省了人力物力财力。

在W公司科信部的牵头协商下，聘请外部软件开发商开发一套共享系统，科信部主要维护原有内核ERP系统，而现有共享系统则交由外部开发商维护，新型配套设备在构建之初都统一标准，采用双屏高信息化处理。

2. 共识性治理。W公司财务共享中心通过ICT团队建设使得业务层与ICT研发管理人员都参与了重要的ICT决策，这种制度化的协作决策使得管理不会被绕过；共享中心内部氛围极为融洽，管理执行力也得到加强。共享中心内部通过密切交流的非正式会议培养内部关联能力，定期地总结与分享，通过张贴工作心得方式增进内部人员彼此的了解，这种非正式的对话方式，也让共享中心有了与许多利益相关者讨论和业务流程相关主题的机会，解决了内部个人关注点，提高了大家的接受度，共同致力开发组织最佳实践业务流程。

3. 综合治理。通过 ICT 与业务流程关联性加强 ICT 业务协同效应，W 公司所建立共享服务中心综合利用资源并统一所有部门进行支持，激发创新服务，提高客户满意度和忠诚度。

（三）持续治理优化

建立以规则为导向的治理能力似乎比建立以共识性为导向的治理能力更容易和更快，因为后者需要利益相关者开发非正式的链接和共享的交流习惯，而这被管理者视为成本动因和其他时间逾期所交付额外价值。如果一个组织正在努力提高效率和成本领先，ICT 治理应面向控制，管理者可以在相当短的时间内实现以监管为导向的 ICT 治理能力。但是在数字时代，管理者往往期望通过实现核心能力的重组来提供价值从而促进创新，它使企业能够同时实现 ICT 和业务关联，随着数字化的增加，这可能是许多行业的关键区别。

W 公司财务共享中心治理的优化，如图 1-11 所示。（1）W 公司财务共享中心在内部分组上形成了业务流程上的制证、审核、支付、报表编制分组，并在各小组上形成项目组合管理意识；（2）"以人为本"的意识得到强化，真正调动全员积极性；（3）中心治理效果评价突出监视机制的作用，以非正式的沟通、谈判、积极的冲突管理解决"内部冲突"；（4）集团内部建立高度业务化 ICT 部门，实现业务流程关联性；（5）在高度关联性的组织内部单元交换知识和数据，集成知识和综合访问来自不同单元的信息。

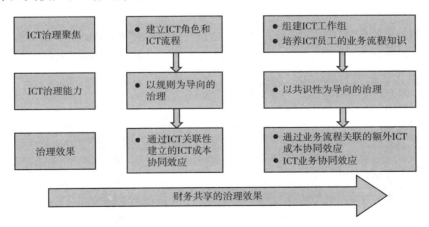

图 1-11 财务共享治理优化的途径

四、W公司财务共享模式的风险管理

（一）财务共享中心运行的风险变化及管控情况

财务共享模式本身就是企业加强风险防控的一项要求，但是在企业建设和实施财务共享中心的过程中，不可避免地会发生财务组织变革、流程再造、人员转型、信息系统适应性等问题，这些问题可能会诱发更多的问题和带来巨大的损失。图1－12显示出企业在实施财务共享的过程中避免了很多传统财务管理模式中的风险，却由于自身特点产生了新的风险问题。

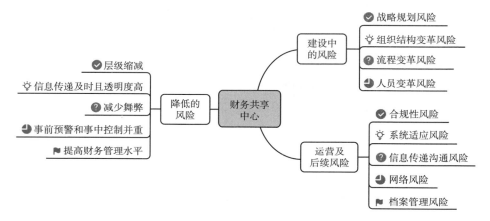

图1－12　W公司新旧财务管理模式下的风险变化

财务共享服务中心是集团公司调配财务资源的一种新形式，这种新的形式改变了以往的传统财务模式，实现了企业风险可控，提高企业抵御风险的能力。W公司在实施财务共享模式之后对风险管控情况进行梳理，如表1－1所示。

表1－1　　　　　　　　　　　W公司风险管控效果

实施的程序	管控的风险
组织结构调整	层级缩减
业务流程化、标准化	减少舞弊
财务共享系统、ERP集成	信息传递及时且透明度高
共享中心实时监控	事前预警和事中控制并重
大数据分析应用	提高财务管理水平

（二）财务管理转型的变革风险管理

财务共享中心建设的过程是一个变革的过程，这个过程中不可避免地会出现阻力和障碍使风险加剧，所以更加需要做好前期准备工作，减少变革的阻力。在集团下达建设财务共享中心的任务之后，为了使共享中心的建设过程更加顺畅，W 公司在前期进行了为期 8 个月的调研及设计，在此过程中完成了风险识别、风险评估、风险应对等工作，才在短短两个月的时间里将财务共享中心落实完成。

根据智能风险管理框架（王清刚，2012）对风险的分类，风险包括战略风险、经营风险、治理风险、合规性风险和报告风险。结合 W 公司的实际情况，我们将其建设财务共享中心的变革风险分为以下五类：前期规划风险、组织结构变革风险、流程变革风险、人员变革风险、合规性风险。表 1 - 2 为五类风险的具体情况及公司采取的相应控制活动。

表 1 - 2　　　　　W 公司财务共享中心建设的具体风险情况

风险类型	具体风险	W 公司控制活动
前期规划风险	风险意识不强，风险管控不足	设置专门的风控小组
	计划准备不充分，对自身基础条件评估不全面	下到各个单位调研，并对财务人员问卷调查摸底
	财务共享模式和企业战略不匹配	根据自身实际情况实施"业务集中部署，人员属地管理"
	共享中心业务范围界定不明	根据自身要求分为三期，将各种业务逐步纳入
	成本预算高，效益可能较差	签订全包干合同，有效控制建设成本
组织结构变革风险	下属单位财务权限上移造成人员不满	设置业务财务岗位参与基层经营管理决策
	财务与下属单位不适应新的工作模式	倾向安排有经验的财务人员去基层
流程变革风险	流程标准化统一和设计不合理，下属单位因为具体情况难以达到统一	前期做好调研和设计工作、划分三个共享分部
	新旧流程之间衔接不顺畅	统一的转轨交接路径设计
	流程不能被有效执行	执行力文化影响

续表

风险类型	具体风险	W 公司控制活动
人员 变革风险	员工对新模式的抵触情绪	在各种会议上宣传普及
	职员职业规划线路不明	根据共享财务、业务财务、战略财务三个共享分部规划岗位
	岗位工作分配不合理	重新竞聘上岗，选择自己合适的岗位，公司在此基础上做调整
	具体操作不适应	实务操作培训及建成前的模拟
合规性风险	不适应共享中心绩效管理	在财务共享中心内部公开周绩效
	把握不准数据共享和开放的情景	制定数据管理细节和开放审批权限
	忽视共享系统漏洞	强化职员对共享系统的整体认识

（三）财务共享中心运营及后续风险管理

财务共享中心运行 16 个多月，因为风险的持续性，W 公司在这 16 个月当中也一直保持持续优化的状态，通过风险识别了解企业风险情况，并进行风险评估以确定需要重点关注的风险。

1. 财务共享中心目标设定。风险管理流程中的第一步就是目标设定，这是企业实施有效的风险识别、风险评估和风险应对的前提，也是企业实施风险管理所追求的效果。一般来说，目标类型有四种：战略目标、经营目标、报告目标和合规目标。表 1－3 为 W 公司财务共享中心的目标设定情况。

表 1－3　　　　　　　　　财务共享中心目标设定情况

项目	现在的状况
战略目标	根据集团公司深化改革的部署，W 公司被列为首批试点单位，探索财务共享模式的建设
经营目标	集中经营、分层管控、价值创造
报告目标	及时为管理者提供真实可靠的会计信息
合规目标	符合各项法律法规

2. 财务共享中心风险识别。关于风险识别，一般来说，实际工作中风险识别的方法主要有：头脑风暴法、专家调研法（德尔菲法）、流程图法和历

史资料分析法等。W公司主要采用的是头脑风暴法和历史资料分析法。曼陀罗表涵盖了财务共享服务中心面临的多种风险，并呈现出各种不同风险之间相互关联的逻辑性（寇武强，2016），图1–13为我们利用曼陀罗表对W公司财务共享中心的风险识别。

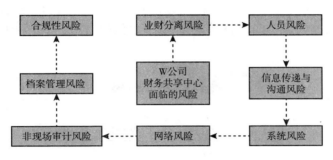

图 1–13 W公司财务共享中心的风险形式

（1）业财分离风险是由于共享中心财务人员集中化脱离基层业务前端，不了解实际情况，使得财务人员经济业务真实性、业务数据、客户信息等不敏感。

（2）人员风险是由于分工细化使会计核算细化，使工作机械化财务人员压力增加，员工满意度、稳定性和成长性可能存在问题。

（3）信息传递与沟通风险是由于核算业务集中在共享中心，共享财务与业务财务依靠网络方式联系，使得信息传递与沟通效果不佳且沟通成本高。

（4）系统风险是由于财务共享中心对电子系统的依赖性较高，一旦系统出现故障，工作可能难以进行。

（5）网络风险是由于异地数据传输依靠互联网，一旦网络被恶意入侵，信息安全与资金安全都受到威胁。

（6）非现场审计风险来自内部审计主要依赖电子数据，实地考察成本高，但是电子数据容易被篡改。

（7）档案管理风险来自原始数据在远距离传递的过程中可能丢失或损毁的可能性，并且各下属单位的纸质单据在总部统一归档增加了总部档案管理的压力。

（8）合规性风险是由于各下属单位在法律、法规和税务政策上不尽相同，税务管理难度大且处理事务的方式不一样。

3. 财务共享中心的风险评估。W 公司以定性分析为风险评估的主要方式，即通过历史事件数据分析、研讨会、流程风险辨识、访谈、专家咨询等多种方法对风险进行评估。这种定性方法对风险分析存在风险评价结果广泛但不深入、主观性较强、可信度缺乏等问题。基于公司的调研，可以按照风险事件发生的可能性和后果，提出如表 1-4 所示的风险评估标准确定事项的风险等级。根据对风险进行评级再绘制出如图 1-14 所示的风险评估图。

表 1-4 风险评估等级分类标准

严重性	可能性				
	很高 5	较高 4	中等 3	较低 2	很低 1
很大 5	25	20	15	10	5
较大 4	20	16	12	8	4
中等 3	15	12	9	6	3
较小 2	10	8	6	4	2
很小 1	5	4	3	2	1

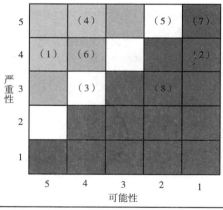

图 1-14 W 公司财务共享中心风险评估等级

从图 1-14 可以发现，业财分离风险和系统风险的风险等级在 25~20

之间，为重大风险；非现场审计风险的风险等级为 16，为高度风险，网络风险和信息传递与沟通的风险等级在 15～10 之间，是中等风险；其他为低度风险，合规性风险和档案管理风险的风险等级之所以较低，是因为 W 公司设置有严格的规章制度降低这些风险的可能性。另外，因为受 W 公司执行力文化的影响，人员风险可能性也很低。

五、W 公司财务共享模式的绩效管理

（一）财务共享模式绩效管理的理论框架

W 公司依托财务共享模式推进的财务转型在业财融合上迈出了一大步，其绩效管理已超出了传统财务绩效与财务共享中心的边界。借鉴国际综合报告理论框架和"集成绩效模型"的方法，财务共享模式的绩效管理不是一个单纯的财务绩效，而是一个包含经济、环境和社会效益的可持续平衡计分卡（Sustainable Balanced Scorecard，SBSC），包括财务业绩、客户（市场）业绩、内部流程业绩、学习与成长业绩、社会业绩、生态业绩六个维度，是企业或者业务单元的综合绩效评价模型（Graham，2009），如图 1 – 15 所示。

图 1 – 15　可持续平衡计分卡模型

由于六个不同领域的关键绩效指标（Key Performance Indicator，KPI），涵盖内部和外部，短期和长期，环境、社会和经济以及各种不同利益相关者利益的平衡，真正体现了业务与财务的融合。

（二）W公司财务共享模式运行的绩效表现

为了科学地度量W公司财务共享模式的绩效，通常的做法是根据"期望"目标对每个维度的表现进行评级，即公司做得比预期更好或更差。"期望"目标通常意味着改善，包含企业与过去的对比或与同行业平均水平作比较，后者被认为是最佳方法。如果可以得到行业平均数据，我们就采用最佳做法进行评分；如果无法得到，我们就通过抽象数据的量化，采用同比增长法等进行评分。

参照万得数据库中的行业平均水平，我们将每个维度的评分标度设定为1分（最低分）至5分（最高分），其中3分表示达到"平均"表现。评分标准如表1-5所示。

表1-5　　　　　　　　　　　　绩效评分标准

分数（分）	浮动区间（%）
1	$(-\infty, -100)$
1.5	$[-100, -70)$
2	$[-70, -40)$
2.5	$[-40, -10)$
3	$[-10, 10)$
3.5	$[10, 40)$
4	$[40, 70)$
4.5	$[70, 100)$
5	$[100, +\infty)$

据前文可知，W公司财务共享中心于2016年底建成。因此我们选用了财务共享中心建设前后两年的数据，如表1-6所示。需要特别说明的是，W公司2017年的绩效不一定全部是由于实现财务共享引起的，但与之有密切关系。现以财务业绩维度为例，对评分过程进行详细说明与分析。

表 1-6　　　　　　　W 公司财务业绩维度的评分过程

维度	2016 年（%）		幅度	评分	2017 年（%）		幅度	评分
	行业	企业	（%）	（分）	行业	企业	（%）	（分）
总资产收益率	3.54	5.09	43.78	4	2.12	2.47	16.51	3.5
净资产收益率	9.74	17.96	84.40	4.5	6.45	2.19	-66.05	2
应收账款周转率（次）	8.15	10.21	25.28	3.5	8.10	20.63	154.69	5
净利润增长率	-19.55	-12.40	36.57	3.5	-27.68	-34.00	-22.83	2.5
平均				3.875				3.25

从表 1-7、表 1-8 可以看出，财务业绩在 2017 年出现了亏损（平均评分由 3.875 分降低到 3.25 分）。主要原因在于 2017 年受自然灾害的影响，W公司作为能源企业，营业收入减少导致其利润下降。但 W 公司通过财务共享模式，高效率地收回了之前年度的应收账款（2017 年应收账款周转率评分高达 5 分）。通过加强对应收账款的收回，使得 W 公司在环境因素不利于利润增长的情况下，仍对财务、账务有着较强的管控能力，最终表现为 2017 年的总资产收益率仍高于行业平均水平。

表 1-7　　　　　　　　　　W 公司综合绩效评分　　　　　　　　　单位：分

指标	财务业绩		指标	市场业绩	
关键指标	2016 年评分	2017 年评分	关键指标	2016 年评分	2017 年评分
总资产收益率	4	3.5	市场占有率	3.5	3.5
净资产收益率	4.5	2	平均订货周期	3	4
应收账款周转率	3.5	5	客户忠诚度	4	4
净利润增长率	3.5	2.5	客户满意度	4	4.5
指标	内部流程业绩		指标	学习与成长业绩	
关键指标	2016 年评分	2017 年评分	关键指标	2016 年评分	2017 年评分
营运资本销售比	3	3	员工知识竞赛参与率	2	5
劳动生产率	3	2.5	员工培训费用增加率	3.5	2.5
物资应急保障能力	3	4	组织成员对共享中心参与度	3	4.5
劳动岗位轮换率	3	3	研究开发费用率	4	3.5

续表

指标	社会业绩			环境业绩	
关键指标	2016 年评分	2017 年评分	关键指标	2016 年评分	2017 年评分
安全生产率	5	5	单位产品能源利用率	3.5	4.5
企业社会声誉	4	5	单位产品资源消耗率	3.5	3.5
员工满意度	4	4.5	烟尘排放绩效	3.5	4
安健环体系评审计划完成率	4.5	5	清洁能源装机占比	3.5	4

表 1-8　　　　　　　　　　　W 公司综合绩效分析结果　　　　　　　单位：分

维度	2016 年平均得分	2017 年平均得分
财务业绩	3.875	3.25
市场业绩	3.625	4
内部流程业绩	3	3.125
学习与成长业绩	3.125	3.625
社会业绩	4.375	4.875
环境业绩	3.5	4
综合平均得分	3.58	3.81

从内部流程业绩来看，劳动生产率的降低主要受自然灾害的影响。财务共享中心的建立促成了 ERP 采购合同应用系统的进一步完善，提高了物资应急保障能力。

从市场业绩来看，财务共享中心的建立使得财务工作变得更有效率，精简了流程，客户平均订货周期降低，最终提高了企业的业务效率。

从学习与成长业绩来看，财务共享中心建成和运行，员工拥有了更多的知识技能和全新的业务经验，使得他们踊跃参与知识竞赛、发表科研论文。同时，财务共享中心的业财结合模式使得全公司员工关注其发展，例如，学习参与新的费用报销系统，从而提高了组织成员对共享中心的参与度。

从社会业绩来看，财务共享中心建立后，有许多企业、学校及有关单位纷纷前来学习、调研，增强了企业的社会声誉。全新的服务模式，使得公司员工对财务服务感到认同，先进的数据支持，使得管理层对财务信息的获取更加满意。

从环境业绩来看，财务共享中心的建立使得环保类费用更加清晰明了，并且可以直观展现，为管理层进行环境业绩管理和决策提供了帮助，间接地促进了环境业绩的提高。

如图 1 - 16 所示，在财务共享中心建立后，W 公司在市场业绩、内部流程业绩、学习与成长业绩、社会业绩、环境业绩方面得分均有所提高，2017 年财务业绩得分较 2016 年有所降低，但综合所有业绩指标，2017 年平均得分高于 2016 年。与财务共享模式实施最相关的财务业绩得分降低是自然环境因素的重要影响，可以说，财务共享模式使公司在环境因素不利于利润增长的情况下，加强了公司对财务、账务的管控能力。

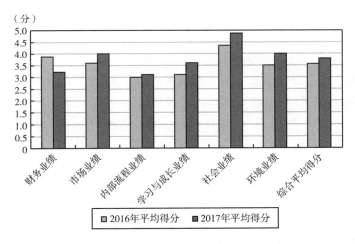

图 1 - 16 W 公司财务共享模式的综合绩效

六、W 公司财务共享模式的价值贡献

（一）财务共享模式价值贡献的理论框架

已有的理论研究发现，财务共享模式的价值贡献主要表现为节约成本、降低风险、提升效率、增加盈利及增强"业务和财务"的管控能力，如图 1 - 17 所示。

图 1-17 财务共享的价值贡献机理

1. 直接增加企业利润。包括：（1）财务共享中心与之前的财务机构设置相比，将财务活动捆绑在一个或几个的地点，大大缩减其规模而降低成本，形成捆绑效应；（2）协调各种流程以实现标准化，促进了规模经济；（3）信息技术应用程序加速了公司部门之间、子公司和外部合作伙伴之间的信息流动，使公司可以快速响应并以更高效率监控活动，形成真正的"成本杀手"，常见的信息技术工具有：扫描和 OCR、电子发票、AP 工作流程/发票验证、自行结算/评估收据结算、动态折扣等。

2. 质量价值。（1）标准化的高质量财务流程产生了更高质量的管理报告，从而有利于管理层的决策；（2）持续优化流程和持续改进的文化实现了更高的服务水平，提升了客户的满意度；（3）财务共享中心激发了员工的创新想法，提高了流程成熟度，也使员工成为高质量财务流程的专家，贡献于他们未来的职业发展。

3. 审计层面的价值。财务共享中心的管理提供了高透明度的流程和系统数据，支持的访问权限和权限级别，这有助于强化职责分离和监督。除此之外，高透明度流程可以使责任落实到具体个人，这又降低了欺诈风险，提高审计效率，从而节省内部审计费用。

4. 间接影响企业利润。（1）知识驱动的价值，财务共享模式有助于解放一线核算的财务人员，并给予他们参与业务决策、商业合作的空间，从而使得他们在核心工作上投入更多的时间和资源；（2）降低复杂性、提高灵活性，通过实现流程标准化、模块化和面向服务的体系结构使得有效整合和分解潜在的新业务组件成为可能，也使得公司能快速响应市场，在不断变化的环境中增强适应性；（3）人力资本价值，企业拥有高级的财务共享模式，在机制上必须鼓励员工创新，拓展员工职业路径，能够在人才争夺战中占据优势；（4）优化控制系统价值，共享模式可以驱动管理层设计控制框架来有效地驱动控制系统，控制成本远低于分散化、非标准化环境中通常所需的资金。

（二）W公司财务共享模式的实际价值

1. 会计工作更加规范化、标准化。由于财务共享模式的集中性，在共享中心内形成了各个小组，业务处理上实现了人为判断的趋同性，减少主观性，财务制度在集团内部做到了统一和规范；各个单位业务在共享中心随机派单，"流水线"产出的会计信息基本做到了无差异化。这加强了集团的财务管控力，有效规避财务管理风险（见图1-18）。

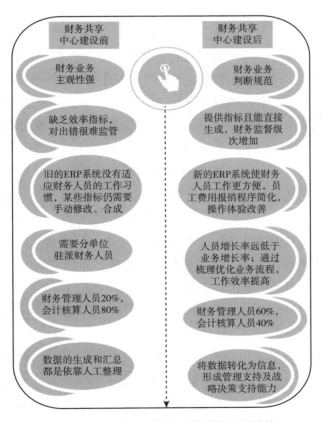

图1-18 W公司财务共享模式的实际价值

2. 财务监督得到进一步加强。财务共享模式的运行，不仅为财务工作提供了衡量的方法（依照单据回退比率、统一的审核要求等），还能够将通过率直接生成，具有很强的直观性。W 公司数据显示，财务工作的一次性通过率能达到 95% 以上。财务共享中心的人员由部门直接考核管理，财务监督的独立性加强；另外，基层财务广泛参与经营管理后，财务监督的关口前移，且每笔经济业务需经基层财务、制证、稽核、主管四个环节审核，财务监督级次增加。

3. 财务信息系统的操作体验得到改进，强化了内部控制。财务共享引入了较多的智能化技术手段，例如，报账机自助报账、高速扫描仪影像处理、电脑双屏审核、二维码自动挂接单据、发票查验等，财务人员工作更方便，费用报销程序简化，系统界面更友好，自动控制系统减少了人为因素，强化了企业内部控制。W 公司数据显示：共享中心信息系统开发商的验收审批，80% 的财务人员表示非常满意。

4. 财务人员精简、业务流程优化，财务管理效率提升。财务共享模式通过集约化管理，人员和业务集中，人员增长率远低于业务增长率，实际达到了精简人员的效果；通过梳理优化业务流程，每单业务平均处理时间较共享前大幅降低。W 公司数据显示：共享后，其财务人员季人均处理量达到1 260 笔，平均效率为 18 分/笔，及时完成率高达 94%。

5. 明晰人才培养路径，提升财务管理水平。W 公司将 2016～2018 年新入职员工安排在共享中心学习基础业务，并明确了"从共享财务，到业务财务，到战略财务"的职业路径，合理进行人才培养，保障了财务共享中心业务处理和未来企业发展对财务人才的需要。W 公司数据显示：共享前，80% 的财务人员从事会计核算工作，负责宏观财务管理的人员仅占 20%；共享后，财务管理人员的比例达到了 60%。专业化的分工使得基层财务从纷繁复杂的会计核算中解放出来，全面参与经营分析、税务协调、资金计划、绩效考核、战略管理等高附加值的管理会计工作。

6. 搭建起财务数据中心，为公司的全面数字化转型奠基。W 公司充分发挥财务共享中心的数据优势，集团内部开始跨企业、跨产业链、跨板块进行财务数据的整合，将数据转化为信息，形成有效的管理支持及战略决策支持能力。通过财务共享中心，W 公司对本年利润、本月利润、每日利润完成情况进行实时监控，本期累计利润、上期同期利润、增减额、增减率均能直观展现，使管理者实时掌握当前经营情况，并进行长期规划和前景预测。此外，W公司正在筹备建立以"ABCD——人工智能、区块链、云计算、大数据"为基础的金融新科技，实现数据处理百度式搜索。通过共享中心的财务数据库，尝试一键自动生成月度财务报告。

（三）W公司财务共享模式的价值贡献形式

综合以上分析，W公司财务共享模式的价值贡献主要体现在节约成本、降低风险、提高效率、增加盈利和加强管控等方面，表1-9显示了W公司财务共享模式价值贡献形式。

表1-9　　　　　　　　　W公司财务共享模式的价值表现

价值贡献原理	财务共享的实际价值	主要表现形式
协调和标准化结果、降低复杂性、提高灵活性	会计工作更加规范化、标准化	效率提升、加强管控
审计价值	财务监督得到进一步加强	风险降低、成本节约
信息技术运用	财务信息系统的操作体验改善强化内部控制	效率提升、风险降低
捆绑效应	财务人员精简、业务流程优化提升财务管理效率	效率提升、成本节约
人力资本和知识驱动价值	明晰人才培养路径专业分工提升财务管理水平	效率提升、盈利增加
优化控制系统价值、质量价值	生成财务数据中心全面数字化转型的基础	加强管控

七、W公司财务共享模式运行的商业伦理问题

（一）ICT应用可能引起的伦理冲突

作为一种财务管理模式创新，财务共享以新一代信息技术的应用为支撑，由于ICT系统是一把"双刃剑"，财务共享模式的运行给企业带来了积极的效果，但也可能引发新的伦理冲突。

1. 组织控制关系中自主控制的弱化。财务共享模式的ICT系统所连接的控制关系更隐形、更不可视、更间接。表面上，依托ICT平台的共享系统使得控制关系更加灵活，实际上组织成员进入了超越组织边界的"流动控制"，

强化了隐含的约束，导致自主控制的弱化。

2. 组织成员角色和责任可能出现混乱。在 ICT 间接控制的新环境下，无论员工愿意与否，他们都需要互相合作，建立新的沟通机制。一方面，员工之间、自身内部往往需要重新共建一套隐形的行为规范；另一方面，合作伙伴间的责任认同也可能引发冲突。

3. 信息系统带来的限制、操纵和隐私入侵。由于 ICT 入侵到员工的工作和生活中，二者的界限渐渐模糊，员工休息时间可能越来越少；信息系统施加给员工的接连不断的曝光度甚至已经是一种威胁了，这可能自主性的缺失和限制，甚至超越了组织的时空框架。此外，财务共享业务带来的工作固化，使得财务人员更"机械"，而这种自主性的缺失会更加地限制他们的工作范围或者积极性。

4. 财务共享系统使用带来的数据安全和信用问题。财务共享模式运行生成的"业财"数据流失可能带来新的利益冲突。在信息系统广泛使用的情况下，企业与员工之间的"契约"关系可能被打破，由此产生消极情绪或争抢业务的非自律行为。

（二）W 公司财务共享模式运行的伦理文化

1. 公司核心价值观的教育。（1）张贴"公司核心价值观"宣传板：团结友爱、积极乐观、勤学善思、创新求变、扎实肯干、崇尚真理、追求卓越、价值体现。（2）开展文化活动，通过年会活动，精心编排节目，特别是在 2016 年，财务共享中心刚刚建立起来，编了一个小品，向大家展示了财务共享中心如何从无到有的发展过程。（3）学习新理论、新思想，在财务共享中心的墙上，张贴着财务人员手写的结合自身工作对党的十九大思想的认识。这一系列的活动帮助财务共享中心的工作人员增强团队意识，接纳新知识、新事物。

2. 工作结果及时分享。公司财务共享中心会按月度给员工做绩效考核，每个月会排出个人业务量 TOP10 和工作效率 TOP10 名单，通过分析员工在本月的工作总量与工作效率，中心将每个员工的工作成果分为 A、B、C 三个等级，然后再筛选出工作中做得好和差的典型，予以公示。财务共享中心还会对各个分部的工作效率与一次性通过率进行统计。财务共享中心通过这样的制度，来提高员工的工作积极性，在这样的氛围中形成一种良性循环（见表 1 - 10）。

表 1 - 10　　　　　W 公司文化建设解决商业伦理冲突方案

W 公司文化建设	解决的途径
公司核心价值观的教育	引导行为规范的重建、加强控制
组织多种形式的集体活动	缓解情绪冲突、增加团结感
月度总结、赏罚分明	明确责任、加强自律

八、讨论问题与案例思政

（一）拟讨论的重点问题

随着我国经济向高质量发展转型，越来越多的国内大企业依托新一代信息技术来部署共享服务中心，将其作为财务转型的重要步骤。本案例的侧重点是财务共享模式推动企业财务转型的价值贡献路径，重点思考如下问题：

1. W 公司从传统财务管理转向财务共享模式并非没有困难，对转型后的效果尚有疑惧，试从动态能力视角说明其转型的动机？转型后"业财融合"取得了哪些进展？

2. 2018 年，国际会计教育准则理事会（IAESB）关于《信息和通讯技术述评》（Information and Communications Technology Literature Review）的报告中提出："网络和数据安全是企业面临的新挑战，未来会计应发挥数据治理功能"，针对 W 公司的财务共享模式，你觉得应该如何构建财务共享的治理机制？随着"业财融合"的实现，财务共享治理与公司治理存在怎样的相互作用关系？

3. 2017 年，美国注册会计师协会（AICPA）提出了《网络安全风险管理报告框架》（Cyber-security Risk Management Reporting Framework），结合 W 公司财务共享模式运行中可能产生的风险，应如何构建风险管理框架？

4. 财务共享中心的绩效管理边界在哪里？应该包括哪些维度？W 公司财务共享中心的绩效管理在一定程度上借鉴了国际综合报告（Integrated Reporting）的理论框架和"集成绩效模型"方法，你如何评价 SBSC 模型？

5. 结合本案例开展讨论：W 公司财务共享模式的价值贡献表现在哪些

方面？三维治理、风险管理和绩效管理三条主要路径对 W 公司财务共享模式的实际价值发挥了怎样的作用？

（二）案例思政

1. 党的十九大报告提出，"推动互联网、大数据、人工智能和实体经济深度融合……"结合 W 公司依托 ICT 技术构建财务共享模式推动财务转型的实践，说明响应和落实国家战略有提升企业竞争优势的作用。

2. 随着信息化阶段的财务共享系统逐步转向智能财务共享系统，企业的财务管理模式可能遭遇哪些商业伦理冲突？在财务共享模式下如何重构会计职业道德？

参考文献

［1］陈虎，孙彦丛. 财务共享服务［M］. 北京：中国财政经济出版社，2014.

［2］寇武强. 财务共享服务中心的风险管理研究——以 A 集团公司为例［J］. 中国总会计师，2016（12）：58－60.

［3］美国管理会计师协会. 管理会计公告（第三辑）［M］. 北京：人民邮电出版社，2013.

［4］王清刚. 企业社会责任管理中的风险控制研究［J］. 会计研究，2012（10）：54－64.

［5］张庆龙，董皓，潘丽靖. 财务转型大趋势——基于财务共享与司库的认知［M］. 北京：电子工业出版社，2018.

［6］张瑞君，陈虎，张永冀. 企业集团财务共享服务的流程再造关键因素研究［J］. 会计研究，2010（7）：57－64.

［7］Annette Hausser. Leverage Finance Shared Services（FSS）to Optimize Overall Corporate Performance［M］. Finance Bundling and Finance Transformation，2013：201－208.

［8］CGMA. Cyber-security Tool：Cyber-security Risk，Response and Remediation Strategies［R/OL］. Global Consultation Paper，https：//www. cgma. org，2017.

［9］AICPA. AICPA's Cybersecurity Risk Management Framework［R/OL］. https：//www. aicpa. org，2017.

［10］International Accounting Education Standards Board. Information and Communications Technology Literature Review［R/OL］. https：//www. iaesb. org，2018.

案例二 设变致权：C 公司战略转型的股东回报

专业领域/方向：财务管理、管理会计

适用课程：《财务管理理论与实务》

选用课程：《公司战略与风险管理》

编写目的：本案例旨在帮助学员理解公司战略转型的宏观环境、竞争能力，分析战略转型的价值创造机会和战略转型为股东带来的价值回报，并进一步认识战略转型背后隐藏的风险，引导学员关注实践中公司战略转型的效果及风险控制方法。根据本案例的资料，学员一方面可以掌握宏观环境、竞争力、价值链等分析工具，熟悉股东价值创造的计量方法；另一方面可以在了解战略转型创造价值的基础上，进一步把握大变革环境下公司战略转型可能面临的多种风险，探索企业战略转型的风险控制思路。

知识点：PEST 模型 "五力"模型 价值链 股东价值 转型风险 CAR

关键词：战略转型 竞争力 价值创造 风险控制 事件研究法

摘要：为了在动态变化的环境下谋求持续竞争优势，企业往往作出战略转型的决策。本案例在实地调研的基础上，详细地描述了 C 公司战略转型的实践过程，分析了转型为股东带来的价值贡献和转型的风险控制。C 公司是一家电力设备制造、工程服务、新能源汽车运营及电力交易运营等产业链齐全的综合集团。通过战略转型，C 公司从单一输变电设备制造到"电力 + 新能源汽车"双核发展，提升了竞争力，在价值链优化过程中形成了低成本优势和差异化优势，取得了显著成效，为股东带来了较好的回报，在行业企业中的地位稳步上升，夯实了企业高质量发展的基础和条件。

引言：公司战略转型面临怎样的问题

随着全球产业结构的调整、变革与我国经济高质量发展步伐的加快，产业竞争的激烈程度日益加剧，越来越多的上市公司不得不面对艰难的抉择：要么冒风险实施战略转型，要么坐以待毙逐渐被市场淘汰。对这些公司而言，战略转型是公司持续成长的源泉，通过转型来恢复成长能力、创造企业价值已经成为公司求生存、求发展的必然选择。

然而，战略转型是一种高风险的不确定性活动，跨行业的转型更是意味着公司的核心技术、产品类型和市场均要有所改变。并不是所有的企业都能通过战略转型取得预期的效果。那么究竟是什么推动着战略转型？企业战略转型与股东价值创造又该如何联系起来？又是什么样的因素使得战略转型能够成功创造价值？战略转型还存在着哪些风险？又该如何防范和应对？这些都是本案例试图探讨的问题。

一、C公司战略转型前后情况简介

C公司成立于1998年，是一家电力设备制造、工程服务、新能源汽车运营及电力交易运营等产业链齐全的综合集团。

C公司于2010年7月在深交所挂牌上市，是国家认定企业技术中心、国家火炬计划重点高新技术企业、中国电器工业协会理事单位。作为国家电网、南方电网公司集中规模招标合格供应商，C公司分别在国家级望城经开区、宁乡高新技术产业园区和衡阳白沙洲工业园设立三大生产基地。

公司秉承"一切为了用户"的质量方针，产业以"电"为核心，整合多年来在配电行业的资源和优势，先后为国内外多条特高压交直流输电重大工程提供设备，同时在新能源电站总包、海外电力工程总包以及配电网建设－经营－转让（BOT）等方面取得阶段性成果。产品及服务覆盖了发电、电力工程设计、总包、检修、输变电一二次设备及配售电全过程，为用户提供变电站系统化的完整解决方案，为新能源汽车提供充电服务，生产新能源汽车零配件等。

近年来，伴随着国家"一带一路"倡议的深入推进，C公司将价值服务延伸到全世界，业务范围已遍布亚洲、欧洲、南美洲、非洲等多个国家，为构建全球能源互联网贡献智慧与力量。

（一）C公司战略转型前情况

时光倒回2013年前。以制造高压开关设备起家的C公司，在高压开关行业当中耕耘多年，已经成为我国研制和生产高压电器的骨干企业。

C公司拥有宽阔、新型、高精度输变电设备的研发和生产基地，包括国内一流的洁净度十万级、百万级净化车间、隔离开关装配、机加工车间、表面处理车间及现代化的试验大厅、办公楼等设施，具备年产值10亿元的生产能力。

C公司以良好的口碑及一流的质量和服务在业内著称。其产品技术性能优良，性价比大大高于国内外同类产品，在国网公司、南方电网公司及多项大中型变电站和发电厂的重点工程招投标评定中，技术评分屡屡名列第一，并且已通过ISO9001：2008质量体系认证、PCCC产品质量认证。C公司以优良的产品和完善的服务赢得了广大用户的信赖，曾先后为我国的第一条1 100千伏特高压交流输电工程、世界首条±800千伏特高压直流输电工程、世界上首个±600千伏电压等级直流输电工程、我国第一条"疆电外送"的特高压直流线路、全国首个跨区直流联网输电工程以及"西电东送"等国家重点工程项目提供设备，产品销售网络辐射全国。

1. 主营业务及收入构成情况。从主营业务构成看，转型前，C公司的主营业务为高压开关。以2013年为例，如表2–1所示，2013年公司实现营业收入49 629.12万元，其中"高压开关"一项收入达45 485.61万元，占营业收入的91.65%。

表2–1　　　　　　　　2013年C公司主营业务构成

项目	金额（万元）	占营业收入总额比例（%）
营业收入合计	49 629.12	100
分行业		
高压开关	45 485.61	91.65
房产	5.94	0.01
耐磨材料	2 153.15	4.34

续表

项目	金额（万元）	占营业收入总额比例（%）
机电设备	1 542.51	3.11
分产品		
126 千伏及以上高压开关	30 183.81	60.82
72.5 千伏及以下高压开关	9 061.36	18.26
断路器及组合电器	6 240.44	12.57
房产	5.94	0.01
耐磨材料	2 153.15	4.34
机电设备	1 542.51	3.11

注：分行业、分产品统计并非全部，故占比之和不等于 100%。
资料来源：C 公司 2013 年年报。

C 公司在隔离开关和接地开关的集中招标中保持稳定的市场占有率，同时加快对直流隔离开关等多种新产品的开发。组合电器取得重大突破，为业绩产生了积极的影响，2013 年，组合电器取得营业收入 5 278.08 万元。公司成套电器产品共通过了 25 个项目的全套型式试验，取得营业收入 962.36 万元。可以看出，尽管 C 公司努力扩充产品种类以化解产品单一的经营风险，但其产品仍然集中于输变电设备制造。

从收入来源看，如表 2 - 2 所示，C 公司的主要客户为各省电力公司及国家电网和南方电网。C 公司的收入集中在电网系统内，来源非常局限。此外，客户的采购物资方式普遍为集中招标，这加剧了市场竞争，导致收入的不确定性增加。

表 2 - 2　　　　　　　2013 年 C 公司前五大客户及销售额

序号	客户名称	销售额（万元）	占年度销售总额比例（%）
1	江苏省电力公司	4 175.43	8.41
2	浙江省电力公司	2 916.15	5.88
3	安徽省电力公司	2 333.32	4.70
4	甘肃省电力公司	2 323.39	4.68
5	河南省电力公司	2 288.13	4.61
	合计	14 036.42	28.28

资料来源：C 公司 2013 年年报。

2. 行业市场地位。C 公司战略转型前夕正值我国"十二五"规划期间。特高压、智能电网建设加速发展，新型城镇化建设和农村电网改造，给高压开关行业开辟了广阔市场，同时超高压直流输电工程的建设，带动和促进了特高压直流输电技术研究，开辟了新的技术领域和新的市场，高压开关行业进入了重要的发展时期。

如图 2-1 所示，2013 年 C 公司的营业收入在电气机械和器材制造业 33家公司中排名第 21 位，位居行业后端。C 公司营业收入 4.96 亿元，与行业排名第一的特变电工 291.75 亿元的收入差距巨大，约占中位数合纵科技7.14 亿元收入的 50%，与上四分位数上的洛凯股份收入接近。

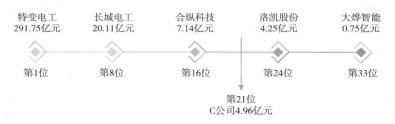

图 2-1　2013 年 C 公司年营业收入行业内排名

3. 公司战略及发展空间。转型前，C 公司的发展战略是坚持走"专、新、特、精"（专业、创新、特色、精品）道路，以产品质量为保证，以技术创新为手段，结合市场运营及企业内部组织结构提升，集中发展以隔离开关、GIS 组合电器、断路器、高低压成套设备等高压开关为主的输变电设备。C 公司努力丰富产品系列，扩充产品门类，增强公司主业高压开关产品的市场竞争力，加快对直流高压隔离开关和接地产品的研发进度，加强组合电器、断路器和成套电器的研发和市场开拓力度。

转型前 C 公司的发展规划着眼于公司内部，旨在推进产品在型号上的纵向延伸和在门类上的横向拓展。C 公司并没有从行业视角审视自身，这使得公司的发展空间狭窄，发展活力不足，发展动力受限。

（二）C 公司拉开战略转型大幕

1. 战略转型过程。为加快建立公司产业结构布局，推进产品结构升级，促使企业生产运营稳步推进，自 2014 年起 C 公司开始筹划转型，动作连连。

C 公司以输变电设备制造业为基础，推进产业链延伸扩展。C 公司收购拥有送变电总包甲级、新能源总包乙级资质的湖北省 H 电力工程有限公司 100% 的股权。投资 2 亿元成立湖南 C 售配电有限公司，出资 2 000 万元投资参与 Z 电力投资基金，抓住国家电力体制改革带来的重大发展机会，在项目搜索上突破地域限制。设立全资子公司湖南 C 新能源电力有限公司，从事太阳能和风力发电及对外承包工程业务。2016 年河北、陕西光伏电站先后顺利并网发电，标志着 C 公司已成功跨入光伏发电总包行业。

2014 年 C 公司通过收购杭州 F 科技有限公司股权，开始涉足新能源汽车行业。为开展新能源汽车运营服务及充电、换电服务业务，C 公司与 S 电动汽车公司签订《战略合作框架协议》，拟利用双方资源，深度合作，共同将新能源汽车导入高频出行的网约车以及出租车，以及合作建设新能源充换电站。双方合作方式为：双方成立两家公司，一家从事网约车及出租车运营，一家从事新能源充换电站服务。C 公司自主开发新能源汽车专用部件，投资成立杭州 B 车辆电气工程公司，逐步形成在新能源汽车高压配件的全面布局，通过组建新能源汽车运营、充电桩运营的子公司，深耕新能源汽车服务领域。

C 公司的一系列的转型动作及拓展的相关业务如表 2 - 3 所示。

表 2 - 3　　　　　　　　　C 公司转型动作及业务拓展

年度	转型动作	业务拓展
2014	收购杭州 F 科技有限公司	生产智能充电机、电池管理系统、电力电子产品，开始涉足新能源汽车行业
2015	设立全资子公司湖南 C 新能源电力有限公司	从事太阳能和风力发电及对外承包工程业务
	出资设立控股子公司湖南 S 自动化有限公司	业务延伸到输变电制造业产业链的二次设备领域
	出资设立控股子公司杭州 B 车辆电气工程有限公司	从事电动汽车高压配电总成研发、检测、生产及销售
	合资设立湖南 C 新能源汽车运营有限公司	从事新能源汽车服务、运营
2016	收购湖北省 H 电力工程有限公司	C 公司获得设计电力行业（送电工程、变电工程）工程设计、总承包甲级，电力行业（新能源发电）工程设计、总承包乙级的资质
	设立湖南 C 售配电有限公司	开展售配电业务

续表

年度	转型动作	业务拓展
2017	合资设立湖南Y新能源汽车服务有限公司	对接高频出行的网约车及出租车运营服务
	合资设立长沙Y自动化科技有限公司	从事湖南省范围内电动汽车的充换电网络的建设和运营
	设立全资子公司湖南R科技有限公司	从事新能源汽车充电桩、新能源汽车零配件的研发，新能源巴士充电桩生产、新能源汽车零配件的生产

资料来源：根据C公司2014～2017年年报归纳整理。

2. 主营业务与收入结构。战略转型后，从业务构成来看，输变电设备制造仍然是C公司的最主要的业务。如表2－4所示，2017年C公司实现收入141 571.46万元，"输变电设备"收入达65 910.73万元，占收入总额的46.56%。"电力能源设计、服务与总包"逐渐成为C公司营业收入的"中流砥柱"，占收入总额的36.74%。此外，值得关注的是，"电动汽车高压配电总成"收入5 471.22万元，占收入总额的3.86%。

表2－4 2017年C公司主营业务构成

业务类型	金额（万元）	占营业收入总额比例（%）
合计	141 571.46	100
分行业		
电力能源设计、服务与总包	52 003.11	36.74
输变电	65 910.73	46.56
房产	16 271.69	11.49
耐磨材料	1 616.59	1.14
机电设备	66.51	0.05
电动汽车高压配电总成	5 471.22	3.86
新能源汽车出租	128.30	0.09
出租固定资产	103.30	0.07
分产品		
高压隔离开关及接地开关	28 893.98	20.42
断路器及组合电器	13 411.40	9.47
成套	21 063.74	14.88

业务类型	金额（万元）	占营业收入总额比例（%）
电气二次设备	2 541.61	1.80
房产	16 271.69	11.49
耐磨材料	1 616.59	1.14
机电设备	66.51	0.05
电动汽车高压配电总成	5 471.22	3.86
新能源汽车出租	128.30	0.09
服务	268.68	0.19
工程施工	47 247.99	33.37
设计	4 486.43	3.17
出租固定资产	103.30	0.07

资料来源：C公司2017年年报。

从产品细分类目可以看出，如表2-4所示，转型之后，"高压隔离开关及接地开关"一项占营业收入的20.42%，相比于转型前占总收入的九成，份额有巨大的下降。究其原因，一方面是受国家电网投资减少，市场体量缩小的影响，国内原材料价格的上涨，人工成本不断增加，而导致业绩表现欠佳。更重要的原因是，C公司转型后产品种类更多，高压开关、组合电器、电力工程EPC等业务四处开花，不再只是依靠高压开关这一项产品。

C公司成套电器产品成功进入国内主网市场，连续在两网系统内斩获订单。各设备类子公司在坚持稳定两网市场的同时积极开拓配网市场，取得了突破性的发展，降低公司对主网依赖性，也为设备板块开拓出更加灵活广阔的市场。

相比转型前，C公司的业务种类更多，产品更多，服务更细。由单一的高压开关制造，转向多元化经营。在电气机械和器材制造业实现纵深发展，电力能源设计、服务与总包业务收获颇丰，电动汽车高压配电总成的业务初见成绩。业务的多样化也使得C公司的收入来源更稳定，风险得到分散。

从收入来源看，如表2-5所示，由于业务的拓展，C公司的主要客户不仅仅只是电力公司，不再局限于招投标的"舞台"，C公司更深入地参与市场竞争当中，受政策影响逐步降低。

表 2 - 5　　　　　　　　2017 年 C 公司前五大客户及销售额

序号	客户名称	销售额（元）	占年度销售总额比例（%）
1	湖北宜昌置业有限公司	10 598.88	7.49
2	襄阳绿动新能源有限公司	8 831.54	6.24
3	随州绿源新能源有限公司	7 607.60	5.37
4	国网江苏省电力公司	7 547.44	5.33
5	国网山东省电力公司物资公司	6 148.10	4.34
合计	—	40 733.56	28.77

资料来源：C 公司 2017 年年报。

3. 行业市场地位。尽管 C 公司转型之后已经拓展了新能源汽车领域相关的业务，但 C 公司业务收入的主要部分仍然来自输变电和电力能源设计和服务总包，因此在行业地位分析中仍将其划分到"电气机械和器材制造业"。

以 2017 年为例，由图 2 - 2 可以看出，C 公司转型之后营业收入排在行业第 18 位，位于中位数之前，比转型前有所提升。与排名第一的特变电工382.81 亿元的收入相比仍存在巨大差距，与较大四分位点的保变电气 43.68亿元的收入差距缩小，略高于中位数百利电气 12.22 亿元的收入。

图 2 - 2　2017 年 C 公司年营业收入行业内排名

4. 战略转型布局及愿景。C 公司战略转型的整体布局是着力打造两个平台。

一是打造成电力领域"EPC（设计、采购、施工）- 设备 - 运营"平台。通过战略转型，C 公司已经在电力板块打通上下关节，初步构建了"前端传统设备销售，中端电站开发、总承包与运营维护及后端售配电业务"的电力行业全产业链。下一步，C 公司将成立产业拓展部门，补齐稳固电力能源产业链，致力于成为电力能源综合服务商。

二是打造新能源汽车"产品 - 运营"平台。C 公司通过自主开发新能源汽车专用部件，投资收购相关制造企业等方式逐步形成在新能源汽车高压配件的全面布局，通过组建新能源汽车运营、充电桩运营的子公司，深耕新能源汽车服务领域。未来，公司将公司大力开展新能源汽车服务业务，延伸新能源汽车产业链布局。

从单一输变电设备制造到"电力＋新能源汽车"双核发展，C公司的战略转型已取得了阶段性成效。未来，C公司致力于将自身打造成世界级的电力能源全产业集成供应商。

二、C公司战略转型面对的宏观环境

（一）政治环境

1. 电力体制改革。2015年国家出台的《关于进一步深化电力体制改革的若干意见》标志着新的一轮电力体制改革的到来。这一轮电力改革着力于建立绿色低碳、节能优先的能源供应体系，从而实现资源优化配置，推进我国电力生产、消费和结构性的转型。

新一轮改革强调要在进一步完善政企分开、厂网分离、主辅分离的基础上，按照管住中间、放开两头的体制架构，有序放开输配以外的竞争性环节电价，有序向社会资本开放配售电业务，有序放开公益性和调节性以外的发用电计划C公司借助电力机制改革的契机，布局配售电业务，成立湖南C售配电有限公司，拓展新的利润增长点。

2. 新能源汽车发展政策。能源瓶颈和环境污染成为倒逼新能源汽车产业发展的强劲动力，在产业升级方面，美国、日本等国家都纷纷制定了一系列刺激政策，随着各国对新能源汽车产业发展的逐渐重视，我国也推广出台了一系列政策，如表2-6所示。

表2-6　　　　　　　　　新能源汽车产业相关政策

颁布时间	主要内容
2006年	国家成立了"十一五"国家"863"计划的节能与新能源汽车重大项目的研究，重点落实新能源汽车项目的集成与协调工作，保证新能源汽车各项工作的顺利进行
2010年	国家发展改革委等四部委联合出台了《关于开展私人购买新能源汽车补贴试点的通知》，将深圳、上海、杭州、长春、合肥5个城市确定为试点城市，开展私人购买新能源汽车补贴试点工作，最高补贴可达6万元

续表

颁布时间	主要内容
2011年	国家公布"十二五"发展规划，明确将节能环保、新能源、新材料和新能源汽车列入战略性新兴产业，将其作为未来国民经济发展新的增长点
2013年	国家发展改革委等四部委联合出台了《关于继续开展新能源汽车推广应用工作的通知》，正式明确了财政补贴支持推广应用新能源汽车的具体政策利用各自在不同市场的优势帮助对方开拓市场和拓展业务
2017年	工信部出台《新能源汽车生产企业及产品准入管理规定》，对新能源汽车的定义、资质考核要求、监管要求、不合格惩罚措施等进行了详细规定

资料来源：新能源汽车网（https://www.xnyauto.com/）。

新能源汽车发展受到国家政策扶持，未来潜力巨大。C公司利用自身在电力设备制造的优势，切入新能源汽车领域，生产新能源汽车充电桩及重要零配件，布局新能源汽车运营，创造新的利润增长机会。

（二）经济环境

1. 经济增长的波动情况。我国经济增速在2007年达到14.2%的高峰后，2008年由于受到国际金融危机冲击，增速开始下降。目前，我国经济结束了改革开放以来接近两位数的高速增长，经济发展进入了新常态。根据国家统计局的数据，经济增速如图2-3所示。

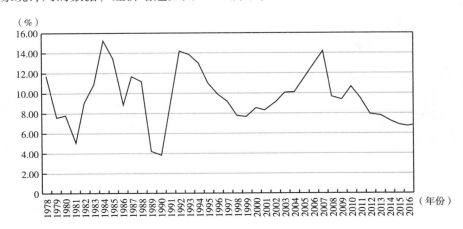

图2-3 1978~2016年经济增长速度

我国经济发展新常态主要表现为：经济增长速度正从高速转向中高速，发展方式正从规模速度型粗放增长转向质量效率型集约增长，经济结构正从增量扩能为主转向调整存量与做优增量并举的深度调整，发展动力正从传统增长点转向新的增长点。

在这样的经济形势下，要求 C 公司向质量效益竞争优势转变。坚持以质量和效益为中心，避免重复建设和同质化、低水平扩张，化解淘汰过剩及落后产能，推进提质增效。

2. 通货膨胀率的变化趋势。根据图 2-4 可以看出，2008~2017 年我国通货膨胀率趋于平缓，总体上利于各企业发展。

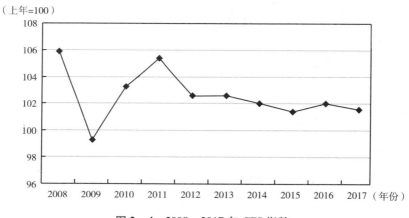

图 2-4　2008~2017 年 CPI 指数

对于处于价值链上游的企业来说，可以将通货膨胀造成的成本增加转移给中下游企业，所以价值链中下游企业受通货膨胀的影响比较大。C 公司所处的电力设备制造行业，原材料投入比例高，通货膨胀对原材料价格影响大。转型前，C 公司处于电力行业中游的输变电环节设备提供商的地位，通货膨胀造成的原材料价格上涨需要靠自身消化，通货膨胀会导致 C 公司利润被挤压。

（三）社会文化环境

1. 社会效益的追求。企业是社会的一部分，在其实现发展的同时，也必须要兼顾社会效益和履行社会责任，才能保持健康可持续发展。当前，随着世界人口快速增长和现代技术的不断发展，人们对电力的依赖性越来越大，电力需求相应也得到了快速增长。但是，因为自然资源的供给日益紧张，生态环境遭到破坏，雾霾严重，环保压力与日俱增，政府和社会公众对电力行业提出更高的要求。要求电力行业既要满足用电需求，为社会提供源源不断的电力，还要做到节能环保，为子孙后代造福。《电力发展"十三五"规划》中指出，要大力推进电源结构清洁化。随着气候变化形势日益严峻，必须加强大气污染防治力度，环保与生态刚性约束逐步加紧。巴黎环境大会上，中国已经承诺至 2020 年非化石能源消费比重要达到 15% 左右，所以加快调整能源结构，增加非化石能源的利用率，建设清洁、安全、高效、低碳的能源项目已经成为必然趋势。

这样的社会背景使得 C 公司积极承担社会责任，紧跟清洁能源、低碳能源的发展趋势，实行战略转型，大力发展新能源发电。

2. 消费者观念转变。社会技术的变革与发展使得网约车、出租车已经成为人们出行的重要工具。随着人们素质的不断提升以及环保观念的逐渐加强，采用新能源为动力的网约车和出租车更加受到民众的青睐。并且，作为公共交通的地铁和公交车也积极采用新能源为动力，响应社会环保节能的号召。为此，C 公司通过收购杭州 F 科技有限公司股权，开始涉足新能源汽车行业。

（四）技术环境

1. 技术政策。"中国制造 2025"中提到了五大工程，其中之一就是高端装备创新工程，具体就包括了智能电网成套装备领域、节能与新能源汽车领域。到 2020 年，上述领域实现自主研制及应用。到 2025 年，自主知识产权高端装备市场占有率大幅提升，核心技术对外依存度明显下降，基础配套能力显著增强，重要领域装备达到国际领先水平。

这样的技术政策下，C 公司考虑到原有的电力行业中已获取的优势，不断挖掘电力行业产业链，并探索新能源汽车领域能与电力产业结合的机会。

2. 技术发展动态。2017 年我国输配电设备企业不断加强自主研发实力，取得丰硕成果。行业内企业不断拓展技术前沿，你追我赶，形成良好的竞争态势，如表 2 - 7 所示。整个行业的加速发展要求 C 公司必须奋起直追，革新技术，才能在行业内取得领先。

表 2 - 7　　　　　　　　　2017 年输配电设备制造业技术成果

行业内公司	技术成果
平高集团	研制成功世界首个 ±1 100 千伏特高压直流穿墙套管和国内首台电机驱动 126 千伏高压断路器
西电公司	研制成功国内 750 千伏单柱容量最大、阻抗最高的 750 千伏 410 兆伏安单相无励磁调压发电机变压器
山东电力	生产的高端换流变压器全部一次性试验成功
特变电工	生产的世界首台柔性直流输电耦合电抗器一次通过所有试验
许继集团	±500 千伏直流电压互感器、±500 千伏全光纤直流电流互感器等 5 项新产品通过鉴定
南瑞集团	毫秒级精准负荷控制系统、变电站就地化保护设备关键技术及应用等 18 项成果整体达到国际领先水平

资料来源：根据中国能源网和国泰安数据库整理。

3. 行业研发水平。随着技术的发展，我国的电力生产设备有了长足的发展，百万级超超临界机组相继投产、超低排放燃煤技术得到广泛应用，百万千瓦级超超临界二次再热机组和 60 万千瓦级超临界 CFB 机组也首次投入商业运行；节能环保技术也得到了广泛的应用，稳步淘汰产能落后的燃煤机组和大力提倡节能改造升级，火电机组平均供电煤耗已经达到世界先进水平；我国在电力新能源方面也有长足的进步，显著缩小了风电、太阳能等新能源发电技术与国际先进水平间差距。现已能自主完成大容量风电机组整机设计，并且能大规模化开发利用光伏技术，同时核电技术也步入世界先进水平。

与传统汽车不同，我国新能源汽车在某些领域的技术成熟度较高，与欧美等新能源汽车技术先进国家相比差距不大，甚至在部分领域具有相对领先的技术优势。在混合动力汽车方面，产学研结合的发展方式已成为主流方式，建立了动力系统技术平台，基本掌握了混合动力汽车关键零部件技术。在电池技术研发方面，我国自主研发的锂离子动力电池与国际水平接轨，特别是在能量密度和功率密度方面。此外，我国已经研制出了可广泛应用于客车、轿车等领域的多元素聚合锂离子电池以及电控系统等产品，纯电动汽车整车产品技术方面也基本与国际同步，在某些领域还具有独特优势。在燃料电池汽车技术方面，我国是研究燃料电池比较早的国家，已初步建立起燃料电池的研发体系，与国际技术水平相当。

正所谓"见贤思齐焉"，这样的行业研发水平优势为公司战略转型带来了运行动力支持，也让企业看到进步的空间。C公司输变电设备产品坚持走"专、新、特、精"（专业、创新、特色、精品）道路，以产品质量为保证，以技术创新为手段，结合市场运营及企业内部组织结构提升，以稳定发展的传统业务为基础，有效深入电力工程 EPC 总包领域，成立及收购电力工程服务的子公司，使电力工程服务快速成为公司新的收益构成部分。C公司自行开发、设计、生产新能源汽车核心零部件，进行充电桩的研发生产，核心技术使其具有功能上的优越性。

图 2-5 总结了 C 公司转型的宏观环境。

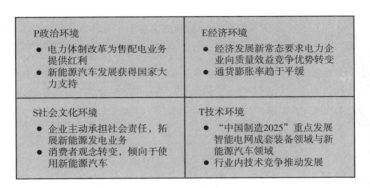

P政治环境	E经济环境
● 电力体制改革为售配电业务提供红利 ● 新能源汽车发展获得国家大力支持	● 经济发展新常态要求电力企业向质量效益竞争优势转变 ● 通货膨胀率趋于平缓
S社会文化环境	T技术环境
● 企业主动承担社会责任，拓展新能源发电业务 ● 消费者观念转变，倾向于使用新能源汽车	● "中国制造2025"重点发展智能电网成套装备领域与新能源汽车领域 ● 行业内技术竞争推动发展

图 2-5 C 公司战略转型的宏观环境

三、C公司战略转型的竞争力分析

宏观外部环境为 C 公司进行战略转型提供了新的挑战和机会，下面采用波特五力模型对 C 公司战略转型的竞争力进行具体分析，从内部探析其为何要战略转型。波特五力模型是迈克尔·波特于 20 世纪 80 年代初提出。他认为行业中存在着决定竞争规模和程度的五种力量，这五种力量综合起来影响着产业的吸引力以及现有企业的竞争战略决策。五种力量分别为同行业内现有竞争者的竞争能力、潜在竞争者进入的能力、替代品的替代能力、供应商的议价能力、购买者的议价能力。五力模型如图 2-6 所示。

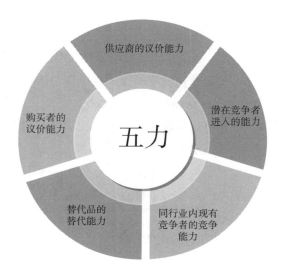

图 2-6 波特五力模型

（一）同行业内现有竞争者的竞争能力

现有企业间的竞争是指在一个市场内的企业为市场占有率而进行的竞争。目前，国内高压开关领域市场格局分为三个梯队，呈"金字塔"状。由于人才、技术等壁垒，参与高端高压开关设备竞争的企业相对较少，主要企业所占份额相对较高；参与中低端高压开关竞争的企业数量相对较多，主要企业所占份额相对较低。252 千伏和 550 千伏超高压开关设备国外企业占主导地位（大约 60% 份额），一再挤压本土企业的市场份额和利润空间。

C 公司战略转型前的行业已趋于饱和，竞争激烈，同时受到国外产品的挤压，且就 C 公司自身来说其利润来源较为单一。而对于新能源汽车行业的其他业务，例如，新能源汽车运营及充电桩运营，目前在国内市场竞争小，市场前景广阔。C 公司表面上看与新能源汽车行业大相径庭，而实际上它是以电动汽车高压配件生产销售迈入新能源汽车行业，故其具有一定的技术基础去与蓬勃发展行业中的其他企业抗衡。

（二）潜在竞争者进入的能力

我国高压开关行业是一个完全开放的行业，但存在较高的行业壁垒。主要有：技术壁垒、人才壁垒、产品准入壁垒、资金壁垒等。高压开关设备技术含量较高，随着更多的新工艺、新技术、新材料被应用于高压开关领域，要求从业人员具有复合型的专业知识结构和较强的创新能力；出于对电网和电气设备安全运行的考虑，国家对输变电及控制设备类产品实行严格的资质审查和准入制度；高压开关行业属资金密集型行业，研发、生产周期较长，对资金的需求量大。

较高的行业进入壁垒通常也意味着较高的退出壁垒。C公司在面临行业竞争使市场份额逐步缩小的同时，若不积极寻求新的利润增长点，会导致经营亏损，这是由于较高的退出壁垒会使公司陷入两难境地。

（三）替代品的替代能力

在现阶段对于高压开关设备，其替代品是由更为先进的技术、更为新兴的材料生产制造的高压开关设备。国内生产厂家经过连续不断的大规模技术改造，制造水平和制造能力已经可以满足使用要求，但是每年仍有不少数量的产品需要进口，特别是550千伏超高压产品。在当前市场环境之下，高压开关企业要想可持续发展，只有保持持续的创新能力、不断提高技术水平。

C公司虽属于科技部认定的高新企业，但内部研发形成无形资产的周期相对较长，创新能力和技术水平还有待进一步提高，其产品被国内乃至国外产品替代的可能性较高。

（四）供应商的议价能力

高压开关设备所需的主要原材料包括支柱绝缘子、外协部件（铸铝件、铸铜件、铸钢件、铸铁件等）、金属材料（铝材、铜材、钢材、无缝钢管、镀锌管等）及其他材料。一般情况下，对于这种低附加值的原材料，供应商的议价能力较弱。但铜材、铝材与钢材及其铸件的价格受全球经济形势变化的影响较大，供应商的议价能力一定程度上受经济因素的影响，若原材料全球市场价格持续走高，供应商的议价能力增强。

C公司对生产需求量较大、价值较高且长期供货比较稳定的标准件、瓷件等物资采取集中招标，利用批量优势进行采购，在保证质量的基础上取得价格上的优惠。故供应商的议价能力在市场平稳时并不会对公司利润造成威胁。

（五）购买者的议价能力

由于我国高压、超高压、特高压输电网络是由国家组织建设，市场中采购方较为集中，主要包括国家电网公司、南方电网公司、五大发电集团及其下属企业、地方电力公司及大型铁路、石油、工矿企业，其采购物资的方式普遍为集中招标的方式，因此市场竞争非常激烈，购买者的议价能力很强。

在此情况下，C公司需要提高中标率才能确保公司销售业绩的实现。而业务的丰富能为C公司带来更多的客户，如在新能源汽车方面，可与国内多家汽车厂家合作，从而获得生产订单，在一定程度上缓解购买者的议价能力对公司利润的威胁。

如表2-8所示，综合这五种力量，我们发现C公司战略转型前所处的现有竞争者竞争能力强、潜在竞争者进入的能力弱、替代品的替代能力较强、供应商的议价能力较弱、购买者的议价能力强，C公司虽能在行业中立足但竞争优势略显不足，若不积极寻求转变，仅依靠其较为单一的产品经营下去，从长远来看会威胁其生存发展。五种力量分析表明了行业里的公司面临着行业利润的威胁力量。公司必须自我定位，通过成本优势或差异优势把公司与五种力量相隔离，从而能够超越它们的竞争对手。

表2-8　　　　　　　　C公司战略转型前的五种竞争力量

行业	C公司
现有竞争者竞争能力强	利润来源单一，竞争优势较弱
潜在竞争者进入的能力弱	退出壁垒高，经营不善威胁股东利益
替代品的替代能力较强	技术创新有待提高，产品被替代可能性大
供应商的议价能力较弱	集中招标，批量采购，供应商议价能力不具备威胁
购买者的议价能力强	招标竞争激烈，无法有效地应对购买者议价能力

四、C 公司战略转型的价值链分析

（一）C 公司战略转型前后的价值链优化

在制订价值链的优化方案时，公司要根据价值链与公司战略及价值创造活动的相关性来选择不同的价值链优化策略。与公司价值创造高度相关的关键价值链，其优化策略是进行持续的、渐进的改进；远未达到预想状态的关键流程，其流程优化策略是采取根本性的、迅速的改革；与公司战略高度相关的非关键因素，其流程优化策略是尽量减少投资或外包；与公司战略不一致的非关键流程，其流程优化策略是转移到能够带来更高附加值的其他公司。

C 公司的"双主业"战略转型优化了其价值链布局。

1. 电力主业——业务流程新建与重组。战略转型前，C 公司以"电"为核心，输变电设备制造是其主营业务，通过多年经营，在电力行业已经拥有了许多资源和优势，占据一定市场地位，但产业链环节比较单一，如图 2 - 7 所示。

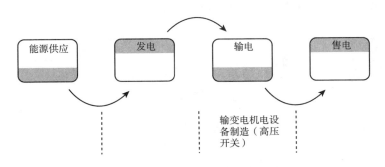

图 2 - 7　C 公司转型前电力业务价值链

战略转型后，公司致力于成为集电力能源规划设计、新能源发电、输变电设备制造、电力工程服务、售电配电及运营等全产业链的电力能源综合服务商。打造电力领域"EPC（设计、采购、施工）-设备-运营"平台，先后达到送变电总包甲级、新能源总包乙级资质；公司原有主业——输变电机电设备制造稳步增长、产品类别不断丰富；成立配售电公司，响应政策布局电力改革；重点开发屋顶分布式太阳能电站和风电项目，建设光伏电站并按时出售。电力板块业务的全产业链如图 2-8 所示。

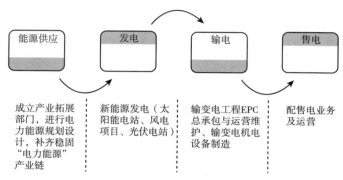

图 2-8 C 公司转型后电力业务价值链

2. 新能源汽车主业——战略性重构。战略转型前，C 公司从事单一输变电设备制造，并未涉及新能源汽车行业。

战略转型后，C 公司致力打造新能源汽车"产品－运营"平台，在新能源汽车领域具备产业链布局趋势。主要从事电动汽车高压配电总成产品研发生产、充电桩研发生产与出租车和网约车运营。同时设立了电动汽车合资运营公司和充换电服务公司，开始重点发力新能源汽车领域，如图 2-9 所示。

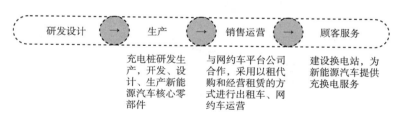

图 2-9 C 公司转型前新能源汽车业务价值链

以上分析表明，C 公司在电力行业上，主要采取"挖掘"的方式，纵向钻研，延长价值链；而在新能源汽车行业，主要采取"探索"的手段，横向探索，创造新的价值链。这样的双元机制使得 C 公司的价值链系统不断被完善。战略转型的效果主要是使 C 公司在两个不同行业上的价值链条均被拉长。

（二）C 公司在产业价值链中的竞争优势

C 公司的战略转型主要使其在不同行业的价值链中达到了链条延长的效果，从外部优势来看，C 公司在电力行业与新能源汽车行业中均占据了附加值较高的环节，例如，售配电、销售运营等；从动态优势来看，C 公司顺应了电力与新能源汽车行业发展趋势，增强了其自主研发能力，完善了相应服务。

1. C 公司在电力产业价值链中的竞争优势。

（1）能源供应：公司成立产业拓展部门，进行电力能源规划设计，补齐稳固"电力能源"产业链。这体现了低成本优势。

（2）发电：公司致力于新能源发电，建立了太阳能电站、风电项目、光伏电站等。这体现了差异化优势。

（3）输电：公司输变电设备产品坚持走"专、新、特、精"（专业、创新、特色、精品）道路，以产品质量为保证，以技术创新为手段，结合市场运营及企业内部组织结构提升，发展以高压开关为主的输变电设备制造业。以稳定发展的传统业务为基础，有效深入电力工程 EPC 总包领域，成立及收购电力工程服务的子公司，使电力工程服务快速成为公司新的收益构成部分。这体现了低成本优势和差异化优势。

（4）售电：抓住国家电力改革的机遇，成立售配电公司，抢占售电配电业务的市场先机，开展售配电业务，通过业务形式的不断丰富带动公司传统输变电设备的销售。这体现了低成本优势。

2. C 公司在新能源汽车产业价值链中的竞争优势。

（1）生产：C 公司自行开发、设计、生产新能源汽车核心零部件，进行充电桩的研发生产，核心技术使其具有功能上的优越性，能够扩大产品的市场份额。这体现了低成本优势和差异化优势。

（2）销售运营：C 公司与网约车平台公司签订合作协议，针对不同车主的需求，采用以租代购和经营租赁的方式给车主用于网约车的运营，公司配套建设换电站，为纯电动汽车提供换电充电服务。这体现了差异化优势。

（3）顾客服务：与运营相匹配的新能源汽车提供充换电服务，使得客户在使用产品和服务上带来了巨大的成本节约，不用花费额外的时间和精力再去寻找类似服务。这体现了差异化优势，如图 2－10 所示。

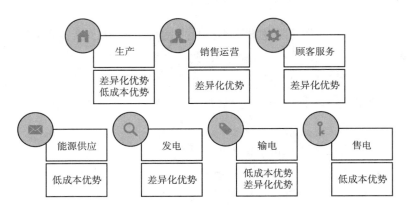

图 2－10　C 公司的价值链竞争优势

（三）C 公司在价值链竞争中的价值创造机会

竞争优势是影响企业价值创造能力与投资价值的关键驱动因素。C 公司在电力行业与新能源汽车行业中均占据了附加值较高的环节，例如售配电、销售运营等，这能强化公司在整条产业链的市场地位与力量，不断占领市场份额，提高产品市场认知度。同时，C 公司顺应了电力与新能源汽车行业发展趋势，增强了其自主研发能力，完善了相应服务，这能加快新产品推出速度、积累规模效应、加强与内容提供商和服务提供商的配合，如表 2－9 所示。

表 2－9　　　　　　　　　　C 公司竞争优势的价值创造机会

价值链环节	战略转型的竞争优势	价值创造机会
电力行业业务		
能源供应	低成本优势	削弱供应商威胁（降低采购成本、提升利润空间）
发电	差异化优势	产品性能（新能源发电获得政策优惠、补助）
输电	差异化优势/低成本优势	产品性能/削弱现有竞争者威胁、削弱购买者威胁（技术支持获得相对成本优势，应对买方的后向一体化，也能在行业中占据更多的市场地位）
售电	低成本优势	削弱进入者威胁（抢占市场先机，获得利润）

续表

价值链环节	战略转型的竞争优势	价值创造机会
	新能源汽车行业业务	
生产	差异化优势/低成本优势	产品性能/削弱现有竞争者威胁、削弱购买者威胁（技术支持获得相对成本优势，应对买方的后向一体化，也能在行业中占据更多的市场地位）
销售运营	差异化优势	服务与支持（赢得客户创造收入）
顾客服务	差异化优势	价格（赢得客户创造收入）

1. 低成本优势的价值创造机会。从电力行业来看：（1）C 公司成立产业拓展部门，进行电力能源规划设计，补齐稳固"电力能源"产业链。这是通过低成本优势中的削弱供应商威胁的机会创造价值，能为企业降低采购成本、提升利润空间。（2）C 公司输变电设备产品坚持走"专、新、特、精"（专业、创新、特色、精品）道路，以产品质量为保证，以技术创新为手段，结合市场运营及企业内部组织结构提升，发展以隔离开关、GIS 组合电器、断路器、高低压成套设备等高压开关为主的输变电设备制造业。以稳定发展的传统业务为基础，有效深入电力工程 EPC 总包领域，成立及收购电力工程服务的子公司，使电力工程服务快速成为公司新的收益构成部分。这是通过低成本优势中的削弱现有竞争者威胁、削弱购买者威胁的机会创造价值，技术创新能有效提高质量并降低相对成本，能有效应对买方的后向一体化，也能在行业中占据更多的市场地位。（3）C 公司抓住国家电力改革的机遇，成立售配电公司，抢占售电配电业务的市场先机，开展售配电业务，通过业务形式的不断丰富带动公司传统输变电设备的销售。这是通过低成本优势中的削弱进入者威胁的机会创造价值。

2. 差异化优势的价值创造机会。从电力行业来看：（1）C 公司致力于新能源发电，建立了太阳能电站、风电项目、光伏电站等。这是通过差异化优势中的产品性能机会创造价值，新能源发电在政策上能得到政府补助，企业因此获得优惠。（2）C 公司输变电设备产品坚持走"专、新、特、精"（专业、创新、特色、精品）道路，以产品质量为保证，以技术创新为手段，结合市场运营及企业内部组织结构提升，发展以隔离开关、GIS 组合电器、断路器、高低压成套设备等高压开关为主的输变电设备制造业。以稳定发展的传统业务为基础，有效深入电力工程 EPC 总包领域，成立及收购电力工程服务的子公司，使电力工程服务快速成为公司新的收益构成部分。这是通过差异化优势中的产品性能机会创造价值，技术支持降低了相对成本，从而获得市场份额。

从新能源汽车行业来看：（1）C 公司自行开发、设计、生产新能源汽车核心零部件，进行充电桩的研发生产，核心技术使其具有功能上的优越性，能够扩大产品的市场份额。这是通过差异化优势中的产品性能机会创造价值，技术支持降低了相对成本，从而获得市场份额。（2）C 公司与网约车平台公司签订合作协议，针对不同车主的需求，采用以租代购和经营租赁的方式供车主用于网约车的运营，公司配套建设换电站，为纯电动汽车提供换电充电服务。这是通过差异化优势中的服务与支持机会创造价值。（3）C 公司与运营相匹配的新能源汽车提供充换电服务，使得客户在使用产品和服务上带来了巨大的成本节约，不用花费额外的时间和精力再去寻找类似服务。这是通过差异化优势中的价格机会创造价值。

五、C 公司战略转型对股东价值创造的影响

（一）C 公司股东价值创造计量

度量 C 公司股东价值创造的数据来源于该公司在证券交易所公布的年度报告；数据分析中用于分析行业平均指标的情况以及累计超额收益率（CAR）的计算基础数据来源于证监会、沪深证券交易所的统计、万德数据库（WIND）以及巨灵数据公司。

1. 价值创造指标。价值创造指标要求对财务报表略作修订，以使报告更接近于现金流量。

（1）经济增加值。经济增加值指标与税后净资产收益率之类的传统绩效指标之间的主要差异在于经济增加值不仅考虑资本成本，而且以易于计量的单位表示价值创造绩效；相关指标的计算过程反映在表 2 - 10、表 2 - 11 和表 2 - 12，之后获得表 2 - 13 的结果；图 2 - 11 展示了经济增加值指标与传

统绩效指标之间的差异；分析年度的加权平均成本和权益性融资的成本分别为 9% 和 12% 。

表 2 – 10　　　　　C 公司 2013 ~ 2017 年税后经营净利润　　　　　单位：万元

项目	2013 年	2014 年	2015 年	2016 年	2017 年
销售收入	49 629. 12	47 836. 57	66 356. 19	129 299. 28	141 571. 46
销售成本	26 289. 31	27 851. 48	45 861. 43	92 808. 57	103 166. 37
毛利润	23 339. 81	19 985. 09	20 494. 76	36 490. 70	38 405. 09
其他经营（收益）/损失	0. 00	0. 00	0. 00	0. 00	0. 00
折旧	1 679. 04	1 860. 89	1 969. 08	2 214. 46	2 667. 97
息税前利润	21 660. 77	18 124. 20	18 525. 68	34 276. 24	35 737. 12
所得税	1 518. 68	1 726. 63	1 253. 23	2 030. 28	3 156. 71
税后经营净利润	20 142. 09	16 397. 57	17 272. 46	32 245. 97	32 580. 41

表 2 – 11　　　　　　C 公司 2013 ~ 2017 年所占用的资本　　　　　　单位：万元

项目	2013 年	2014 年	2015 年	2016 年	2017 年
流动资产总额	102 221. 15	111 260. 30	145 401. 27	218 115. 48	211 873. 46
减去：					
应付账款	13 011. 75	14 438. 63	32 272. 81	54 743. 76	58 726. 41
其他流动负债	0. 00	0. 00	0. 00	7. 59	118. 99
无利息流动负债	13 011. 75	14 438. 63	32 272. 81	54 751. 34	58 845. 41
营运资本净额	89 209. 40	96 821. 67	113 128. 46	163 364. 14	153 028. 06
固定资产净额	20 218. 71	20 218. 71	18 292. 29	23 600. 52	33 832. 79
所占用的资本	109 428. 11	117 040. 38	131 420. 75	186 964. 66	186 860. 84

表 2 – 12　　　　　　C 公司 2013 ~ 2017 年资本成本支出

项目	2013 年	2014 年	2015 年	2016 年	2017 年
期初占用的资本（万元）	109 428. 11	117 040. 38	131 420. 75	186 964. 66	186 860. 84
加权平均资本成本（%）	9. 00	9. 00	9. 00	9. 00	9. 00
资本成本支出（万元）	9 848. 53	10 533. 63	11 827. 87	16 826. 82	16 817. 48

表 2 - 13　　　　　　C 公司 2013 ~ 2017 年经济增加值　　　　　　单位：万元

项目	2013 年	2014 年	2015 年	2016 年	2017 年
税后经营净利润	20 142.09	16 397.57	17 272.46	32 245.97	32 580.41
减去：资本成本支出	9 848.53	10 533.63	11 827.87	16 826.82	16 817.48
经济增加值	10 293.56	5 863.94	5 444.59	15 419.15	15 762.93

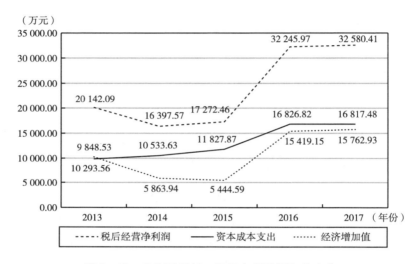

图 2 - 11　C 公司 2013 ~ 2017 年经济增加值变化

在度量了 C 公司经济增加值的基础上，可以运用同样的方法得到了 C 公司所在行业的经济增加值的平均值，行业平均值具体情况如表 2 - 14 所示。

表 2 - 14　　　　　2013 ~ 2017 年 C 公司所在行业平均经济增加值　　　　　单位：万元

项目	2013 年	2014 年	2015 年	2016 年	2017 年
税后经营净利润	4 445.12	5 661.57	11 812.36	19 894.14	18 911.02
减去：资本成本支出	3 482.33	5 727.04	7 749.12	11 414.31	12 725.79
经济增加值	962.79	- 65.47	4 063.24	8 479.82	6 185.23

经济增加值能够直观展示 C 公司开展战略转型活动引起的公司价值变化。从图 2 - 11 和图 2 - 12 可以看出，自 2014 年以来 C 公司经济增加值整体呈现上升趋势，并在 2017 年达到 15 762.93 万元的高值；C 公司经济增加值表现良好，一直高于行业平均水平且其差额较大，说明 C 公司战略转型所

带来的效益是较大的，并且后期发力十足。C 公司在 2015 年末设立新能源公司，从经济增加值的变化来看，该动作是得到良好回应的，较为直接地说明了公司向新能源方向转型的前瞻性。2016 年收购湖北省 H 电力工程有限公司，2017 年进入网约车市场，C 公司经济增加值与市场平均经济增加值的差额陡增，说明战略转型提升了 C 公司价值创造水平。

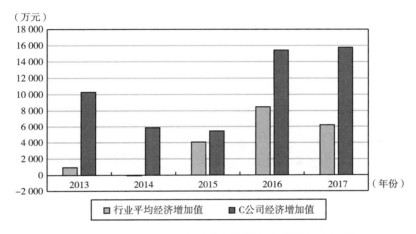

图 2 - 12 2013 ~ 2017 年 C 公司经济增加值的行业比较

（2）股东权益差价。股东权益价值创造 =（股东权益收益率 - 股东权益资本成本）× 股东权益资本。表 2 - 15 和表 2 - 16 列示了 C 公司及其所在行业的股东权益价值创造计算过程。

表 2 - 15　　　　　　　　C 公司 2013 ~ 2017 年股东权益价值创造

项目	2013 年	2014 年	2015 年	2016 年	2017 年
净收益（万元）	7 256.94	8 807.81	6 716.07	12 135.31	6 252.39
期初所有者权益（万元）	104 861.29	109 555.05	117 951.86	123 216.56	132 683.07
股东权益收益率（%）	6.92	8.04	5.69	9.85	4.71
期初股东权益资本成本（%）	12.00	12.00	12.00	12.00	12.00
股东权益差价（%）	-5.08	-3.96	-6.31	-2.15	-7.29
股东权益资本（万元）	104 861.29	109 555.05	117 951.86	123 216.56	132 683.07
股东权益价值创造（万元）	(5 326.41)	(4 338.79)	(7 438.15)	(2 650.68)	(9 669.57)

表 2 – 16   2013 ~ 2017 年股东权益价值创造行业平均值

项目	2013 年	2014 年	2015 年	2016 年	2017 年
净收益（万元）	48 509.04	78 468.58	97 134.31	151 694.58	64 604.51
期初所有者权益（万元）	889 124.86	1 557 808.03	1 742 254.10	2 706 918.98	2 665 205.91
股东权益收益率（%）	5	5	6	6	2
期初股东权益资本成本（%）	12	12	12	12	12
股东权益差价（%）	-7	-7	-6	-6	-10
股东权益资本（万元）	889 124.86	1 557 808.03	1 742 254.10	2 706 918.98	2 665 205.91
股东权益价值创造（万元）	(62 238.74)	(109 046.56)	(104 535.25)	(162 415.14)	(266 520.59)

从图 2 – 13 可以看出，C 公司股东价值创造为负数，该指标一定程度上反映了该市场的吸引力不活跃，公司转型在这一指标上为股东带来的价值转化是呈下降趋势。尽管这和估算价值所做的假设有一定的关系，但在一定程度上给了股东一个警示，市场反应对其带来的股东价值变化并不乐观。

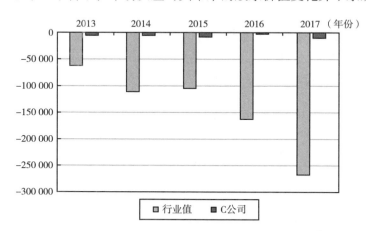

图 2 – 13   2013 ~ 2017 年 C 公司股东价值创造的行业比较

从 C 公司和整个行业股东权益价值创造的平均水平进行比较看出，C 公司创造的股东价值要比行业整体水平要好很多，特别是在 2015 ~ 2017 年期间内，行业的股东价值逐年减低，而 C 公司的股东价值一直比较稳定；说明在行业情况不佳的情况下，C公司表现得更好。

（3）隐含价值。根据C公司2013~2017年年报编制预测报表，并假设：

- 销售收入增长 = 32%年增长率
- 销货成本 = 占销售收入的64%
- 折旧 = 固定资产的9%
- 利息费用 = （银行贷款 + 长期负债）的7%
- 所得税费用 = 按照以往所得税费用调整加权平均计算15%
- 现金 = 0
- 应收账款 = 占本年销售收入的50%
- 存货 = 占本年销售收入的64%
- 其他流动资产 = 30 000 000元
- 固定资产净额 = 年增长率为16%
- 应付账款 = 销货成本的59%
- 长期债务的流动部分 = 上年长期负债余额的5.5%
- 其他流动负债：该公司其他流动负债极少，占销货成本很低的比例可以忽略不计
- 长期负债 = 上年长期负债 − 本年长期负债流动部分
- 递延信用 = 销货成本的6%
- 留存收益 = 上年留存收益 + 本年留存利润
- 普通股预计五年之内增发新股的涨幅比例与2017年持平
- 2022年长期负债 = 202 136 362元

得出C公司的收益预测值如表2-17所示，负债和所有者权益预测值如表2-18所示，税后净利润如表2-19所示，预测资本占用如表2-20所示，预测自由现金流如表2-21所示。

表2-17　　　　　C公司2018~2022年预测收益　　　　　单位：万元

项目	2018年	2019年	2020年	2021年	2022年
销售收入	186 874.33	246 674.11	325 609.83	429 804.97	567 342.56
销售成本	119 599.57	157 871.43	208 390.29	275 075.18	363 099.24
毛利润	67 274.76	88 802.68	117 219.54	154 729.79	204 243.32
固定资产	39 199.44	45 416.47	52 619.52	60 964.97	70 634.02
折旧	3 527.95	4 087.48	4 735.76	5 486.85	6 357.06

续表

项目	2018 年	2019 年	2020 年	2021 年	2022 年
息税前利润	63 746.81	84 715.20	112 483.78	149 242.94	197 886.26
利息	2 132.55	2 541.55	2 864.67	2 975.46	3 350.98
税前利润	61 614.26	82 173.65	109 619.11	146 267.49	194 535.28
所得税	15 403.56	20 543.41	27 404.78	36 566.87	48 633.82
股东可获得的收益	46 210.69	61 630.24	82 214.34	109 700.62	145 901.46
股利	9 242.14	12 326.05	16 442.87	21 940.12	29 180.29
留存利润	36 968.55	49 304.19	65 771.47	87 760.49	116 721.17

表 2－18　　　　　　C 公司 2018～2022 年预测负债和所有者权益　　　　　单位：万元

项目	2018 年	2019 年	2020 年	2021 年	2022 年
流动负债					
银行贷款	36 165.84	39 782.42	43 760.67	48 136.73	52 950.41
应付账款	70 563.75	93 144.14	122 950.27	162 294.36	214 228.55
长期债务的流动部分	2 441.77	2 685.95	2 954.55	3 250.00	3 575.00
其他流动负债	0.00	0.00	0.00	0.00	0.00
流动负债合计	109 171.36	135 612.52	169 665.48	213 681.09	270 753.96
非流动负债					
长期债务	17 771.86	38 700.05	42 570.05	46 827.06	51 509.76
递延信用	7 175.97	9 472.29	12 503.42	16 504.51	21 785.95
非流动负债合计	24 947.84	48 172.33	55 073.47	63 331.57	73 295.72
负债总计	134 119.20	183 784.85	224 738.95	277 012.66	344 049.68
普通股	54 461.87	56 095.72	57 778.60	59 511.95	61 297.31
留存收益	67 908.38	77 415.55	88 253.73	100 609.25	114 694.54
股东权益合计	122 370.25	133 511.27	146 032.32	160 121.20	175 991.86
负债与所有者权益合计	256 489.44	317 296.13	370 771.28	437 133.86	520 041.54

表 2－19　　　　　　C 公司 2018～2022 年预测税后经营净利润　　　　　　单位：万元

项目	2018 年	2019 年	2020 年	2021 年	2022 年
销售收入	186 874.33	246 674.11	325 609.83	429 804.97	567 342.56
销售成本	119 599.57	157 871.43	208 390.29	275 075.18	363 099.24
毛利润	67 274.76	88 802.68	117 219.54	154 729.79	204 243.32
折旧	3 527.95	4 087.48	4 735.76	5 486.85	6 357.06
息税前利润	63 746.81	84 715.20	112 483.78	149 242.94	197 886.26
所得税	15 403.56	20 543.41	27 404.78	36 566.87	48 633.82
税后经营净利润	48 343.24	64 171.79	85 079.00	112 676.07	149 252.44

表 2 - 20　　　　C 公司 2018 ~ 2022 年预测占有资本　　　　单位：万元

项目	2018 年	2019 年	2020 年	2021 年	2022 年
流动资产总额	252 429.81	326 424.45	423 165.72	549 783.47	715 665.26
减去：					
应付账款	70 563.75	93 144.14	122 950.27	162 294.36	214 228.55
其他流动负债	0.00	0.00	0.00	0.00	0.00
无利息流动负债	76 499.03	99 448.74	129 283.36	168 068.37	218 488.88
营运资本净额	105 367.03	133 831.57	170 932.09	219 420.75	282 947.82
固定资产净额	39 246.03	45 525.40	52 809.46	61 258.98	71 060.42
所占用的资本	144 613.07	179 356.97	223 741.56	280 679.72	354 008.24

表 2 - 21　　　　C 公司 2018 ~ 2022 年自由现金流量　　　　单位：万元

项目	2018 年	2019 年	2020 年	2021 年	2022 年
税后经营净利润	48 343.24	64 171.79	85 079.00	112 676.07	149 252.44
投资	4 215.78	4 637.36	5 101.10	5 611.21	6 172.33
自由现金流量	44 127.46	59 534.42	79 977.90	107 064.86	143 080.11

持续经营价值计算，假设预测期间之外的所有未来投资的收益都等于预测期末所占用的资本的成本，并且将按同样的投资报酬率永远地持续下去。2022 年的公司价值就是 2022 年后的永续经营净利润的贴现价值。税后经营净利润等于预测期最后一年（2022 年）期初资本收益率乘以期末资本。具体来说：

$$永续税后经营净利润 = 2022 年期初所占用资本收益率$$
$$\times 2022 年期末所占用成本$$

2022 年的税后经营净利润为 149 252.44 万元，2022 年所占用的资本收益率的比率为 53%。

隐含价值指标所强调的并非是年度绩效，而是对预期绩效的价值评估，该指标类似于根据未来现金流评估公司价值。根据各项预测得出 C 公司 2017 年隐含价值为 1 919 399.28 万元，相应的隐含股东权益价值为 1 899 185.65 万元，如表 2 - 22 所示。这说明 C 公司从 2014 年开始的战略转型动作还是为股东创造了价值。隐含价值指标基于长期经营观，采用未来现金流量估计，相对于股东权益差价来说，更为客观地反映了股东价值变化。

表 2 - 22   C 公司 2018～2022 年隐含价值

项目	2017 年	2018 年	2019 年	2020 年	2021 年	2022 年	2023 年
税后经营净利润（万元）	32 580.41	48 343.24	64 171.79	85 079.00	112 676.07	149 252.44	149 252.44
期初资本余额（万元）	186 964.66	186 860.84	144 613.07	179 356.97	223 741.56	280 679.72	
期初所占用资本收益率（%）	17	26	44	47	50	53	
期末所占用资本（万元）	186 860.84	186 860.84	144 613.07	179 356.97	223 741.56	280 679.72	280 679.72
永续税后经营净利润（万元）		32 562.32	48 343.24	64 171.79	85 079.00	112 676.07	149 252.44
剩余价值	361 803.53	537 147.16	713 019.85	945 322.26	1 251 956.35	1 658 360.46	
自由现金流量（万元）		44 127.46	59 534.42	79 977.90	107 064.86	143 080.11	
自由现金流量现值（万元）		40 483.91	54 618.74	73 374.22	98 224.64	131 266.16	
剩余价值现值（万元）						1 521 431.61	
隐含价值（万元）	1 919 399.28						
现有债务价值（万元）	20 213.64						
隐含股东权益价值（万元）	1 899 185.65						

（4）现金流投资报酬率。为了计算现金流投资报酬率（CFROI），必须估计期初所占用资本的实际价值。2017年末所占用资本的实际价值为288 800.73万元。为了计算各期的现金流投资报酬率，必须估计各期的实际自由现金流、实际所占用资本和实际加权平均资本成本。

2017年税后经营净利润为32 580.41万元，折旧为2 667.97万元，实际货币总现金流量为35 248.38万元。假设资产使用寿命为10年，内含报酬率R为5.26%。与C公司的实际资本成本比较，2017年初实际资本成本为12.07%。因此，2017年现金流投资报酬率差价就等于-6.81%。

现金流投资报酬率依赖于各期的实际自由现金流、实际所占用资本和实际加权平均资本成本等基础数据的支撑，所以在应用该指标来分析公司价值或者股东价值时，资本及自由现金流量的变化对本指标带来的冲击较大，和股权权益差价的反馈结果类似，依旧呈现负值，这和两种指标均采用的实际加权平均资本成本有关。

2. 财富创造指标。

（1）股东总回报，年股东总回报为股票价格变化加上股利。计算公式为：

$$股东总回报 = \frac{股票价格_{t+1} + 股利_{t+1} - 股票价格_t}{股票价格_t}$$

经计算，C公司2013～2017年股东总回报如表2-23所示，变化情况如图2-14所示。

表2-23 C公司2013～2017年股东总回报

项目	2013年	2014年	2015年	2016年	2017年
期末股票价格（元）	4.42	8.94	8.98	9.28	6.09
期初股票价格（元）	2.74	4.42	8.94	8.98	9.28
股利（万元）	1 300.00	2 612.32	3 152.54	2 627.12	1 588.20
股票数量（万股）	13 000.00	26 123.20	52 515.58	52 542.40	52 940.00
每股股息（元）	0.10	0.10	0.06	0.05	0.03
股东总回报（万元）	2.65	3.05	2.01	2.04	1.66

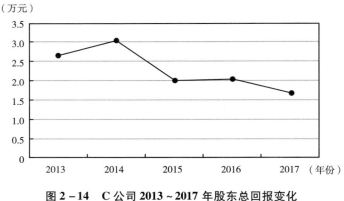

（万元）

图 2 - 14　C 公司 2013 ~ 2017 年股东总回报变化

（2）年经济回报。年经济回报就是公司调整所派发股利、对外派发股利和对外筹集资本后的回报。年经济回报的数学表达式为：

$$AER = \frac{MV - ER' + Div'}{MV_t} - 1$$

其中，AER 表示年经济回报；MV 表示市值；ER' 和 Div' 分别表示各年对外募集的权益资本和按投资者的机会成本所派发的股利；MV_t 表示在第 t 年按短期国库券复利计算出的股东权益的市值。投资者资本的机会成本就是公司相应的股东权益资本成本。如果回报为正，管理者就创造了投资者财富，因为它比投资者自己投资做得更好。从这个意义上讲，这是公司管理者在考虑机会成本的情况下所提供的一个现金流回报。

目前三年期国债利率为 3.8%，假设股东的机会成本为 5%。

公司 2014 年度股东大会决议，以 2014 年度末总股本 26 123.20 万股为基数，以资本公积向全体股东每 10 股转增 10 股。2015 年度，公司第一批股权激励及预留股票股权激励对象，采用自主行权模式，行权期为 2015 年 2 月 6 日至 2016 年 2 月 5 日，截至 2015 年 8 月 30 日，行权股数 269.18 万股。2016 年度，公司第二批股权激励因 2015 年未行权完成的部分采用自主行权模式继续行权，截至 2016 年 12 月 31 日，行权股数 26.82 万股。公司 2013 ~ 2017 年未增发新股。2015 年及 2016 年股权激励行权。

经计算，C 公司 2013 ~ 2017 年的年经济回报如表 2 - 24 所示，变化情况如图 2 - 15 所示。

表 2－24　　　　　　　　C 公司 2013～2017 年年经济回报

项目	2013 年	2014 年	2015 年	2016 年	2017 年
机会成本（%）	5.00	5.00	5.00	5.00	5.00
股票价格（元/股）	4.42	8.94	8.98	9.28	6.09
股票数量（万股）	13 000.00	26 123.20	52 515.58	52 542.40	52 940.00
股东权益的市值（元）	57 460.00	233 541.41	471 589.91	487 593.47	322 404.60
调整：股东权益的市值（用5%）（元）	60 333.00	245 218.48	495 169.40	511 973.15	338 524.83
募集的股东权益（元）	0	0	780.62	77.78	
调整后的募集的股东权益（用5%）（元）	0	0	800.14	79.72	
股利（元）	1 300	2 612.32	3 152.544	2 627.12	1 588.2
调整后的股利（用5%）（元）	1 332.5	2 677.628	3 231.3576	2 692.798	1 627.905
年经济回报（%）	0.02	0.01	0.01	0.01	0.01

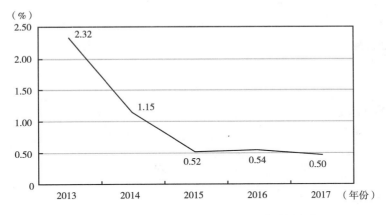

图 2－15　C 公司 2013～2017 年年经济回报变化

　　C 公司在财富创造指标体系下的股东总回报和年经济回报整体呈现为正值，且都呈下降趋势。股东总回报这一相对绩效为正值，说明资本市场对公司战略转型决策作出了积极反应，也说明了管理者创造了股东价值。年经济回报指标较之股东总回报指标更多地考虑了股利和外部募集资本的数额和时效以及各公司之间的机会成本差异，所以在更多关注年经济回报指标评价后，我们可以得出的结论是 C 公司从 2014 年开始的战略转型为公司带来了一定的股东价值，但整体呈现下降趋势，说明后期需要对 2014～2015 年实行的转型举措形成长期有效的评价报告。

3. 价值/财富创造混合指标。市场增加值（MVA）= 股东权益的市场价值 - 调整后的股东权益价值（AEV）。C 公司 2014～2017 年市场增加值如表 2-25 所示，变化趋势如图 2-16 所示。

表 2-25　　　　　　　C 公司 2014～2017 年市场增加值

项目	2013 年	2014 年	2015 年	2016 年	2017 年
调整后的股东权益价值（万元）	109 555.05	117 951.86	123 216.56	132 683.07	140 739.21
股东权益的市场价值（万元）	57 460.00	233 541.41	471 589.91	487 593.47	322 404.60
市场增加值（万元）	52 095.05	(115 589.54)	(348 373.35)	(354 910.41)	(181 665.39)
市场增加值的变化（万元）		(63 494.50)	(232 783.80)	(6 537.06)	173 245.01
标准化的市场增加值（%）		-57.96	-197.35	-5.31	130.57

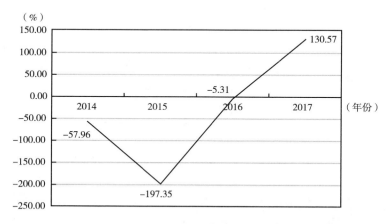

图 2-16　C 公司 2014～2017 年市场增加值

相较于价值创造指标和财富创造指标，市场增加值这一混合指标更为灵敏地反映了股东价值的变化。C 公司标准化的市场增加值从 2014 年

的 -57.96% 变动到 2015 年的 -197.35% ，2015 年所发生的巨幅下跌一定程度上反映了战略转型所带来的阵痛，目标顾客对于公司转型所持有的怀疑态度给公司市场增加值带来了很大的波动，而在 2016 年和 2017 年两年间，市场增加值又呈现大幅上升的趋势，尤其是 2017 年所表现的市场增加值为130.57% ，说明之前一系列的转型动作在市场上得到了升温，能够满足股东价值提升的期望。

（二）战略转型事件前后的股东价值变化

根据既有的研究，战略转型创造价值与否的判断标准是转型对 C 公司股东经济价值的影响，包括股东是否通过战略转型得到了正常或超额的股票收益率，以及从长远来看战略转型是否改善了企业的财务业绩，因此，可以通过分析战略转型前后的平均股价、累积平均收益率、累积超额平均收益率（事件研究法）来进行对比。表 2-26 列示了 C 公司重要转型事件的日期。

表 2-26　　　　　　　　　C 公司重大转型事件及公告发布日期

C 公司重大转型事件	公告日期
收购杭州 F 科技有限公司	2014 年 10 月 22 日
合资设立湖南 C 新能源汽车运营有限公司	2015 年 1 月 6 日
出资设立控股子公司杭州 B 车辆电气工程有限公司	2015 年 3 月 3 日
设立全资子公司湖南 C 新能源电力有限公司	2015 年 12 月 19 日
出资设立控股子公司湖南 S 自动化有限公司	2015 年 12 月 25 日
收购湖北省 H 电力工程有限公司	2016 年 7 月 10 日
设立湖南 C 售配电有限公司	2016 年 12 月 6 日
合资成立湖南 Y 新能源汽车服务有限公司	2017 年 4 月 15 日
合资成立长沙 Y 自动化科技有限公司	2017 年 4 月 15 日

通过梳理 C 公司战略转型过程中发生的重大事件，在权衡股票市场以及公司业绩转变之后，案例分析重点选取了其中两项：事件一，收购杭州 F 科技有限公司（2014 年 10 月 22 日）；事件二，设立全资子公司湖南 C 新能源电力有限公司（2015 年 12 月 19 日）。

在市场中，股价对于公司的任何行为都具有灵活和最快速的反应，是具有前瞻性的，在 C 公司发生战略转型行为的时候，如果市场认为该行为有利于企业发展，企业实施以后能够实现更高的财务业绩，那么企业的股价和收益率均会随之上涨，为了科学地评估 C 公司的业绩表现，必须要剔除市场大盘带动等因素的影响，因此采用累计超额平均收益率来进行分析。

基于事件研究法计算 CAR 值，大盘指数的收益率作为正常收益率是最简单与直观的，这里选择市场调整法。假设市场指数的收益率即为每只股票事件期内当天的正常收益率，如表 2 – 27 所示。C 公司在深圳证券交易所上市，因此分析选取深证成分股指数收益率为正常收益率。

表 2 – 27　　　　　　　C 公司公告日当天累计超额收益率

项目	收购 H 公司	设立新能源电力有限公司
C 公司	0.015987	0.053468
行业平均	– 0.00597	– 0.0066

事件期 I 为公司收购公告发布的前后 15 个交易日 （ – 15，15）。C 公司股票 （ – 15，15） 内的第 t 日的累计超额收益率 CAR 定义为：

$$CAR = \sum_{-15}^{t} AAR_t$$

其中，AAR_t 为每日样本股票超额收益率 AR_{it} 的算术平均值，而 AR_{it} 等于某样本股票 i 在 t 日的实际收益率减去当日正常收益率，本分析中的正常收益率即为深圳成分股指数收益率，具体的计算结果如图 2 – 17 所示。

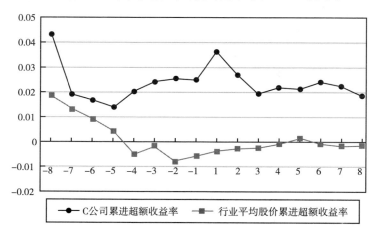

图 2 –17　发布收购 H 公司的公告下的 CAR 趋势变化

从图 2-17 可以看出，在拟实施收购 H 公司的转型计划时，在发布公告前，C 公司 CAR 值虽有波动，但整体呈现上升趋势，在公告日当天，超额收益率为 0.01598721，说明市场对收购是有所期待的，但是期待值较小，但是在随后的 8 天，CAR 值呈现下降趋势，说明市场对于企业发布的转型计划有所失望，可能是由于市场认为转型计划并不符合企业的现状，对其中的条款持怀疑态度导致。

与行业平均股价累进超额收益率对比后发现，首先 C 公司在事件一发生期间 CAR 水平超过行业整体水平，根据我们初步分析的行业整体情况，该行业计划转型并转型成功的公司并不多，在去除市场因素及行业因素影响后，C 公司的表现依然坚挺，虽有波动，但总体情况良好，故而可以清楚地看出该公司战略转型取得了一定的发展优势。

事件期Ⅱ为公司设立公告发布的前后 8 个交易日（-8，8）。由于本公告发布日前后期间出现大量无交易情况，故而我们选取了本事件发生前后共计 16 天的股票市场记录来研究。

C 公司股票（-8，8）内的第 t 日的累计超额收益率 CAR 定义为：

$$CAR = \sum_{-8}^{t} AAR_t$$

在公告日前后，C 公司 CAR 一直保持着稳定的状态，整体波动不明显，相较于第一次事件发生前后的 CAR 而言，第二次事件所带来的超额累进收益率是较大的，公告日当天的 CAR 为 0.053467622。在公告日后第 7 天的时候 C 公司超额收益率为 0.032999，说明市场对于本次 C 公司转型行为持积极的态度，但评估时间有所滞后，公告日后整体情况呈现下降趋势，说明市场对本次事件发布公告后的反应是持续保留观望的态度，如图 2-18 所示。反观行业平均水平的表现情况，CAR 呈现上升状态，有市场回温的趋势，但整体值依然在接近正值区间内波动，说明了 C 公司为日后发展积累了一定的市场基础，未来转型的发展关键在于抓住自我发展的趋势，逐步转移到目标行业。

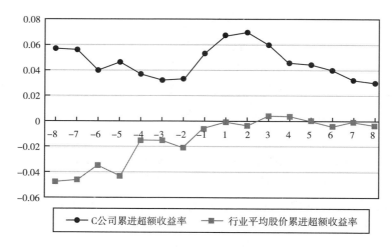

图 2－18　事件 Ⅱ 发生期间 CAR 趋势变化

六、C 公司战略转型的风险控制

（一）C 公司战略转型面临的风险

1. 未来政策存在不确定性。从政策上来看，C 公司转型后进入的光伏发电领域以及新能源汽车领域都是国家大力扶持的。国家能源局 2013 年发布的《分布式光伏发电项目管理暂行办法》第一章第三条明确指出：鼓励各类电力用户、投资企业、专业化合同能源服务公司、个人等作为项目单位，投资建设和经营分布式光伏发电项目。而新能源汽车能减少空气污染和缓解能源短缺，必将成为未来汽车产业发展的导向与目标。2017 年 4 月 25 日，工信部、国家发展改革委、科技部联合印发《汽车产业中长期发展规划》，其中提出，到 2020 年国内新能源车年产销达到 200 万辆，但数据显示，2017 年我国新能源汽车的销量为 77.7 万辆，所以推广新能源汽车的任务还很艰巨。

可以说，C 公司进军的这两大产业都具有环保节能的效果，在资源日益减少，环境污染愈发恶化的情况下，国家政策都是大力推广的。但是需要注意的是，在 2018 年，新能源汽车补贴新政策开始实施：续航里程长的新能源车型将享受到更高的补贴，而续航里程短的新能源汽车，则面临补贴削减甚至完全取消的情况，如表 2 - 28 所示。这将导致新能源汽车的价格将高于普通汽车，消费者购买的意愿有可能随之下滑。

表 2 - 28　　　　　　　　　新能源车用车新旧补贴金额对比　　　　　　　　　单位：万元

续航里程	2017 年补贴金额	2018 年补贴金额
100 ~ 150 千米	2	0
150 ~ 200 千米	3.6	1.5
200 ~ 250 千米		2.4
250 ~ 300 千米	4.4	3.4
300 ~ 400 千米		4.5
400 千米以上		5.0
插电式混合动力汽车≥50 千米	2.4	2.2

资料来源：根据中国政府网（https：//www. gov. cn/）和新能源汽车网整理。

而且，C 公司在 2018 年与滴滴公司合作，进军新能源汽车网约车市场。而在 2018 年，网约车的市场监管力度也在逐渐加大，政府部门出台了一系列的规章制度规范网约车市场，国家也并没有大力推广网约车的政策导向。这些都将给 C 公司转型到新能源汽车领域带来不确定性。

2. 转型后客户变化带来业务风险。C 公司在转型之后，业务的外延有所扩大，企业的主要客户发生变化。在转型之前，C 公司主要的产品是发电开关，因此其主要客户都是省电力公司，在战略转型之后，企业的主要客户中，只有少数的省电力公司，更多的是民营的新能源公司。C 公司涉足新的领域，因此客户一直处于动态变化中，企业要满足不同顾客的要求。而且不同于老客户的稳定支持，与新的客户建立业务关系也可能会对于产品的销售会带来不利影响，因此 C 公司关注客户的变化而带来的风险是很有必要的。

3. 原产业受到挤压，转型刚度把握不够。C 公司在转型前主要是从事输变电设备制造业，在转型过程中，逐渐进入了光伏电行业以及新能源汽车行业，转型之后，C 公司将以电力与新能源汽车作为双主业，如表 2 - 29 所示。

表 2 - 29   2015 ~ 2017 年 C 公司主营业务收入构成

项目	2015 年		2016 年		2017 年	
	金额（万元）	占营业收入比重（%）	金额（万元）	占营业收入比重（%）	金额（万元）	占营业收入比重（%）
营业收入合计	66 356.19	100	129 299.28	100	141 571.46	100
电力能源设计、服务与总包			39 094.75	30.24	52 003.11	36.74
输变电	41 428.89	62.43	76 804.96	59.40	65 910.73	46.56
房产	1 032.02	1.56	8 255.78	6.39	16 271.69	11.49
耐磨材料	1 468.69	2.21	2 086.22	1.61	1 616.59	1.14
机电设备	46.72	0.07	27.73	0.02	66.51	0.05
电动汽车高压配电总成	5 906.27	8.90	2 986.79	2.31	5 471.22	3.86
新能源汽车出租					128.30	0.09
出租固定资产			43.04	0.03	103.30	0.07
光伏	16 473.60	24.83				

资料来源：C 公司 2015 ~ 2017 年年报。

C 公司在 2015 年正式地开始光伏发电的生产，随着光伏发电业务与新能源业务的出现，导致了原有的产业盈利受到了挤压。在 2015 年，刚刚开始进军光伏产业和新能源产业时，原有的主营业务"输变电设备"的营业收入同比下降了 8.25%，2017 年，"电力能源设计、服务与总包"这一项的收入已经占到 36.74%，传统的"输变电"的收入仅占 46.56%，可以说，在这短短的两年里，C 公司转型的速度非常之快，从 C 公司现阶段财务状况看，应注意保持传统业务的良性发展，考虑到现有的布局能否足以支持转型业务。C 公司在扩大其产业链的过程中应该如何分配好新老产业的比重，在这一点上，C 公司似乎并没有作出一个明确的规划。

4. 技术创新的不确定性。新能源行业整体的技术水平越高，加工程度越复杂，某些原料自主研发难度很高，需要长达 7 ~ 8 年的投入，从历史经验来看，一些成功的新能源企业在初试研发阶段皆经过 7 ~ 10 年之久，因此 C 公司在技术项目创新上有一定的难度与复杂性，而 C 公司本身所从事的领域与新能源这一方面也不太相关，自身能力与实力有限，技术创新活动能否达到预期目标还是未知的。

5. 原材料占比大及财务指标"不健康"带来财务风险。从财务方面来看，C 公司的主营业务收入在增加，利润也在波动中有所上升，现金流充足，并且从 2015 年开始，C 公司就加大了对研发支出的投入，其公司年度报告中也明确表示加大了对于新能源车的研发投入，如图 2-19、图 2-20和图 2-21 所示。可以说，在转型过程中，企业并没有因为资金问题导致转型无法进行的情况。

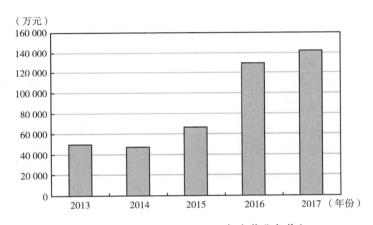

图 2-19　C 公司 2013~2017 年主营业务收入

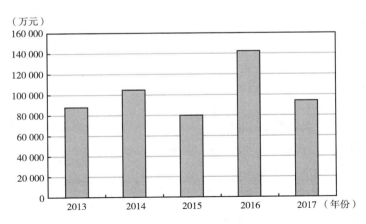

图 2-20　C 公司 2013~2017 年利润总额

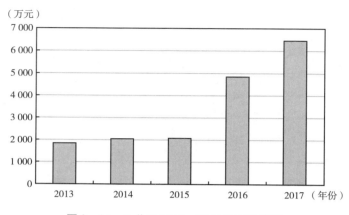

图 2 – 21 C 公司 2013 ~ 2017 年研发支出

值得重视的是，第一，C 公司作为一家原材料投入比例较高的企业，公司生产产品所需要的主要原材料的价格受全球经济形势变化的影响较大，材料价格短期内的剧烈波动对公司的影响比较大。第二，企业资产负债率逐渐升高，可能带来现金流不足，资金链断裂，不能及时偿债的情况，风险过高。第三，虽然 C 公司的销售收入在上升，但是其销售净利率在逐年下滑，说明收入带来的利润在下滑，获利能力有所下降，如图 2 – 22 和图 2 – 23 所示。

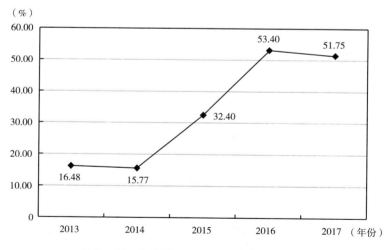

图 2 – 22 C 公司 2013 ~ 2017 年资产负债率

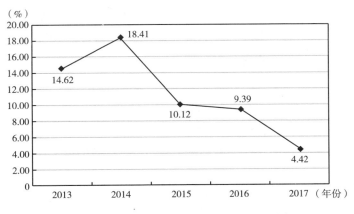

图 2 – 23　C 公司 2013 ~ 2017 年销售净利率

6. 员工对转型后新文化的适应"冲突"。由于战略转型会对企业长期经营方向、运营模式及组织方式、资源配置方式等进行整体性转变，将不可避免地引起企业文化中文化观念、文化环境、价值观念、企业制度、行为准则的相应改变。战略转型前，C 公司以"电"为核心，输变电设备制造是其主营业务，战略转型后，公司致力于成为集电力能源规划设计、新能源发电、输变电设备制造、电力工程服务、售电配电及运营等全产业链的电力能源综合服务商，在"电"的基础上大大扩展了业务范围，再加上 C 公司转型"大步伐"地迈进，企业内部老员工的适应程度、对新文化的认同程度存在不可忽视的冲突。

（二）C 公司战略转型的风险控制方案

1. 提高新能源汽车研发水平，控制生产成本。国家发布了一系列通知，表明要严格执行补贴逐年退坡的管理思路，逐步减轻财政资金对新能源汽车行业发展的引导与刺激作用，将发展推力交还给市场，政府对新能源汽车行业的政策倾斜与补贴将会越来越少。C 公司想要在新能源汽车行业站稳，首先要提高研发技术水平，增强核心竞争力。其次还要控制成本。新能源汽车补贴减少，汽车厂商一般不会让消费者为补贴的减少而买单，所以上游的制造商会被压低价格，C 公司作为新能源汽车零件的制造商需要控制成本，当补贴减少后利润被压缩时依然有利可图。

2. 准确把握网约车的政策走向，提高服务质量。2018 年 5 月滴滴出行

"空姐遇害事件"让社会再一次关注到网约车市场，6 月国家发布相关规定，网约车行业监管更加严厉。一方面，《关于加强网络预约出租车行业事中事后联合监管有关工作的通知》对网约车司机的资质进行了严格规定，司机数量的减少会对网约车平台车源造成影响，可能出现用户"叫车难、等待时间长"等情况。另一方面，该通知大大提高了网约车平台违法违规成本。

C 公司在网约车行业这方面可以做到以下两点：一是走在政策前，C 公司可以参考国外的相关政策，做好政策预期，在政策颁布之前做好应对措施；二是在当前相关政策颁布后，C 公司可以顺势提高自己平台司机的能力，对网约车司机进行入职前的考试，不合格的司机不用。这样能够提高服务质量，在当前网约车的红海市场提供差异化服务，以高质量的服务站稳脚跟。

3. 进行客户资源管理。第一，与客户建立战略合作关系。首先 C 公司要保证产品、服务质量必须是一流的，其次要保证在技术上保持领先以维护自己的优势地位（技术风险也是需要防范），最后要扩展自身的服务能力。第二，着力提高客户满意度和忠诚度。C 公司可以利用其收购公司的稳定客户源，夯实新领域的客户基础，同时，老客户是企业利润的保证，企业必须保住这些忠诚的老客户，同他们保持一定联系，虽然 C 公司现在以电力与新能源汽车作为双主业，但也不能不重视转型之前的产业。

4. 协调好新旧产业比重，把握好转型刚度。C 公司在电力行业一直有良好的口碑和较完善的工艺和设备，这是公司这么多年所积累下来的能力。现阶段，C 公司在新的业务领域发展态势较好，并且取得了一些成绩，但应切记不能将传统业务给忘却。C 公司应该运用现有的良好要素资源，在旧业务上形成远远超越于竞争对手的，使对手在短期内难以替代的竞争优势。作为国民经济的基础工业产品，配电开关控制设备广泛应用于电力行业。

未来我国电力建设投资规模高企，配电开关控制设备制造行业广阔的市场空间将继续维持。所以，C 企业在战略转型过程中应该要注意保持旧业务的稳步增长，分配好新老产业的比重，为新业务带来充足的资金和技术的支持。

5. 充分利用并购企业的技术资源开展技术创新。技术创新是能源发展全局的核心，在能源革命中起着决定性作用，它是引领能源发展的第一动力。针对技术层面的风险，C 公司可以充分利用其并购的公司已有的技术资源：

C公司收购H电力公司之后，公司在电力板块产业链形成闭环，极大地加强了设计与总承包能力，在新能源电站总包、海外电力工程总包以及配电网BOT等方面展现出协同效应。而且C公司在开始布局新能源汽车行业之初，就收购杭州F公司。F公司主要从事动力电池智能充电装置、电池管理系统和智能均衡装置的研发，主要产品包括电动汽车车载充电机、动力电池均衡维护设备等。F公司拥有"千人计划"引进人才、电力电子行业知名专家作技术带头人，公司自主研发的车载充电机产品性能已经优于国内外各大品牌。

6. 加强企业管理能力，将财务指标转"危"为"安"。针对上述的财务风险，第一，要控制原材料的成本：（1）C公司可以与供应商签订长期采购协议，进行大批采购。2017年C公司前五家供应商占年度采购总额为20.10%，C公司可以与这种采购比例大的公司签订战略协议或者年度采购协议，降低采购成本并且保证原材料的及时供给。这样尽管金属材料价格波动大，但能减少对C公司的影响。（2）C公司可以开展大宗金属材料的套期保值业务锁定价格。大宗材料特别是铜、铝、钢材等现货的价格基本参照上海期货交易所的价格定价，企业可以通过期货市场套期保值作为稳定经营的必要手段。由于C公司铜、铝、钢材等原材料需求量很大，材料的价格波动直接影响公司的利润，所以有必要在期货市场进行套期保值以辅助正常的生产经营活动。建议C公司严格根据生产经营对大宗材料的需求规模确定开展套期保值的业务规模，同时C公司可以建立期货风险测算系统，加强套期保值的风险管控。

第二，针对企业资产负债率大幅提升。C公司首先应将降低资产负债率纳入企业长期发展规划，在确保当前战略转型能实现的前提下，将负债规模控制在合理水平，以此降低C公司的经营风险。其次，在贷款利率上升、筹资成本加大时，C公司可以改变依赖银行借款的筹集方式，积极探索新的融资渠道。2016年C公司以子公司股权为质押，以5.225%的利率向银行借入长期借款，虽然借款利息能税前抵扣，但是加大了C公司的财务风险。C公司可以采取其他融资方式，比如发行企业债券，以此可以将银行债务融资与市场债务融资相结合，优化融资结构，降低财务费用。

第三，为了保证战略转型的稳步进行，C公司应该保证其盈利能力。C公司2017年海外营业收入占总收入比为2.11%，2016年为0.34%。C公司可以依靠国家"一带一路"倡议，拓宽自己的海外市场，不断完善海外业务的运作，同时通过合理运用外汇汇率避险工具降低汇率风险的影响。根据 C 公司的年报，机电设备行业的毛利率最高，为 50.46%，但占营业收入比重最低，为 0.05%。C 公司可以适当拓展机电设备业务，将企业资源往毛利率高的行业倾斜，在稳步发展与战略转型的同时，提升自身的盈利能力。C 公司 2016 年开始加大了在研发支出方面的投入，C 公司可以继续加大对研发的投入力度，进行技术创新，掌握了核心技术可以在行业更有话语权更有定价权，盈利能力也能提高。

7. 增强员工对企业新文化的认同感。C 公司增强员工转型文化适应度可以从三个方面来看：一是要形成与企业战略发展相适应的新企业文化，C 公司目前没有明确的企业文化，员工没有统一的指导思想。C 公司可以在转型的时候明确企业文化，对员工进行引导，推动企业文化实现新发展。二是增强员工的认同感、凝聚力。C 公司可以加强员工教育和培训，让员工了解实施战略转型的必要性及重大意义，让员工发自内心地接受新文化。三是可以在员工中组织开展以转型为主题的相关活动，将企业转型与时代变革、员工成长联系起来，营造转型升级的良好氛围。

七、讨论问题与案例思政

（一）拟讨论的重点问题

随着我国经济向高质量发展转型，企业战略转型将成为一种发展常态。本案例的侧重点是战略转型的股东价值创造与风险控制，重点思考如下问题：

1. C 公司从"专、新、特、精"（专业、创新、特色、精品）的战略定位到"电力 + 新能源汽车"双核发展，蕴含怎样的动机？

2. 针对 C 公司的战略转型，你认为宏观环境存在怎样的机遇和挑战？为了把握机遇，战略转型应考虑的重点因素是什么？

3. 运用波特的"五力模型"开展竞争力分析是否存在一般的适用条件？本案例中，新能源汽车、网约车等均存在政府监管，运用"五力模型"分析存在怎样的局限性？

4. 价值链与价值创造存在怎样的联系？C公司战略转型获得了哪些价值创造机会？

5. 股东价值创造如何计量？从企业经营的视角看，过多强调股东价值有什么局限？

6. 结合本案例开展讨论：公司战略转型面临哪些风险？

（二）案例思政

1. 党的十九大报告提出"……建立健全绿色低碳循环发展的经济体系"，结合C公司"电力 + 新能源汽车"的双核发展，说明C公司战略转型是如何落实国家绿色发展政策并获得价值创造机会的。

2. 公司战略转型过多强调股东利益，是否存在不同利益相关者的商业伦理冲突？这种冲突可能损害企业价值创造吗？

参考文献

［1］迈克尔·波特. 竞争战略［M］. 北京：华夏出版社，1997.

［2］李廉水，吴利华，徐彦武，郁明华. 公司跨行业转型：特征分析与风险控制——以中国上市公司跨行业转型成功与失败的典型个案为例［J］. 管理世界，2004（1）：118 – 129.

［3］美国管理会计师协会. 管理会计公告（第三辑）［M］. 北京：人民邮电出版社，2013.

［4］张晓峰，李晓彤，苏建军，刘继勇. 全球能源互联网背景下山东电工电气制造企业战略转型研究：基于动态能力的视角［J］. 山东大学学报（哲学社会科学版），2018（1）：130 – 137.

［5］张新. 并购重组是否创造价值？——中国证券市场的理论与实证研究［J］. 经济研究，2003（6）：20 – 29.

［6］邓少军，焦豪，冯臻. 复杂动态环境下企业战略转型的过程机制研究［J］. 科研管理，2011，32（1）：60 – 67.

［7］Mitsuru Kodama, Tomoatsu Shibata. Strategy Transformation through Strategic Innovation Capability-A Case Study of Fanuc［J］. R&D Management，2014，44（1）：75 – 99.

［8］Joshua Gans, Michael D. Ryall. Value Capture Theory：A Strategic Management Review［J］. Strategic Management Journal，2017（38）：17 – 41.

案例三 以邻为"和":瀚蓝环境"邻利"治理模式的价值效应

专业领域/方向:财务管理、商业伦理

适用课程:《财务管理理论与实务》

选用课程:《商业伦理与会计职业道德》

编写目的:本案例旨在引导学员关注企业与社区间和谐关系的价值共创问题,分析企业在化解"邻避冲突"过程中引入社区治理的机制和价值效应。根据本案例资料,学员一方面要认识"邻避冲突"对企业经营的影响,思考企业"邻避冲突"产生的原因及应对机制;另一方面可以在重点掌握利益相关者共同治理理论和企业价值创造计量方法的基础上,进一步把握社区引入公司治理的路径和运行机制,探索绿色发展理念下企业开展环境服务和参与环境治理的模式及其价值共创思路。

知识点:邻避效应 非市场利益相关者 "邻利"治理模式 社会价值 环境价值

关键词:邻避冲突 治理模式 社会价值 环境价值 事件研究法

摘要:本案例根据瀚蓝环境(证券代码:600323)的公开资料,比较详细地描述了公司从"邻避"到"邻亲"再到"邻利"的治理模式变革的实践过程。瀚蓝环境作为一家与生产生活区紧密相连的固废处理企业,在最初的运营中遇到了强大阻力,但通过治理模式的转变,逐步成功应对"邻避冲突",构建起"企业—民众—政府"之间的牢固铁三角闭环关系,实现了财务价值、社会价值和环境价值的共创,并引领行业标准,为公司的战略延伸和高质量发展夯实了制度基础。

引言：企业与社区间的和谐关系怎样实现价值共创

在现代企业的契约网络中，一方面，企业的经营活动，尤其是大型项目的营运深刻影响着所在社区的经济、环境和文化；另一方面，社区作为一个非市场利益相关者群体也可能阻止甚至对抗企业的项目营运，从而产生企业与社区间的社会冲突。这种社会冲突不仅造成不良社会影响，而且因项目中断或延迟会增加经营成本，降低市场价值，威胁到企业经营的持续性。一段时间以来，我国一些企业在经营过程中因环保问题引发的"邻避冲突"频频见诸媒体报道，一度成为公众的热议话题，项目实施也受到严重影响。因此，企业有效地识别、把握社区利益，与社区形成和谐共生关系，从根本上解决"邻避冲突"困境，实现"邻避"到"邻利"的转变，对持续经营及价值创造至关重要。

瀚蓝环境股份有限公司（以下简称"瀚蓝环境"，证券代码：600323）是一家与生产生活区紧密相连的固废处理企业，在最初的运营中遇到了强大阻力，但通过治理模式的转变，逐步成功应对"邻避冲突"，并引领行业标准。那么瀚蓝环境是如何通过治理模式的转变化解"邻避冲突"？这种治理模式的转变又是如何具体影响企业价值创造的？在这里，我们把案例的分析重点放在治理模式转变的机制设计上，并进一步解析治理模式转变进程中公司在"经济价值""社会价值""环境价值"三个方面的具体变化。

一、瀚蓝环境的基本情况①

（一）瀚蓝环境主要业务

瀚蓝环境是一家专注于环境服务产业的上市公司，业务领域涵盖供水业务、排水业务、固废处理、燃气供应等，秉持"地球公民自然与善"的核心

---

① 根据公司网站信息、公司公告、财务报告、社会责任报告等整理。

价值观，"城市好管家、行业好典范、社区好邻居"的社会责任理念，致力为各大城市提供生态环境服务与解决方案，共建人与自然和谐生活。

固废处理业务：瀚蓝环境从 2006 年开始进入固废行业，目前已为广东、福建、湖北、河北、辽宁、贵州、北京、江西和黑龙江 9 个省份共 27 个城市提供优质固废处理服务；已形成环卫清扫、垃圾分类、垃圾收转运、焚烧发电、卫生填埋、渗滤液处理、飞灰处理完整的生活垃圾处理纵向一体化优势，也形成了生活垃圾处理、餐厨垃圾处理、污泥处理、工业危废处理、农业垃圾处理等协同资源化的横向协同一体化优势，具备提供固废处理全产业链综合服务能力。瀚蓝环境连续五年被评为"中国固废行业十大影响力企业"，如图 3 – 1 所示。

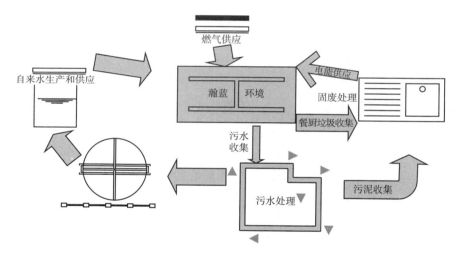

图 3 – 1　瀚蓝环境的主营业务流程

供水业务：拥有供水服务全产业链，包括取水、制水、输水到终端客户服务。公司目前供水设计能力 125 万立方米/日，其中一家单厂日供水规模 100 万立方米。供水范围覆盖全南海区 1 000 多平方公里，服务人口 300 万人，供水水质一直达到并优于国家规定的水质标准。

排水业务：拥有包括污水处理管网维护、泵站管理、污水处理厂运营管理的污水处理服务全产业链。通过建设 – 经营 – 转让（BOT）、移交 – 经营 – 移交（Transfer-Operate-Transfer，TOT）和委托运营等方式，拥有约 20 个污水处理项目的特许经营权，目前污水处理规模约 60 万立方米/日。

燃气业务：公司自 2011 年起进入燃气供应领域，目前已在广东省佛山市南海区及江西省樟树市开展相关业务。

（二）瀚蓝环境的主营业务收入结构

表 3－1 展示了瀚蓝环境在 2013～2018 年间各主营业务收入的具体情况，从表中可以看出，瀚蓝环境两大主力业务为大热的固废处理业务和稳步发展的燃气业务；如图 3－2 所示，在四大主营业务中，固废处理业务占比 36.40%，燃气业务占比 35.09%；公司在收购燃气业务公司的同时，大规模发展固废处理业务，在后期经营中，固废处理业务的发展属于公司的朝阳计划。

表 3－1　　　　　　瀚蓝环境 2013～2018 年主营业务收入　　　　单位：万元

业务类型	2013 年	2014 年	2015 年	2016 年	2017 年	2018 年
供水业务	48 074.81	54 335.69	69 949.70	86 056.84	89 782.41	90 158.42
污水处理业务	187 88.39	19 198.28	17 323.38	15 977.51	18 829.47	22 973.52
固废处理业务	30 259.80	37 750.26	100 160.80	132 779.24	142 089.00	176 524.97
燃气业务	—	126 126.85	134 054.5	116 287.40	141 376.23	170 114.66
主营业务	97 123.00	237 411.08	321 488.38	351 100.99	392 077.11	459 771.57

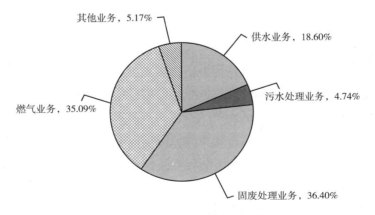

其他业务，5.17%
供水业务，18.60%
污水处理业务，4.74%
固废处理业务，36.40%
燃气业务，35.09%

图 3－2　瀚蓝环境的业务分布

二、瀚蓝环境"邻避"事件的过程描述

（一）瀚蓝环境的利益相关者关系

"邻避"或"邻利"关系的本质是公司与利益相关者的关系。根据功能定位，结合瀚蓝环境的环保服务经营特征，以瀚蓝环境为中心的利益相关者网络包括股东、职工、经营者、社区居民、政府机构、消费者和资源管控者。这七类利益相关者主体的具体内涵如图3-3所示。

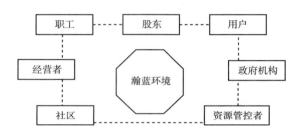

图3-3 瀚蓝环境的利益相关者网络

与一般企业的利益相关者关系不同，瀚蓝环境作为环境服务经营企业，其利益相关者网络中，除了包括股东、职工、经营者外，社区居民、政府机构、消费者和资源管控者作为利益相关者主体具有更为特定的含义。

瀚蓝环境属于环境服务经营企业，其用户（消费者）是一组环境服务群体，包括公司所从事的四大环境服务行业所有服务的群体，它们作为消费者形成了对公司服务的消费需求。

对于瀚蓝环境来说，政府机构不仅是监管机构，具有监管者的职责，而且充当了客户的角色，瀚蓝环境直接和政府签订环境服务条约，譬如垃圾处理，燃气供应，水电供应等服务。

瀚蓝环境所涉及的社区，是公司周围居民区域，包括公司各大工厂，各大基础设施周围分布的社区群众、居民、高校师生等，这些群体可以通过社会责任委员会向瀚蓝环境反映自己的意见，并对公司进行直接监督，以此来建立公司和社区之间的和谐共存的环境。

资源管控者，指的是控制瀚蓝环境关键资源的供应，比如设备的供应、

资金、土地的支持等，这些机构或者个体参与者往往对项目的建设起着关键性作用。

（二）瀚蓝环境的"邻避"冲突描述

时光回溯到 2005 年，面对水务行业的发展瓶颈和固废处理行业的发展前景，瀚蓝环境开始转型到这个环保类服务行业，瀚蓝环境在接手了一个老旧垃圾焚烧厂后，公司决策层集体表决后打算在此基础上全面开拓一个固废处理的全产业链项目，项目前期需要解决的最棘手的问题是垃圾焚烧厂的具体选址问题，经相关部调查研究和高层决议，最终计划在佛山市国家级高新技术产业开发区的中心位置建立一个产业园，周围紧邻五所高校、十几个村庄、几十个住宅小区、上百家高新技术企业。项目建设前期，周围的社区民众就提出了质疑和强烈的反对意见。主要体现在以下几个方面：

1. 原有老旧垃圾焚烧厂不作为的遗留问题。瀚蓝环境固废处理园规划选址周围的社区居民了解到其接手的原有老旧垃圾焚烧厂对环境造成的恶劣影响，以前的垃圾焚烧厂长期黑烟缭绕，对其造成的污染持不作为态度，也没有相关的监管设施和监管部门，故而很容易超标排放二噁英气体，严重危害周围居民的身体健康。这种直接的污染和潜在的危害性给新的选址周围的社区居民造成了的心理上的不舒适和忌讳情绪，所以居民联立选出代表强烈反对垃圾焚烧厂的建立。

2. 环保服务设施的污名化。瀚海环境项目周边社区居民反对的原因不仅仅局限在原有的老旧垃圾焚烧发电厂的恶劣影响，还因为垃圾焚烧（填埋）这一类设施的负外部性在科学上被污名化，而产生了"邻避冲突"。一般来说，这一类项目对周边的空气、产业、水源、土地、建筑等都有一定负面的影响，但这种影响在科学上是有阈值区间的。由于科普宣传等方面的不到位，企业周边的社区居民往往接受到需要承担很大的风险的信息，譬如面临经济利益、健康利益被损害的风险。正因为这种长期影响的存在，瀚蓝环境在与政府就项目建设协商前期就收到群众联名提出的反对意见，态度很坚决，即不允许周边环境受到破坏，双方意见一直持续着僵持状态。

3. 选址存在环境空间分配的正义性问题。对于环境污染处理的公共服务行业，政府的决策影响力度和具体实施极为重要。一般而言，政府同意此类项目选址和建设区位，主要选择在这个人口分布稀少的经济开发区地段，这在一定程度上存在空间分配不正义的问题。经济发达区域通过一定的经济手段将垃圾输送到落后区域，涉及成本与收益的非均衡性，即"邻避设施"的收益可以为广泛的社会成员共享，而负外部性成本却由项目周边社区居民（民众）承担。这种不公平的印象就存在这些居民的心中，他们感受到自己没有获得平等性对待，也没有实质性参与到这个与自身利益相关的事情，因此会觉得自己没有被赋予应有的公平正义。

4. 社区居民和专家对风险感知不同。瀚蓝环境在初期建设中积极宣传了专家对此类项目的科学理性计算，试图得到周围社区居民的认可和支持。但在 2005 年，当时环保类行业发展尚不成熟，公众对政府、企业、专家缺乏信任，这就造成环境风险的决策者、评估者、制造者和承担此类风险的社区居民彼此之间的共识性很差，而社区居民作为风险承担者的心理感受往往被忽略。瀚蓝环境在这种大环境下很难做到科学、合理地解决彼此的矛盾，政府、专家往往基于社会理性，习惯性地从社会整体利益角度去考虑问题，所以对风险的感知要小于风险承担者——社区居民的切身感受，而社区居民由于自身的个体特征、对风险知识的理解、群体行为意识，以及生活上积累的经验等差异，容易感知到风险的放大效应，一旦这种感知被固化，对此类"邻避设施"的风险感知总是偏高、放大；这就与专家出具的风险计算出现较大偏差，随着偏差的加大，二者就可能形成激烈的冲突。

三、瀚蓝环境从"邻避"到"邻利"的治理转变

（一）瀚蓝环境的公司治理框架

"邻避"或"邻利"关系的本质是公司与社区利益相关者的关系。早期，瀚海环境与社区的关系并不和谐，曾是"邻避效应"的受害者，公司当时在接手一个 400 吨的旧项目后，因没有规模无法盈利，意在继续新建 1 500 吨的项目，又因周边三公里范围内的几所大学、社区村委会的异议导致新项目无法实施。为此，瀚海环境以"公开透明""真诚沟通""办好事情"的治理理念，推进从"邻避"到"邻亲"再到"邻利"的治理转变，

图 3 - 4 展示了瀚海环境的治理框架。从图 3 - 4 可以看出，瀚海环境与社区之间构建起了和谐共生关系。逐步形成了"共建、共治、共享"的运行机制。

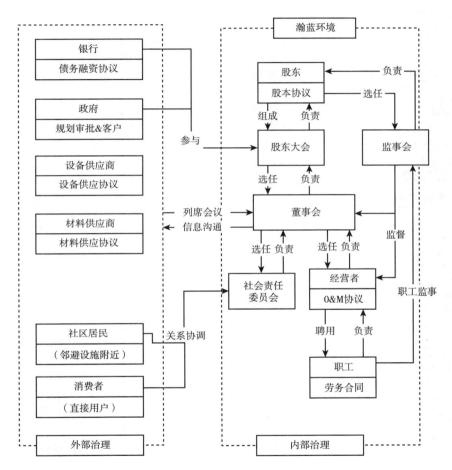

图 3 - 4　瀚蓝环境的"邻利"治理模式

（二）瀚蓝环境治理模式转变的路径

面对环境服务项目的"邻避冲突"，瀚蓝环境以提高社区的信任水平为合作前提，逐步推进治理模式转变，主要事件的节点摘要如表 3 - 2所示。

表 3 - 2   瀚蓝环境治理模式转变发生的事件节点信息摘要

具体事件公告	项目补充说明	时间节点
南海固废处理产业园前期建设公告（与社区建立友好关系）	报告说明了前期建设需要解决的主要冲突问题以及对老厂遗留问题的改造工程，并成立了前期沟通建设团队	2006 年 8 月 4 日
组织参观世界先进的垃圾发电厂（与社区沟通协商）	组织了政府官员、村民代表、学院教职工代表到当时国际上最先进的日本、新加坡、中国澳门等国家和地区的垃圾发电厂参观	2006 年 10 月 9 日
加强公司治理专项活动整改公告（与社区合作）	就固废处理业务、水资源污染等问题和环保部门达成监管协议	2007 年 10 月 18 日
惠安县生活垃圾焚烧发电厂特许经营项目公告（创新攻坚）	产能 1 200 吨/日	2009 年 2 月 20 日
廊坊市生活垃圾焚烧发电项目公告（创新攻坚）	产能 1 000 吨/日	2009 年 6 月 26 日
安溪县生活垃圾焚烧发电厂 BOT 特许经营项目一期 & 安溪县生活垃圾焚烧发电厂 BOT 特许经营项目二期（创新攻坚）	产能 1 200 吨/日	2009 年 8 月 28 日
垃圾焚烧余热焚烧锅炉公告（创新攻坚）	ZL200920268465. X	2009 年 10 月 20 日
垃圾焚烧锅炉余热焚烧装置公告（创新攻坚）	ZL200910252348. 9	2009 年 11 月 26 日
垃圾焚烧锅炉余热焚烧装置公告（创新攻坚）	ZL200920274432. 6	2009 年 11 月 26 日
废弃物焚烧烟气净化系统公告（创新攻坚）	ZL201120251841. 6	2011 年 7 月 18 日
佛山市南海区垃圾焚烧发电厂二厂项目公告（创新攻坚）	产能 1 500 吨/日	2011 年 8 月 28 日
佛山市南海区垃圾焚烧发电厂一厂改扩建项目（创新攻坚）	产能 1 500 吨/日	2015 年 9 月 28 日
瀚蓝与轻工学院签订战略合作协议公告（与社区合作）	在教育培训、工业旅游、孵化器三个方面开展合作	2016 年 7 月 28 日
瀚蓝环境股份有限公司关于签订战略合作备忘录的公告（技术攻坚）	瀚蓝环境与瑞曼迪斯将利用各自的优势在佛山共同开展危险废弃物的资源再生以及终端处理业务	2015 年 12 月 19 日

资料来源：根据瀚蓝环境历年公告整理。

1. 真诚沟通，"装、树、联"打破"邻避"僵局。瀚蓝环境的管理层意识到，要得到周围社区居民的认可，必须首先打破"邻避"僵局，做好项目建设前期的沟通工作。由于国内的垃圾焚烧发电项目还没有取得大众的信任，所以瀚蓝环境在着手沟通工作之前，内部成立了项目前期小组，就如何分配沟通人员、如何着手沟通工作、如何解决沟通工作中遇到的障碍等问题进行统筹安排。项目前期小组先与政府、村组织、学校进行协调，希望对方能派出代表到各个国家或地区先进的垃圾发电厂参观（日本、新加坡、中国澳门等地区），代表们可以面对面与瀚蓝环境的协调小组、政府沟通，也可以与这些邻避设施地区的居民沟通，了解到只要设备达到标准对周围的环境和居民的健康影响甚微。这个沟通并非短期的沟通，是一个长期的沟通，2005～2007年沟通工作一直在进行中，最后对公众进行调查，瀚蓝环境的项目得到百分之百的认可，政府环保部的批文也顺利发放。前期的真诚沟通工作，使得项目能够持续运营十多年，保证公司整体发展规划的持续性和稳定性。

与此同时，瀚蓝环境为了提升周围社区的信任，积极响应政府机构的监管计划。公司管理层了解到，仅仅普及垃圾焚烧技术清洁无污染无法取信于民。2007年前后，政府为了维护公共安全和利益，推进文明建设，加强城市规划建设工作也开始着手建设对垃圾焚烧发电等项目的监管工作，政府开始引导地区环保服务行业积极响应"装、树、联"工程，垃圾焚烧发电厂要安装自动监控设备，将电子屏设立在醒目处，并将监测数据实时传输到环保平台，让周围民众可以做到看见清洁，监督数据，管理污染，信息的公开使得了"邻避"心结可以坦然被解开。由于检测是委托给第三方检测机构，瀚蓝环境管理层强调要主动配合第三方机构，切实做到实时地接受第三方机构的检查，做好垃圾焚烧全链条管理工作。

2. 公开透明，提高社区信任水平。瀚蓝环境在2016年收购南海环保发电厂后，就成立了学习小组并派往日本等国家观摩学习，意在打造一个全产业链"固废处理"产业园，即一个系统化综合集约处理的产业园模式；这个集生活垃圾、餐厨垃圾、工业废弃物、污泥等于一体的产业园模式，在当时颇有前瞻性，是国内首个项目，不仅为这个县级国企拓宽了行业发展道路，而且将传统的"资源—产品—废弃物"的线性经济模式转变为"资源—产品—再生资源"的循环经济模式，为区域产业绿色转型提供了某种意义的示范。

在瀚蓝环境的"固废处理"产业园项目区，公司建立了社区考察制度。常态化的工作机制是邀请附近的村民、老师、学生，周边小区住户到固废处理园进行实地调研和考察，并且制作了环保监督证发放给周围群众，他们可以24小时随时随地对固废处理整个产业过程进行监督和提出改进意见。同时，广东省环保局网站会实时公布瀚蓝环境的各项排放指标数据，并将指标值显示在产业园的醒目位置，方便周围群众及时了解到垃圾焚烧厂的环保状况，彻底打消周边居民的疑虑。通过这种透明的制度建设，瀚蓝环境与周边社区居民之间建立了高信任关系。后期，瀚蓝环境在多个省市的多个地区都沿用环保产业园模式，如2016年12月在顺德建立的固废处理产业园相比南海固废处理产业园的规模要更大，整体建设和产业链模式完全仿造南海产业园。

由于瀚蓝环境的产业园模式成功解决了过去因产业链不完整带来的困扰，因而得到政府和当地居民的大力支持。瀚蓝环境持续以高标准、高要求建设产业园，形成了自己的品牌效应，以过硬的实力引领了整个行业标准。

3. 创新攻坚兑现环保承诺，消除邻里疑虑。2005年，瀚蓝环境接手了原有的垃圾焚烧发电厂，老厂的排污标准和建设标准都达不到当时环保局要求的标准，管理层决定开展从内到外的系统性环保改造升级。首先，彻底堵住老厂的污水排放口，暂停排放污水杂物。老厂遗留下的问题主要有两个方面：一是"固废处理"产业链对外排放的烟尘问题和发散的臭味；二是设备被动不受控制，常常出现故障，造成设备无法运行从而停炉维修的问题。从本质上说，这问题是技术的落后。其次，瀚蓝环境为了解决技术落后问题，不惜投入大量的人力、物力、财力，还聘请了相关的专家调研，攻克排放技术瓶颈，有效地降低有害气体和烟尘的排放，科学地较少了非计划停炉次数，从一年几十次到一年仅有五次。总之，瀚蓝环境在进入固废行业这一领域后，不仅在管理上强调与周边居民沟通，建立高水平的信任关系，更在技术发展上切实地投入资金和人力、物力，履行对社区公众的承诺。

（三）瀚蓝环境"邻利"治理模式的运行机制

在利益相关者共同治理的模式中，获得期望效率的前提是准确识别关键的利益相关者的作用。瀚蓝环境作为一个"固废处理"为主业的环保服务企业，必须得到社区的认同和支持。在"邻利"治理模式的"共建、共治、共享"运行机制中，突出了两个重要机制。

1. "企业—民众—政府"形成牢固的铁三角闭环关系。对于"固废处理"行业来说，政府作为一个关键的利益相关者，既是相关政策的制定者，又是企业的主要客户，在业务上企业与政府签订合同，政府购买企业的服务；社区作为另一个关键的利益相关者，其民众则是企业的用户，如图 3 – 5 所示。在既有的治理模式中，企业的管理决策层过多强调政府与企业自身的角色，忽视了社区民众的治理力量，因而很难实现企业、民众、政府之间的和谐共生。在瀚蓝环境的"邻利"模式中，强调与民众的合作，从"企业—政府"的行业固有模式转变为"企业—政府—民众"的闭环模式，创造性地引入社区民众这一重要治理力量，将"邻避冲突"问题化解为"邻亲关系"，并进一步形成"邻利"模式的治理结构，构筑起"企业—民众—政府"之间的铁三角闭环关系，实现"共建、共治、共享"的共生发展，为合作"三方"带来了多赢局面。

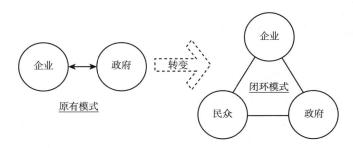

图 3 – 5　瀚蓝环境的"企业—民众—政府"铁三角闭环关系

首先，瀚蓝环境为了表现强烈的合作意愿和提升社区信任水平，在与政府充分沟通的基础上，对政府环保标准实施精细化管理；同时，除执行政府的环保标准外，还进一步立足周边社区环境的实际情况，考虑项目的建设标准，在外观设计上与周边的大学城和佛山高新区的市貌相吻合。

其次，瀚蓝环境与周边社区单位谋求不同层次的合作关系。2016 年，公司与位于产业园附近的轻工学院达成了全方位的战略合作，并就双方合作磋商达成了合作协议，合作内容主要集中在三个方面：

（1）瀚蓝环境与广东轻工技术学院共同建立了瀚蓝环境学院，组建了环保产业孵化器，定向地培养环保人才，制定行业人才标准，并且鼓励学生走出去与企业合作，创新创业，这种由学院到企业的深度合作，不仅构建了高水平的信任关系，而且促进了双方的长期共生发展。

（2）为加强对社区公众的环保教育，瀚蓝环境前后投入共达数千万元建立了环保公园，该环保公园位于南海固废产业园内部，占地约 20 亩，并且搭建了 3 000 平方米的环保展厅，以增强社区公众的认同感和支持强度。

（3）瀚蓝环境与广东轻工技术学院还合作开发工业旅游项目，共同建立了南海工业旅游博物馆（共包含一个主馆和三个副馆），这也是全国首个以工业旅游为主题的校企共建博物馆。这种形式不仅提升了学院的环境形象，还极大地改善了瀚蓝环境在社会公众心中的环保形象，这种稳定的合作局面加深了彼此之间的共同利益联系。

2. "直接对话"方式形成共同目标和价值愿景。非市场关键利益相关者参与治理的另一种方式是企业与社区之间的"直接对话"方式。瀚蓝环境为了与社区形成高水平的信任关系，建立了定期的对话机制，以"对话、愿景和目的陈述"的方式，将公司的重要事项融入社区，这些事项包括企业文化、经营目标、流程规范、价值愿景等。一方面，瀚蓝环境根据公司整体经营情况，以及年度、季度成果向社区居民代表反馈双方合作形成的共同规范、价值和目标，提升了社区居民的管理意识；另一方面，瀚蓝环境的管理层在定期的"互动"模式中，也意识到企业的发展离不开周边社区居民的配合，周边社区居民也渐渐淡化"冲突"意识，主动提出自己的诉求，从而构筑起高度的信任感。在不同层次的社区公民中，定期的对话互动，促进了企业与社区形成不同层次的和谐共生关系。例如，原来竖立了高围墙的大学院校主动提出将双方之间的围墙拆除，真正实现了和谐共生的一体化。

随着瀚蓝环境与社区之间"邻利"治理模式的运行，不仅地方政府解决了生活垃圾、污泥、餐厨垃圾等固废处理问题，公司不断增长的效益也通过不同的窗口传达到社区居民的耳中，社区享受了良好环境带来的利益。这种和谐共生、互动的信任、合作关系又反过来促进企业的价值创造。

四、瀚蓝环境"邻利"治理模式的价值创造

（一）企业价值创造的度量维度与方法

已有大量文献证实了公司治理与企业价值的显著相关关系。由于环境产业企业的价值创造具有显著的社会和环境效益，因而价值创造包括经济价值、社会价值、环境价值三个维度。

1. 经济价值。公司的总经济价值是债务与股权价值的总和，被称为"企业价值"，而扣除负债的股权部分则称之为"股东价值"。企业价值由两个基本要素组成：一是预测期内经营现金流的现值；二是反映预测期末业务现值的企业残值。对于治理模式转型的价值效应，一般用股东经济价值和企业财务业绩衡量，包括股东是否通过治理模式转变得到了正常或超额的股票收益率，以及从长远来讲治理模式转变是否改善了公司的财务业绩。具体计算指标有：

（1）财务指标。改变治理模式后是否为公司带来了经济价值，这里主要运用每股收益、净资产收益率、主业利润率、经济增加值四个财务指标来反映。

（2）市场反应。上市公司在股票市场中，股价对于公司的任何行为都具有灵活和最快速的反应，当公司治理模式转变时，如果市场认为该行为有利于企业发展，企业实施以后能够实现更高的财务业绩，那么企业的股价和收益率均会随之上涨，为了科学地评估公司的业绩表现，必须要剔除市场大盘带动等因素的影响，因此采用累计超额平均收益率指标，并运用事件研究法计算 CAR 值的变化。

2. 社会价值。企业价值创造的第二个维度是社会价值，企业与社区的和谐共生关系，提升了企业的社会声誉，改进了获取资源的渠道，又反过来支持社区发展，这就必然创造了更多的社会价值。企业为社会贡献了多少价值，一个可行的参考标准是根据企业公布的社会责任公告和已有的社会责任评级得分去衡量，从而最终衡量出企业的非市场利益相关者参与治理后的社会价值创造。

就上市公司而言，参考证券交易所公布的社会责任评价体系指引，以及企业自身所在行业评价标准确定社会价值贡献指标主要集中在三个方面，即

税收贡献、社会就业贡献、社会公益贡献，图 3 - 6 列示了社会价值贡献的一般指标。

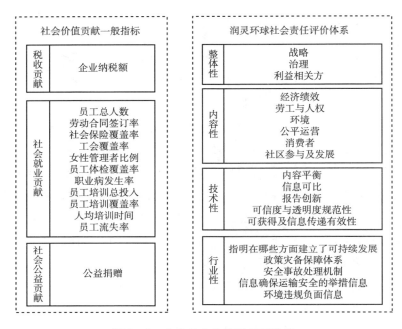

图 3 - 6　企业社会价值的度量维度

衡量上市公司社会价值的另一个权威的指标体系是润灵环球发布的指标评分，评分分为四块，即整体性、内容性、技术性、行业性。总分为 100 分，整体性评价 M 值权重为 30%，内容性评价 C 值权重为 45%，技术性评价 T 值权重为 15%，行业性评价 I 值权重为 10%，如图 3 - 6 所示。

3. 环境价值。企业的环境价值贡献衡量目前还没有通用的标准，《联合国国际会计和报告标准》曾经提出了量化企业对环境问题的"贡献"维度。环保服务产业企业对环境的贡献与其他生产制造类企业有明显的差异，它是以"固废处理"、改善环境质量为主营业务的，因而环境价值的贡献更突出，通过"变废为宝"的新经营模式，不仅提升了企业自身的经营业绩，更重要的是增加了提升环境价值的渠道。根据国际组织的环境贡献标准及我国的环境业绩评价指南，并考虑到环境问题与适当的财务指标的融合，选择从五个方面的主要环境问题构建环境业绩指标，表 3 - 3 列示了环境价值衡量的指标体系。

表 3 – 3	环境价值衡量指标体系
环境问题	环境业绩指标
不可再生能源的耗竭	初级能源的消耗量/增加值
淡水资源的耗竭	用水量/增加值
全球变暖	导致全球变暖气排放量/增加值
臭氧层损耗	破坏臭氧层气体排放量/增加值
固体和液体废物的弃置	固体和液体废物量/增加值

(二) 瀚蓝环境经济价值创造的实现

1. 治理模式改变后主要财务业绩指标表现向好。

(1) 每股收益表现。表 3 – 4 和图 3 – 7 报告了瀚蓝环境治理模式变革前后每股收益变化情况。从图 3 – 7 可以看出，瀚蓝环境每股收益指标一直高于行业均值，而从水务行业转型至固废处理行业开始，该指标与行业平均值拉开的幅度越来越大，说明瀚蓝环境在所处行业中的股票收益表现越来越有竞争力。

表 3 – 4	2003 ~ 2009 年瀚蓝环境每股收益及行业均值					单位：元	
项目	前三年	前两年	前一年	当年（2006 年）	后一年	后两年	后三年
每股收益	0.31	0.34	0.37	0.41	0.34	0.35	0.38
每股收益行业均值	0.13	0.15	0.17	0.14	0.10	0.09	0.11

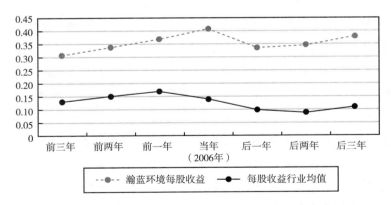

图 3 – 7 2003 ~ 2009 年瀚蓝环境每股收益及行业均值变化

(2) 净资产收益率表现。净资产收益率是衡量企业盈利能力的重要指标，具体表明企业利用股东权益创造利润的能力。表3-5和图3-8反映了瀚蓝环境治理模式变革前后的净资产收益率变化。

表3-5　　　　　　2003~2009年瀚蓝环境净资产收益率及行业均值　　　　　单位：%

项目	前三年	前两年	前一年	当年（2006年）	后一年	后两年	后三年
瀚蓝环境净资产收益率	8.29	8.91	9.36	9.99	10.50	10.16	10.28
净资产收益率行业均值	-0.12	-0.11	-0.18	-0.15	-0.14	-0.16	-0.15

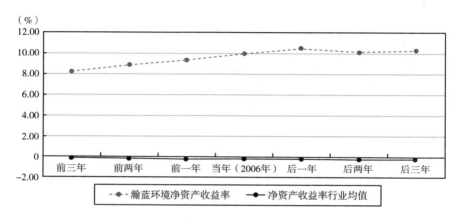

图3-8　2003~2009年瀚蓝环境净资产收益率及行业均值

从图3-8可以看出，瀚蓝环境的净资产收益率处于行业上游位置，并且一直表现为上升趋势，净资产收益率表现较好并高于行业水平，说明瀚蓝环境在利用自身资金创造利润的水平上有很大的潜力和优势。也进一步说明公司面对"邻避冲突"时积极的应对措施给公司带来了新的成长机会。

（3）主营业务利润率表现。在瀚蓝环境四大业务的收入占比情况中，固废业务占比38%，而且瀚蓝环境主要是在发展"固废处理"业务时同周围社区产生了激烈的"邻避冲突"。因此，分析瀚蓝环境的主营业务利润率，可以准确地把握固废处理业务的利润率，进一步理解治理模式变革的财务效果。

表3-6和图3-9反映了瀚蓝环境的主营业务利润率变化情况。可以看出，瀚蓝环境的主业利润率大大高于行业平均水平，说明瀚蓝环境的"固废处理"业务在行业中处于明显的优势地位。同时，"固废处理"业务的利润率出现了平缓的下滑趋势，说明固废处理业务在2006年及前期是利润"蓝海期"，后期随着竞争对手的持续进入，盈利水平相对平稳，并呈现平缓下

跌趋势，但利润率基本保持在 20% 以上，也说明瀚蓝环境在应对"邻避冲突"这一困境时，逐步实现了治理制度的突破，赢得了更为优异的业绩表现。

表 3 - 6			2003 ~ 2009 年瀚蓝环境主业利润率及行业均值				单位:%
项目	前三年	前两年	前一年	当年（2006 年）	后一年	后两年	后三年
瀚蓝环境主业利润率	25	26	24	23	23	23	22
主业利润率行业均值	12	8	10	11	9	8	8

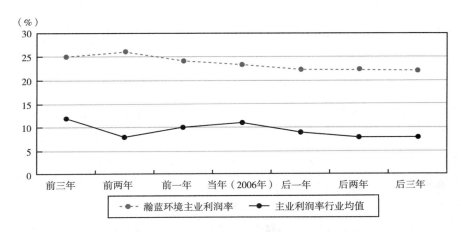

图 3 - 9　2003 ~ 2009 年瀚蓝环境主业利润率及行业均值变化

　　（4）经济增加价值（EVA）表现。经济增加价值能够直观反映瀚蓝环境积极应对"邻避冲突"、改善治理模式对公司价值创造的变化。从表 3 - 7 和图 3 - 10 可以看出，自 2005 年以来瀚蓝环境的 EVA 值整体呈现上升趋势，并在 2009 年达到 41 614 577.15 元的高峰。这表明，公司的"邻利"治理模式所带来的效益是较大的，并且后期呈现强劲势头。观察图 3 - 10 还可以发现，瀚蓝环境在 2006 年末开始积极解决"邻避冲突"，该动作得到了良好的回应，这也说明了公司"邻利"治理模式转变的及时性和战略性。

表 3 - 7			2002 ~ 2008 年瀚蓝环境的经济增加值				单位：元
项目	前三年	前两年	前一年	当年（2005 年）	后一年	后两年	后三年
税后经营净利润	64 281 386.27	78 641 327.84	84 149 836.54	87 414 686.61	70 234 032.19	58 647 773.19	43 111 755.7
资本成本支出	25 532 005.81	60 919 772.7	52 962 193.93	57 753 383.68	43 232 392.26	19 203 027.96	1 497 178.548
经济价值	38 749 380.46	17 721 555.13	31 187 642.61	29 661 302.93	27 001 639.93	39 444 745.23	41 614 577.15

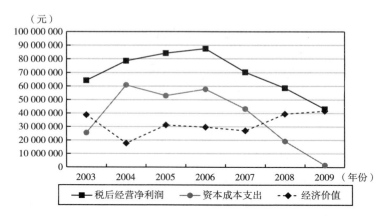

图 3 – 10　瀚蓝环境 2003～2009 年经济增加值变化

综观以上财务指标的表现，可以初步判断瀚蓝环境从"邻避"到"邻亲"，并进一步形成"邻利"的治理模式变革产生了较为明显的财务效应，无论是与同时期的行业均值对比，还是与自己的历史发展期进行对比，瀚蓝环境都表现出强劲的潜力和动力。这在理论上也为企业"邻避冲突"的化解提供了治理模式和机制的制度设计参考。

2. 治理模式变革的正向市场反应明显。瀚蓝环境作为一家以"固废处理"为主业的环保服务类上市公司，其治理模式由"邻避"到"邻利"的转变包含了一系列重要事件，表 3 – 2 归纳了主要事件的时间节点及事件信息摘要。2006 年 8 月 4 日，瀚蓝环境发布南海固废处理产业园前期建设公告，报告说明了前期建设需要解决的主要冲突问题以及对老厂遗留问题的改造工程，并成立了前期沟通建设团队。该公告事件是公司治理模式变革的关键事件，因此将事件研究的日期确定为 2006 年 8 月 4 日。

市场反应（市场绩效）评价过程中的两个十分重要环节是事件研究窗口期的选择。窗口期就是经济事件对企业股价产生影响的时间区间。本次研究的窗口期定为事件发生的前十天和后十天。

首先，从国泰安数据库中下载"考虑现金红利再投资的日个股回报率"作为瀚蓝环境的个股日收益率 R_{it}。由于瀚蓝环境属于上海证券交易所的上市公司，因此从国泰安中下载上证指数的日收益率作为市场收益率 R_{mt}，引入资本资产定价市场模型：

$$R_{it} = \alpha + \beta \times R_{mt}$$

把每天 R_{it} 和 R_{mt} 分别作为因变量和自变量,利用最小二乘法计算出 β 和 α 分别为 1.1574 和 0.0004。

在得出回归模型的基础上,通过代入事件窗口期每天的 R_{mt} 可以得到正常收益率,用 R_{it} 减去预期收益率就是超额收益率,将超额收益率累加起来就可以得到超额累计收益率。

从图 3-11 可以看出,瀚蓝环境在发布相关公告的前期,市场反应尚不明显,市场显示在观望状态;发布当天和后期趋势表现为上扬,超额累进收益率表现为正值,说明市场反应良好,公众对瀚蓝环境治理模式的转变持积极态度,初步说明这次事件在所选窗口期内市场表现为正向效应。从股票的市场表现角度看,最后一天 CAR 值高达 54%,说明本次治理模式变革对提升瀚蓝环境的市场绩效发挥了作用。

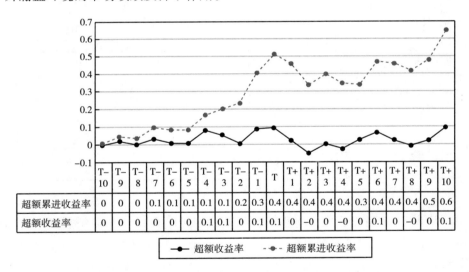

	T-10	T-9	T-8	T-7	T-6	T-5	T-4	T-3	T-2	T-1	T	T+1	T+2	T+3	T+4	T+5	T+6	T+7	T+8	T+9	T+10
超额累进收益率	0	0	0	0.1	0.1	0.1	0.1	0.1	0.2	0.3	0.4	0.4	0.4	0.4	0.4	0.3	0.4	0.4	0.4	0.5	0.6
超额收益率	0	0	0	0	0	0	0.1	0.1	0	0.1	0.1	0	-0	0	-0	0	0.1	0	-0	0	0.1

—●— 超额收益率   - -●- - 超额累进收益率

图 3-11 事件期内超额收益率和超额累进收益率变化趋势

(三) 瀚蓝环境社会价值创造的实现

对瀚蓝环境的社会价值创造主要从税收贡献、社会就业贡献、社会公益贡献三个方面进行衡量。根据上海证券交易所社会责任披露索引公布的相关指标数据,瀚蓝环境的社会价值绩效如表 3-8 所示。

表 3 -8　　　　　　　　　　瀚蓝环境 2011～2018 年社会绩效

社会绩效指标	2011 年	2012 年	2013 年	2014 年	2015 年	2016 年	2017 年	2018 年
纳税额（万元）	20 991	6 780	9 258	16 340	28 334	38 863	43 207	45 299
员工总人数（人）	1 337	1 350	1 362	2 929	3 351	3 827	4 320	4 561
劳动合同签订率（%）	100	100	100	100	100	100	100	100
社会保险覆盖率（%）	100	100	100	100	100	100	100	100
工会覆盖率（%）	100	100	100	100	100	100	100	100
女性管理者比例（女：男）	1：5.8	1：6	1：6.5	1：5	1：7	1：6.5	1：7.25	1：6.74
员工体检覆盖率（%）	100	100	100	100	100	100	100	100
职业病发生率（%）	0	0	0	0	0	0	0	0
员工培训总投入（万元）	33	68.5	68	176.27	395.2	226（母公司）	231（母公司）	305（母公司）
员工培训覆盖率（%）	62（母公司）	76（母公司）	88（母公司）	71（母公司）	73（母公司）	82（母公司）	82.7（母公司）	90（母公司）
人均培训时间（天）	1（母公司）	1.3（母公司）	1.9（母公司）	1.6（母公司）	1.8（母公司）	1.9（母公司）	1.9（母公司）	2.29（母公司）
员工流失率（%）	1（母公司）	0.8（母公司）	1.8（母公司）	2.9（母公司）	2.2（母公司）	1.2（母公司）	3.1（母公司）	2.45（母公司）
公益捐赠（万元）	112 529	112 390	118 763	324 800	307 000	564 200	1 123 800	375 000

资料来源：瀚蓝环境 2011～2018 年社会责任公告。

　　从表 3 -8 可以看出，瀚蓝环境在 2011～2018 年的社会业绩表现一直向好，公司收入随着业务的拓宽，每年上缴的税收也在逐年上涨，招聘员工的人数和福利待遇也在不断改善，并且随着公司品牌文化的建设，公益捐赠也持续维持在行业较高水平。

　　自 2009 年上海证券交易所要求上市企业披露社会责任报告开始，瀚蓝环境积极响应政策参与社会责任评级。表 3 -9 和图 3 -12 反映了瀚蓝环境的社会责任得分细分项目。从表 3 -9 和图 3 -12 可以看出，2009～2018 年，瀚蓝环境评级得分基本在行业水平之上，尤其是 2016 年、2017 年、2018 年这三个年度，瀚蓝环境社会评级得分都是远高于行业水平。

表 3 – 9　瀚蓝环境 2009 ～ 2018 年润灵环球社会责任评级细分项目

年份	评级等级	评级展望	本年评级得分	M（整体性）	C（内容性）	T（技术性）	I（行业性）	上年评级得分	与上年度分差	行业均值	瀚蓝环境行业排名
2009	未公布	未公布	33.46	未公布	未公布	未公布	未公布	未开始	—	30.97	6
2010	B +	积极	34.63	8.30	20.42	5.91	—	33.46	1.17	35.55	10
2011	BB	积极	39.19	10.31	20.81	6.03	2.04	34.63	4.56	36.23	8
2012	BB –	稳定	35.50	9.84	15.75	5.40	4.50	39.19	-3.69	38.77	17
2013	BB	稳定	36.48	12.19	15.75	5.29	3.25	35.50	0.98	40.71	16
2014	A	积极	63.09	19.44	29.72	9.12	4.81	36.48	26.61	39.9	4
2015	AA	积极	76.44	22.97	34.98	10.36	8.13	63.09	13.35	42.26	1
2016	AA –	稳定	74.04	21.56	34.10	10.46	7.92	76.44	-2.39	42.07	1
2017	AA –	稳定	74.16	21.80	31.99	12.04	8.33	74.04	0.12	42.99	2
2018	BBB	消极	55.57	16.17	23.55	11.05	4.79	74.16	-18.59	42.33	11

资料来源：上海证券交易所自 2009 年开始要求上市公司披露社会责任报告并参与评级，本数据来源于润灵环球 2009 ～ 2018 年发布的社会责任评级报告。

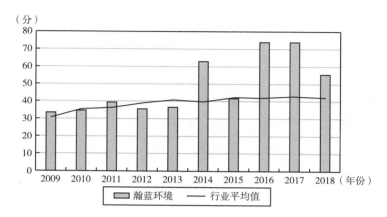

图 3 - 12   瀚蓝环境社会责任评级得分及行业对比情况

（四）"瀚蓝环境" 环境价值创造的实现

根据现有的环境绩效指标评价体系并且结合瀚蓝环境披露的社会责任报告中的环境信息披露项目，考虑到数据的可得性和瀚蓝环境的业务结构，这里运用自来水供应量、污水处理量、固废业务处理量、天然气处理量四个环境友好指标来观察环境价值创造，具体计算引入对应的业务收入。表 3 - 10 列示了瀚蓝环境的环境业绩表现情况。

表 3 - 10   瀚蓝环境 2014 ~ 2018 年环境绩效表现

环境绩效指标	2014 年	2015 年	2016 年	2017 年	2018 年
自来水供应量/供水业务收入	0.6976998	0.5413890	0.5056077	0.5338128	0.2743521
污水处理量/污水处理收入	0.8881003	0.9567417	0.9867620	0.8420842	0.1923947
固废业务处理量/固废业务收入	0.0046312	0.0042894	0.0040917	0.0039904	0.0279753
天然气供应量/燃气业务收入	0.2125796	0.2395966	0.2896187	0.3052918	0.2932434

资料来源：瀚蓝环境 2014 ~ 2018 年社会责任公告和年报。

从表 3 - 10 和图 3 - 13 可以看出，公司的主营业务中，自来水供应量、污水处理量这两个指标处在上游位置，但是趋势是减缓的，尤其是 2017 ~ 2018 年间呈直线下滑趋势。将环境友好指标与财务指标对比后发现，数值越大则说明同等业务处理量带来的收入就越少，或者单位收入的处理量更大。图 3 - 13 显示的趋势与图 3 - 2 的业务结构对应，即公司现在的业务主导力量主要集中在后开发的固废处理业务和天然气业务。说明瀚蓝环境的环境价值贡献,因其所处行业优势,在打破"邻避"冲突后,形成了"邻利"治理模式,从而在治理制度上建立了专心研发环境服务工程的战略导向,对提高公司的环境贡献度起到更大的推动作用。

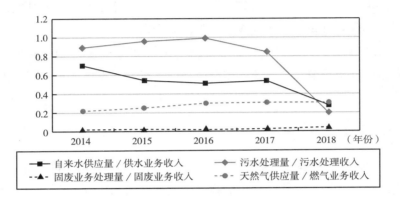

图 3 - 13 瀚蓝环境的环境绩效情况

五、讨论问题与案例思政

(一) 拟讨论的重点问题

2005~2018 年,我国发生了多起因企业项目导致的"邻避冲突"事件,这些事件带来的监管干预直接导致项目的延期或停牌,影响企业经营的持续性。如何化解"邻避冲突"并形成有效机制,引发了企业管理层、政府监管部门及社会各界的思考。本案例的侧重点是:结合瀚蓝环境从"邻避"到"邻亲"再到"邻利"的治理模式变革,重点思考如下问题:

1. 企业经营过程中面临的"邻避冲突"是如何产生的?对企业经营有哪些影响?结合瀚蓝环境面临的"邻避冲突"事件说明之。

2. 瀚蓝环境从"邻避"到"邻亲"再到"邻利"的治理模式变革经历了怎样的路径?"邻利"治理模式的运行机制有何突出特征?在利益相关者理论看来,社区是企业的非市场利益相关者,社区参与公司治理如何行使权力?

3. 企业价值创造应包括哪些维度?在国际综合报告(Integrated Repor-

ting）的理论框架中，对企业价值创造的资本划分为六种类型，结合瀚蓝环境的经营特征，说明瀚蓝环境治理模式变革后，哪几类资本对公司的价值创造作出了贡献？

4. 随着"邻利"治理模式的运行，瀚蓝环境的财务业绩有哪些表现？在瀚蓝环境由"邻避"向"邻利"治理模式变革过程中，最关键的事件是什么？该事件对公司的市场绩效产生怎样的影响？

5. 结合本案例开展讨论：企业经济价值（财务价值）创造有哪些度量方法？企业社会价值、环境价值创造应如何度量？本案例的度量方法有什么局限？

（二）案例思政

1. 当前，我国经济绿色转型正在持续推进，党的十九大报告提出："建立健全绿色低碳循环发展的经济体系……构建政府为主导、企业为主体、社会组织和公众共同参与的环境治理体系。"这就意味着，环境服务企业和企业参与环境治理的经营行为是企业发展的内在要求，那么，企业环境服务和环境治理是通过怎样的机制实现财务价值与环境价值的共赢？

2. 根据利益相关者理论，社区是企业的非市场利益相关者，环境服务企业与社区的和谐关系是如何体现高质量发展在社区和企业的落实？

参考文献

［1］乌尔里希·贝克. 风险社会——新的现代性之路［M］. 南京：译林出版社，2018.

［2］马奔，王昕程，卢慧梅. 当代中国邻避冲突治理的策略选择——基于对几起典型邻避冲突案例的分析［J］. 山东大学学报（社科版），2014（3）：60-67.

［3］美国管理会计师协会. 管理会计公告（第三辑）［M］. 北京：人民邮电出版社，2013.

［4］杨瑞龙，周业安. 论利益相关者合作逻辑下的企业共同治理机制［J］. 中国工业经济，1998（1）：38-45.

［5］汤汇浩. 邻避效应：公益性项目的补偿机制与公民参与［J］. 中国行政管理，2011（7）：111-114.

［6］Graham Hubbard. Measuring Organizational Performance：Beyond the Triple Bottom

Line［J］. Business Strategy & the Environment，2009，18（3）：177 – 191.

［7］Sinziana Dorobantu1 and Kate Odziemkowska. Valuing Stakeholder Governance：Property Rights，Community Mobilization，and Firm Value［J］. Strategic Management Journal，2017（38）：2682 – 2703.

［8］Thomas Schneider & Sybille Sachs. The Impact of Stakeholder Identities on Value Creation in Issue-Based Stakeholder Networks［J］. Journal of Business Ethics，2017（144）：41 – 57.

［9］Towards Integrated Reporting：Communicating Value in the 21st Century［EB/OL］. www. theiirc. org.

案例四　反求诸己：复星医药社会责任报告的审计期望差距*

专业领域/方向：审计

适用课程：《审计理论与实务》

选用课程：《商业伦理与会计职业道德》

编写目的：企业社会责任信息质量越来越受到社会的关注。本案例旨在引导学员在掌握审计基本理论的基础上，了解企业社会责任信息质量问题，以及社会责任报告是否如实反映了企业履行社会责任的情况，第三方机构如何确定社会责任报告审计的审计范围及应采取何种审计程序，什么是"审计期望差距"，其影响因素和形成机理是什么，如何衡量社会责任报告的审计期望差距，如何弥合审计期望差距。

知识点：企业社会责任　审计期望差距　5GAP 模型　自然语言处理　文本可读性

关键词：社会责任报告审计　审计期望差距　文本可读性

摘要：近年来社会责任缺失事件频发，引发了社会公众对企业社会责任履行情况的关注，促使不少企业公布社会责任报告"以证清白"。但在自愿性披露的前提下，社会责任报告俨然成了企业宣传"好人好事"的工具。宣传与事实之间的差距使得公众越来越质疑报告的真实性。为了提高社会责任报告的可信度，不少企业选择聘请第三方机构对其进行验证。但社会责任鉴证是否能真正满足社会公众期望众说纷纭。因此，基于疫情的大背景，本案例选取了在社会责任报告披露上有优先表现的医药行业代表企业——复星医药作为分析对象。

---

* 本案例只供课堂讨论之用，并无意暗示或说明某种管理行为是否有效。

通过对第三方机构通标标准技术服务有限公司（SGS）出具的审验报告进行情感分析，以及借鉴润灵环球企业社会责任评分，表明复星医药社会责任报告信息质量较高。但通过对股吧评论的分析，以及事件研究法的结果，则显示复星医药社会责任报告和审验报告的发布虽对公众有一定的正向影响，但不稳定不持久，说明公众仍信心不足，未能完全满足其期望。根据服务质量差距模型（5GAP 模型），本案例从审计准则制定、审计师执行、公众感知三个方面对差距的来源进行了分析，发现相关准则不规范、缺少实质性内容、审验程序简单、审验范围小、审验报告同质性高等问题是产生审计期望差距的原因。基于此，本案例在思考问题的设计上，侧重如何搭建大数据审验流程以及增加关键审验事项信息披露的解决方案，并针对在社会责任审计中普遍存在的问题，从准则制定、缩小认知差异两方面弥合社会责任报告审计的审计期望差距。

引言：薛定谔的社会责任报告

2006 年，深交所发布《上市企业社会责任指引》后，如雨后春笋般，冒出许多主动披露社会责任履行情况的企业。但屡遭曝光的职工权益、产品质量、环境污染等问题，把企业发布社会责任报告这一行为衬托得像营销手段或公关工具一般，仿佛只是为了粉饰什么。如同薛定谔的猫，不打开箱子，猫就永远处于活着或死亡的叠加状态一样，在社会公众眼中，不拨开迷雾，不洗清他们认为存在的那一层粉饰，社会责任报告则永远是半真半假，处于不能被信任的存在状态。这一处境，显然与企业耗费财力人力编制社会责任报告的初衷相悖。那么，如何赢得社会公众的信任呢？引入第三方，并出具一份积极的鉴证报告似乎是一个不错的选择。医药行业的佼佼者——复星医药便是如此操作的。

2009 年，复星医药公布了第一份社会责任报告，对 2008 年复星医药的社会责任履行情况进行了系统披露。首次触电社会责任报告的复星医药表现出色，在 2009 年由润灵环球、和讯网以及挪威船级社联合举办的"上市公司社会责任报告评级颁奖典礼"中一举拿下了医药评级第一、A 股评级前十的殊荣。《2008 年社会责任报告》是复星医药发布的第一份社会责任报告，也是唯一一份未经过第三方审验的报告。2010 年复星医药聘请挪威船级社为其社会责任报告进行鉴证，并出具了结果良好的鉴证报告，当年复星医药社会责任报告的评级排名在医药行业里卫冕，在 A 股中也挤进了前三。虽然复星医药与挪威船级社的合作成果是圆满的，但不知为何，两家的合作仅维持了一个年度，第二年，复星医药转而与 SGS 公司牵手，从此开启了长达十几年的合作。

截至 2022 年 4 月 24 日，SGS 公司已为复星医药的社会责任报告出具了 12 份审验报告，每一份报告的审验结果都还不错，即使是在 2015 年和 2016 年复星医药的子公司陷入药品撤回事件时，SGS 公司的评价也是一如既往。2021 年恰逢 SGS 公司进入中国市场的第 30 个年头，复星医药董事长兼 CEO 吴以芳先生在 SGS 公司的特别栏目《通标有约》中表示"希望下一个十年复星医药与 SGS 公司会携手做得更好"。

一、复星医药社会责任报告的审计情况①

（一）复星医药基本情况

上海复星医药（集团）股份有限公司（以下简称"复星医药"）成立于
1994 年，1998 年于上海证券交易所上市（代码：600196. SH），2012 年在港
交所上市（代码：02196. HK）。复星医药是我国医药行业排名前五的企业，
主要从事现代制药技术的开发和市场开拓，凭借着持续的收购率先进军全
球，近几年营收稳步增长，公司净利润一直保持在全国医药行业的前三位。
其基本情况如表 4 -1 所示。

表 4 -1　　　　　　　　　　复星医药基本情况

企业概况	具体情况
成立日期	1994 年
上市日期	2012 年 10 月 30 日
注册地址	上海市曹杨路 510 号 9 楼
主营业务	医药制造、医疗器械与医学诊断、医疗服务、医药商业
核心竞争力	专业覆盖面广、产品线丰富、研发创新能力强，具有全产业链覆盖、资源协同、投资和管理运营经验、国际资源嫁接等方面的优势
市场地位	中国医药工业百强企业、医院用处方药的销售收入位列全国第 13、高端化学发光的市场规模达免疫诊断总市场的 70% 以上、院前急救市场占有率稳居国内前列
未来发展战略	以促进人类健康为使命，秉承"持续创新、乐享健康"的经营理念，以广阔的中国医药市场、欧美主流市场及部分新兴市场的快速增长为契机，坚持"创新转型、整合运营、稳健增长"的发展战略

复星医药旗下有万邦医药、万邦金桥、药友制药、新生源、桂林南药、
洞庭医药等 40 余个子公司，主要经营范围是医药生产，涵盖医疗器械、医
疗服务等。复星制药近几年来，通过不断的收购和经营医药业务，已经成为
中国快速实现国际化、多元化发展的制药公司。如图 4 - 1 所示，复星医药

---

① 根据公司网站信息、公司公告、财务报告、社会责任报告、内部控制报告、审计报告整理。

的营业收入和净资产收益率（ROE）均高于行业平均水平，说明其盈利能力较强，是医药行业领头企业之一，其有能力履行好社会责任。

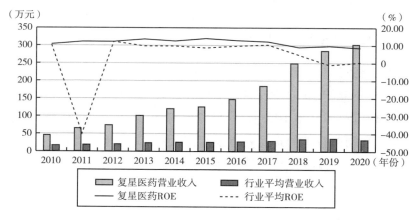

图 4 - 1　复星医药盈利情况

资料来源：国泰安数据库。

复星医药是国内第一家披露 CSR 信息的医药行业企业，在润灵环球以及和讯网等发布的上市企业社会责任评价报告中，复星医药处于国内前五名并居医药业第一。相比国内大多数企业，复星医药披露的 CSR 信息已趋于比较系统和稳定。

（二）复星医药企业社会责任信息披露情况

1. 复星医药 CSR 信息披露总体情况。复星医药在财务业绩不断提高的同时，也较为重视企业社会责任问题，是国内早期就依据国际 GRI 标准发布社会责任报告的企业。自 2008 年起，复星医药就已经开始披露企业履行社会责任的相关信息，至 2021 年已累计发布 13 份社会责任报告。这些报告主要以全球报告倡议组织（Global Reporting Initiative，GRI）的《可持续发展报告指南》G3 或 G4 版本为编制标准，辅以中华人民共和国国家标准社会责任报告编写指南 GB/T36000、中国企业社会责任报告编制指南 CASS - CSR4.0、香港联交所发布的上市规则《环境、社会及管治报告指引》等编写指南作为借鉴。报告包含战略、环境、员工、社会等与社会责任有关的内容，具体情况如表 4 - 2 所示。

表 4 - 2   复星医药社会责任报告内容概况

年份	编制标准	报告内容	报告篇幅
2008	G3	战略发展、经济责任、环境保护、员工发展、社会公益、绩效指标	79 页
2009	G3	战略与管理、经济、环保、产品、员工、社会、绩效指标	77 页
2010	G3	战略发展、企业治理、经济责任、环境保护、质量安全、职业健康与安全、员工发展、社会公益	84 页
2011	G3	战略发展、企业治理、经济责任、环境保护、质量安全、职业健康与安全、员工发展、社会公益	88 页
2012	G3	战略发展、企业治理、经济责任、环境保护、质量安全、职业健康与安全、员工发展、社会公益	108 页
2013	G3	战略发展、企业治理、经济责任、环境保护、质量安全、职业健康与安全、员工发展、社会公益	120 页
2014	G3、GB/T36000、《环境、社会及管治报告指引》、CASS - CSR4.0、《ISO26000：社会责任指南（2010）》	战略发展、企业治理、经济责任、环境保护、质量安全、职业健康与安全、员工发展、社会公益	128 页
2015	G4、GB/T36000、《环境、社会及管治报告指引》、CASS - CSR4.0	战略发展、企业治理、经济责任、环境保护、质量安全、职业健康与安全、员工发展、社会公益	148 页
2016	G4、GB/T36000、《环境、社会及管治报告指引》、CASS - CSR4.0	管理、运营、产品、环境、员工、社会	144 页
2017	G4、GB/T36000、环境、社会及管治报告指引、CASS - CSR4.0	管理、运营、产品、环境、员工、社会	160 页
2018	G4、GB/T36000、《环境、社会及管治报告指引》、CASS - CSR4.0	战略与治理、研发创新、产品与服务质量、环境、健康与安全、员工、社会公益	102 页
2019	G4、GB/T36000、《环境、社会及管治报告指引》、CASS - CSR4.0	管理、产品和服务、供应链、员工、环保、公益	124 页
2020	G4、GB/T36000、《环境、社会及管治报告指引》、CASS - CSR4.0	管理、产品和服务、供应链、员工、环保、公益	142 页

从报告内容来看，复星医药 2008～2020 年的社会责任报告基本都是从战略发展、企业治理、经济责任、环境保护、质量安全、职业健康与安全、员工发展、社会公益八个方面展开披露的，主题虽然没有很大的变化，但在

内容上每年的报告里都会披露报告期间内的主要事件。

从编制标准上看，复星医药的 CSR 报告从单一按 G3 编制，发展为多方面参考，这意味着复星医药在为拓展社会责任报告内容多样性而探索，但同时也反映出 CSR 编制标准的繁杂与混乱，在一定程度上对社会责任审计的审计范围确认形成了障碍。

2. 复星医药 CSR 信息披露具体情况。本案例将以复星医药 2020 年的社会责任报告为例，运用 Word2Vec 对文本进行词向量分析，找出这份报告的内容构成与披露重点。Word2Vec 是一个被普遍使用的统计语言模型，于 2013 年被米科洛夫（Mikolov）等提出，可以根据上下文内容将词汇表征为多维向量，并通过计算向量的相似度得到词汇间的语义相似性。

（1）文本分词。进行 Word2Vec 词向量分析之前首先要将所有的句子分成一个一个的词语，分词的过程中为避免将无意义的词，如"个""一""只要"等词分出来，或者将"复星医药集团"拆分成"复星""医药""集团"三个词，则需要提前准备好停用词与增加词表，以保障分词的准确性。最终部分分词情况如图 4 - 2 所示。

设立 工会
签署 集体合同
工会 覆盖率 100%
依法 签订 上海 复星医药 集团 股份 有限公司 集体合同
员工 保障 员工 权益 建立 长效 人才 培训 机制 建立 健康 管理 上海 复星医药 集团
股份 有限公司 工资 集体 协商 协议
员工 提供 培训 学院 海 复星医药 集团 股份 有限公司 女职工 特殊 权益 保护 集体 协议
发展 平台 定期 组织 员工 关爱 活动 劳动报酬 劳动 安全 健康 保护 方面 保障 员工 权益
开展 员工 意见 征询 合理化 建议 活动 开展 新 员工 系列 领导力 发展 系列 专业 发展 系列 通用 职

进行 安全 管理 业 技能 系列 四大 系列 培训 课程
目前 拥有 10 多个 员工 俱乐部 开展 俱乐部 活动 350 余次

供应商 供应链 持续 发展 建立 规范 透明 供应商 采招 管理 流程 信息化 系统管理 整个 招标
业务 实现 采招 业务 标准化
进行 供应商 现场 审计 流程化 阳光化 资源共享 化
进行 绿色 供应链 管理 一链 网 累计 发布 379 项 采购 业务 公开招标 项目 307 项
各级 政府 主管部门 汇报 交流 参观 接待 逾 30次
中 涉外 交流 接待 近 10次
政府 合规 经营 依法 运营 积极参与 行业 政策 制定 参与 中央 地方 业务主管 部门 及行
持续 创新 研发 业 组织 召开 政策 研讨会 20 余次
参与 政策 制定 建言献策 围绕 中华人民共和国 药品 管理法 国家 药品 集中 带量 采购
依法 纳税
积极 参加 政府 项目 短缺 药品 药联 仿制 药 质量 一致性 评价 政策 产品质量
引领 行业 健康 发展 标准 设定 提供 行业 建议 30 余件
参与 行业协会 平台

图 4 - 2　复星医药社会责任报告部分分词结果

（2）确定种子词。因为本次分析主体为特定文本，所以种子词的选取较为简单，结合社会责任的相关定义和报告目录，确定了五个种子词，分别为：责任、产品、供应链、员工和环境。

（3）扩充词集。通过 Word2Vec 模型，找出与各个种子词有关的前 200 个相似词，人工剔除如"企业""年度"等无意义词后，分别取前 20 个词语关键词构成词集。最终形成的词集如表 4－3 所示。

表 4－3　　　　　　　　　　　　　扩充词集

种子词	扩充词
责任	排放、员工、药品、患者、疫苗、生产、产品、EHS、质量、风险、培训、供应商、环境、药物、人才、研发、环保、颗粒物、公益、减排
产品	药品、安全、排放、疫苗、员工、患者、质量、EHS、风险、技术、服务、环境、供应商、人才、创新、研发、运营、审计、责任、控制
供应链	员工、质量、生产、安全、排放、审计、培训、风险、EHS、疫苗、标准、运营、技术、环境、供应商、设施、患者、人才、能力、生物
员工	管理、工作、质量、培训、EHS、建设、产品、生产、环境、标准、服务、人才、研发、创新、文化、运营、能力、公益、供应链、团队
环境	安全、药品、排放、风险、创新、质量、研发、技术、供应商、审计、处理、设施、责任、环保、危害、颗粒物、减排、氮氧化物、二氧化硫、活性炭

利用种子词进行相似词扩充后，可以看出复星医药 2020 年社会责任报告中各个主体的大致内容构成，如与企业社会责任相关的，复星医药主要披露了环境、员工、产品等方面的内容；在环境上，根据相似词可以大致推出，复星医药提到了因为排放颗粒物、氮氧化物等化学物质对环境造成的危害，以及拥有哪些设施可以处理这些排放物等内容。

（4）词频统计。筛选出相似词后，对各个相似词出现在文本中的频率进行统计，并按照与种子词的相似度，对词频进行加权计算，最终得到各个词集的词频。从图 4－3 中可以看出，复星医药 2020 年的社会责任报告中篇幅占比最大或者说提及频率最高的是与产品相关的内容，披露内容最少的是与环境有关的。

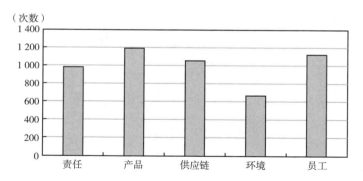

图 4 - 3　复星医药 2020 年社会责任报告词频统计

除此之外，本案例还对报告全文的词频进行了统计，结果如图 4 - 4 所示，除去一些无意义的词后，单个词频率较高的是"疫苗""员工""产品""培训""质量"等，大体情况可以与图 4 - 3 中的结果相吻合。

图 4 - 4　复星医药 2020 年社会责任报告词频统计

因此，通过对复星医药 2020 年的社会责任报告的分析，可以看出这份报告的披露重点在产品上，特别是与"疫苗"相关的内容，其他相关的还有产品的质量控制、创新研发等。

（三）复星医药社会责任审计概况

复星医药从 2009 年的社会责任报告中就开始聘请第三方机构对报告内容进行审验。先后有挪威船级社（DNV）、通标标准技术服务有限公司

（SGS）、中国企业社会责任报告评级专家委员会对复星医药社会责任报告进行审验和评级。审验概况如表4-4所示。

表4-4 复星医药社会责任报告审验情况

年份	审验机构	审验标准	审验范围	未审部分
2008	无			
2009	DNV	AA1000、AS2008	报告中披露的社会、环境及经济数据；复星医药总部相关信息	未访谈外部利益相关方
2010	SGS	GRIG3指南、AA1000	报告所含文本以及附随表格中的数据；报告内所披露的复星医药（集团）总部和江苏万邦生化医药股份有限企业的数据及信息；必要时与外部机构或利益相关方进行文档和记录审查和确认	独立审计的财务账户中的财务数据
2011	SGS	GRIG3指南、AA1000	报告所含文本以及附随表格中的数据；报告内所披露的复星医药（集团）总部和江苏万邦生化医药股份有限企业的数据及信息；必要时与外部机构或利益相关方进行文档和记录审查和确认	独立审计的财务账户中的财务数据
2012	SGS	GRIG3指南、AA1000	报告所含文本以及附随表格中的数据；报告内所披露的复星医药（集团）总部和江苏万邦生化医药股份有限企业的数据及信息	独立审计的财务账户中的财务数据
2013	SGS	GRIG3指南、AA1000	报告所含文本以及附随表格中的数据报告内所披露的复星医药（集团）总部和江苏万邦生化医药股份有限企业的数据及信息	独立审计的财务账户中的财务数据
2014	SGS	GRIG4指南、AA1000	报告所含文本以及附随表格中的数据；上海复星医药总部、重庆药友制药有限责任企业和重庆凯林制药有限企业的数据及信息进行现场验证	独立审计的财务账户中的财务数据
2015	SGS	GRIG4指南、AA1000	本报告所含文本以及附随表格中的数据；对上海复星医药总部、上海凯茂生物医药有限企业、湖南洞庭药业股份有限企业的数据及信息进行现场验证	独立审计的财务信息
2016	SGS	GRIG4指南、AA1000	本报告所含文本以及附随表格中的数据；对上海复星医药总部、佛山市禅城区中心医院、桂林南药股份有限企业的数据及信息进行现场验证	独立审计的财务信息

续表

年份	审验机构	审验标准	审验范围	未审部分
2017	SGS	GRIG4 指南、AA1000	本报告所含文本以及附随表格中的数据；对上海复星医药总部、苏州二叶制药有限企业、河北万邦复临药业有限企业的数据及信息进行现场验证	独立审计的财务信息
2018	SGS	GRIG4 指南、AA1000	本报告所含文本以及附随表格中的数据；对上海复星医药总部、沈阳红旗制药有限企业、锦州奥鸿药业有限企业的数据及信息进行现场验证	独立审计的财务账户中的财务数据
2019	SGS	GRIG4 指南、AA1000	本报告所含文本以及附随表格中的数据；对上海复星医药总部进行现场验证，对万邦医药和茂凯生物进行在线验证	独立审计的财务账户中的财务数据
2020	SGS	GRIG4 指南、AA1000	本报告所含文本以及附随表格中的数据；对上海复星医药总部、复星长征及亚能生物的数据及信息进行现场验证	独立审计的财务账户中的财务数据

　　除 2009 年的社会责任报告由 DNV 审验以外，SGS 公司已连续 11 年为复星医药的社会责任报告提供审验服务。SGS 公司是一家检验、鉴定、测试和认证机构，1985 年在瑞士证券交易所上市，能为不同行业的企业提供产品认证、测试与分析、审核与评估、体系认证、环境健康安全等服务。SGS 公司进行社会责任报告审核时，参考的是国际标准，主要的审核方法是访谈与检查。在对复星医药的审核中，SGS 公司参照 G3、G4、AA1000 标准，对复星医药 CSR 报告的利益相关方参与程度、可持续发展背景、实质性、完整性、平衡性、可比性、准确性、时效性、清晰性、可靠性、回应性进行评价，对其中不完善或有待改进的方面提出建议。

　　各类评价指标的具体含义是：

　　（1）利益相关方参与程度：是否有多元化的利益相关方对话机制，利益相关方是否在可持续发展管理中有效参与。

　　（2）可持续发展背景：数据披露时是否考虑了经济、环境和社会等因素。

　　（3）实质性：报告是否充分展示了实质性原则，实质性议题的制定是否结合了政策研究、同业对标、利益相关方访谈、专家判断等内容。

（4）完整性：是否按各社会责任主题为框架披露了相关信息和数据，是否较完整地反映了重大的经济、环境和社会影响。

（5）平衡性：是否基于利益相关方的期望，积极披露了自身正面及非正面两方面的绩效。

（6）可比性：是否与历史数据、同行数据进行对比。

（7）准确性：数据收集机制是否客观完整。

（8）时效性：是否能使利益相关方及时获取信息，作出合理决定。

（9）清晰性：报告行文是否清晰，信息的展示形式的多样性。

（10）可靠性：数据和信息是否能追溯、验证。

（11）回应性：是否通过有效沟通系统，对利益相关方在参与过程中提出的关切主题进行回应，并在报告中披露了回应方式。

复星医药是医药行业最早也是唯一一个对社会责任报告进行审验的上市企业，且从 2017 年开始就对 CSR 报告实行"审验＋评级"的双重评价，既有 SGS 公司出具审验报告，又有中国企业社会责任报告评级专家委员会出具评级报告。与同行业的其他企业相比，一份经过第三方机构鉴定的社会责任报告显然更具可信度，也更显客观性。

（四）复星医药社会责任报告质量与审计结论

1. 复星医药 CSR 报告披露质量。本案例将参考润灵环球的评分来判断复星医药的社会责任报告披露质量。润灵环球社会责任报告评级体系以 2019 年为分水岭，2019 年以前的社会责任报告采用 MCTi 评级体系，2020 年起采用 ESG 评级体系，为保证评价标准的一致性，本案例将采用 MCTi 评级体系。MCTi 评级体系参照国际权威社会责任标准 ISO26000 设立，同时考虑行业差异性，设立了行业性指标——i 指标，满分 100 分，并对不同指标赋予权重，其中整体性评价 M 值权重 30%，总分 30 分；内容性评价 C 值权重 45%，总分 45 分；技术性评价 T 值权重 15%，总分 15 分；行业性评价 i 值权重 10%，总分 10 分。具体指标构成如表 4 - 5 所示。

表 4 - 5 润灵环球 MCTi 评级体系

一级指标	二级指标	三级指标	四级指标
整体性 M	战略	5 个	13 个
	治理	8 个	15 个
	利益相关方	3 个	5 个
内容性 C	经济绩效	3 个	9 个
	劳工与人权	7 个	25 个
	环境	4 个	14 个
	公平运营	2 个	6 个
	消费者	6 个	14 个
	社区参与及发展	7 个	13 个
技术性 T	内容平衡	2 个	无
	信息可比	2 个	无
	报告创新	2 个	无
	可信度与透明度	4 个	无
	规范性	3 个	无
	可获得及信息传递有效性	4 个	无
行业性 i（医药行业）	14 个	无	无

因 2008～2010 年的具体评分数据缺失，故本案例只列出了 2011～2019 年的数据，2012 年润灵环球对 MCTi 评分体系进行了升级，改变了 T 指标和 i 指标的权重，因此 2011 年 T 指标和 i 指标的权重与 2012 年之后的不同，分别为 20% 和 5%。复星医药 CSR 报告的 MCTi 评分具体如表 4 - 6 所示。

表 4 - 6 复星医药 MCTi 评分

年份		M	C	T	i
2011	评分（分）	24.61	33.66	17.28	2.89
	总分占比（%）	82.03	74.80	86.40	57.80
2012	评分（分）	25.31	37.13	13.13	6.31
	总分占比（%）	84.37	82.51	87.53	63.10
2013	评分（分）	24.26	34.59	13.13	6.34
	总分占比（%）	80.86	76.88	87.50	63.39
2014	评分（分）	26.70	39.59	13.78	7.88
	总分占比（%）	89.00	87.98	91.88	78.75
2015	评分（分）	26.84	38.76	13.82	7.77
	总分占比（%）	89.45	86.13	92.11	77.68

续表

年份		M	C	T	i
2016	评分（分）	25.78	39.38	14.61	6.88
	总分占比（%）	85.94	87.50	97.37	68.75
2017	评分（分）	26.48	38.50	14.61	6.96
	总分占比（%）	88.28	85.55	97.37	69.64
2018	评分（分）	26.95	41.66	14.41	5.98
	总分占比（%）	89.84	92.58	96.05	59.82
2019	评分（分）	26.25	39.20	14.41	7.14
	总分占比（%）	87.50	87.11	96.05	71.43

资料来源：润灵环球社会责任报告评级数据库。

根据表 4-6 及图 4-5 可以看出，历年来复星医药得分最高的都是技术性指标，说明其在内容平衡、信息可比、报告创新、可信度与透明度、规范性、可获得及信息传递有效性上表现最好，质量最高。整体性指标和内容性指标的得分也在稳步上升中。但行业性指标得分偏低，且波动较大，说明其 CSR 报告在针对行业的个性化议题上展示不够，如临床试验管理信息、产品事故应急机制信息、硫化物排放量与减排量信息、药品回收机制信息等。

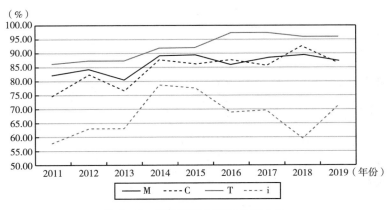

图 4-5   复星医药 MCTi 分值占比

除不同年度的纵向对比外，与同行业的润灵环球评分进行横向对比时，复星医药的得分也是一骑绝尘。如表 4-7 所示，2019 年复星医药的社会责任报告篇幅达到了 100 页，是同行业披露了社会责任报告的企业中唯一一个篇幅达到了三位数的。此外，无论是评级总分，还是 MCTi 各个角度的详细得分，复星医药都比同行业其他企业高出许多，尤其是内容 C 指标。如图 4-6 所示，2019 年润灵环球共对医药行业的 50 家企业进行了评级，行业的 MCTi 评分分别为 14.49 分、18.28 分、8.48 分以及 2.18 分，可以看出复星医药的 MCTi 评分远超出行业平均水平。总的来说，近些年来复星医药社会责任报告的润灵环球评分一直在一个相对较高的水平上，说明复星医药 CSR 报告的整体披露质量较高。

表 4-7　　　　　　　　　　2019 年度医药行业润灵环球评分前十

企业	报告页数	评级得分	M	C	T	i
复星医药	100	87.00	26.25	39.20	14.41	7.14
白云山	58	72.64	21.80	30.76	13.03	7.05
云南白药	71	70.37	22.73	31.29	12.24	4.11
康弘药业	73	69.20	21.33	31.46	11.05	5.36
健康元	73	68.14	20.63	31.82	11.05	4.64
现代制药	70	66.04	20.86	30.94	10.76	3.48
浙江医药	46	65.26	19.45	31.99	10.07	3.75
奇正藏药	58	64.62	19.45	30.41	11.55	3.21
华润三九	64	64.52	20.86	29.36	11.45	2.86
华润双鹤	82	61.70	22.03	26.89	9.47	3.30

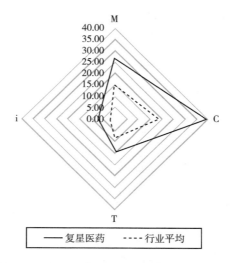

图 4-6　复星医药 MCTi 分值与行业均值对比

2. SGS 对复星医药 CSR 报告的审验结论。除了评分机构对复星医药的社会责任报告有较高评价外，历年来 SGS 公司为复星医药出具的审验报告中验证意见都是"企业社会责任报告中包含的信息和数据是准确的、可靠的"。利用 Python 对 SGS 出具的审验报告进行文本情感倾向分析的结果也显示是正向的，结果如表 4 – 8 所示。这说明 SGS 公司对复星医药出具的 CSR 报告持积极态度，认可报告中披露内容的质量。

表 4 – 8 　　　　　　　　　　复星医药 CSR 报告审验结果情感分析

年份	积极概率	置信度	消极概率	情感倾向
2009	0.8813	0.7362	0.1187	2
2010	0.8758	0.6462	0.1242	2
2011	0.8122	0.5828	0.1878	2
2012	0.7908	0.5350	0.2093	2
2013	0.7051	0.3446	0.2949	2
2014	0.7166	0.3702	0.2834	2
2015	0.80687	0.5706	0.1932	2
2016	0.7528	0.4506	0.2472	2
2017	0.8065	0.5700	0.1935	2
2018	0.7672	0.4826	0.2328	2
2019	0.7825	0.5166	0.2175	2
2020	0.8074	0.5720	0.1926	2

虽然 SGS 公司的态度是积极的，但这并不意味着复星医药的报告是十全十美的，每年 SGS 公司都会针对复星医药 CSR 报告中存在的问题提出建议，具体如表 4 – 9 所示。

表 4 – 9 　　　　　　　　　　　　　SGS 审验结论

评价指标	2010 年	2011 年	2012 年	2013 年	2014 年	2015 年	2016 年	2017 年
利益相关方参与程度	√	√	√	√	√			
可持续发展背景		√						
实质性	√		√	√	√	√	√	
完整性	√						√	
平衡性							√	

评价指标	2010 年	2011 年	2012 年	2013 年	2014 年	2015 年	2016 年	2017 年
可比性							√	
准确性		√						√
时效性								
清晰性							√	
可靠性						√	√	
回应性				√	√			

2018 ~ 2020 年的审验报告中，SGS 公司未对复星医药的 CSR 报告提出建议，但在由中国企业社会责任报告评级专家委员会根据 CASS – CSR4.0 出具的评级报告中，2018 年、2019 年复星医药 CSR 报告未获得五星评价的有实质性、完整性、可读性、创新性，2020 年未获得五星评价的有可读性、创新性。由此综合来看，复星医药的 CSR 报告在时效性上一贯表现优秀，基本都是在出具年报之前进行的披露。但在利益相关者参与度、实质性指标上仍有不足的地方，这意味着复星医药需要将更广泛的利益相关者的关切需求、将更多的行业关键性问题纳入 CSR 报告中。

二、复星医药社会责任报告审计期望差距具体表现

无论是复星医药内部，还是独立的第三方机构，无疑的是他们都对复星医药出具的社会责任报告有较高的评价，但社会公众是否信任这份报告的内容，第三方审验机构的工作是否满足了包括内部人员在内的公众的需求还有待分析。

根据审计期望差距的相关理论，审计期望差距是客观存在的，只能缩小，不能完全弥合。因此复星医药社会责任报告审计中一定存在着审计期望差距，但大小未知。目前并未有一个能对审计期望差距进行量化的指标或计算的公式，因为期望差距的一方是人的思想、认知，这是无法被直接量化的。因此，相关文献在对审计期望差距进行研究多是采用实证分析法，探索某一因素对审计期望差距的影响，或进行问卷调查，对返回来的问卷结果进行统计分析。但这些方法都不适用本案例，因为本案例针对的是复星医药这一特定主体的社会责任报告存在怎样的审计期望差距。由于无法直接对审计

期望差距进行度量，所以本案例将从两个角度对复星医药社会责任报告的审计期望差距进行侧面分析。本案例选取复星医药最近一次对外发布社会责任报告的日期，即 2021 年 3 月 30 日作为事件发生日，分别选取事件日前后一段时间，利用 Python 对东方财富网股吧中的评论进行词频分析、情感倾向分析，同时根据事件研究法分析发布社会责任报告这一事件所产生的市场反应，从定量、定性两个方面观察复星医药社会责任报告审计的审计期望差距。

（一）依托股吧评论的审计期望差距测度

1. 数据获取。根据网络舆情生命周期理论，一个网络突发事件会经历酝酿、发展、爆发、衰退、消亡的过程，而在移动社交媒体的环境下，网络舆情事件的生命周期比以往更短暂，根据经验性的观察，通常认为这个生命周期为 7 天。复星医药最近一次公布社会责任报告是在 2021 年 3 月 30 日，因此，本案例以此为基准日，选取前后共 15 天作为本次事件的生命周期。数据来源是东方财富网中的复星医药股吧评论，本案例通过 Python 的 Beautifulsoup 第三方库爬取了 [-6, 8] 时间段的所有股吧评论，共计 2 202 条。部分爬取结果如图 4-7 所示。

2021年4月7日	后面还有个黄金坑，等着瞧
2021年4月7日	不要再发公告了 我的妈啊
2021年4月7日	新闻联播说了！通了电话！强调疫苗，互认！！快了，快潜伏获利高
2021年4月7日	是时候了吗？能进了吗？
2021年4月7日	明天起码个点，立帖为证
2021年4月7日	现在都在谈疫苗护照了，那打了不同疫苗的护照是不是可
2021年4月7日	俺靠怹娘，郭鬼子
2021年4月7日	明天复星会涨不少
2021年4月7日	洗得比较干净了，复星医药涅架重生，第一目标价！
2021年4月7日	天天公告

图 4-7 股吧评论部分爬取信息

2. 数据分析。

（1）词频分析。利用 Python 通过 Jieba 库对获取的股吧评论进行分词和词频统计后，利用 Wordcloud 库生成如图 4-8 所示的词云。通过简单的词频分析可以看出，在 [-6, 8] 这段时间中，除去复星、医药、股友等无意义的词后，股民讨论最多的是"疫苗""公告"，在上文对复星医药 2020 年的社会责任报告分析中我们得知，复星医药本年度的披露重点也是"疫苗"，这说明复星医药披露的内容受到了公众的关注。但与此同时，股吧的评论中还充斥着"跌""注销""垃圾""跌停"等消极词汇，这说明公众虽然关注着社会责任报告，但其内容并未提升他们对股价的信心。

图 4 - 8　股吧评论词频分析

（2）情感倾向分析。文本情感倾向分析，就是分析、处理、归纳和推理具有感情色彩的文本。互联网上有大量的用户参与，他们会对各类事件、人物、新闻、产品等进行评论，这些评论传达了不同的情绪，如喜、怒、悲、乐、批评、赞扬等。因此，我们可以从这些带有主观色彩的评论中看到公众对某个事件或产品的观点。本案例将通过此来分析公众对复星医药发布社会责任报告及审验报告这一事件的看法。

一般情况下，在对文本进行情感分析之前，我们需要搜集大量的相关文本用来搭建语料库。本案例采用了更为简便的办法，即通过 Python 直接调用百度 AI，利用其内置的语料库进行情感倾向分析。总共获取有效数据 1 259条，部分结果如表 4 - 10 所示，其中情感倾向值为 0 表示该文本是消极的，值为 1 表示结果是中性的，值为 2 表示结果是积极的。

表 4 - 10　　　　　　　　部分股吧评论情感倾向结果

时间	积极概率	置信度	情感倾向
2021 年 3 月 24 日	0.9660	0.9245	2
2021 年 3 月 24 日	0.5407	0.1869	1

续表

时间	积极概率	置信度	情感倾向
2021 年 3 月 24 日	0.6946	0.3213	2
2021 年 3 月 24 日	0.0006	0.9986	0
2021 年 3 月 24 日	0.1467	0.6741	0
2021 年 3 月 24 日	0.0139	0.9691	0
2021 年 3 月 24 日	0.6858	0.3017	2
2021 年 3 月 24 日	0.5947	0.0993	2
2021 年 3 月 24 日	0.0060	0.9867	0
2021 年 3 月 24 日	0.0968	0.7848	0
2021 年 3 月 24 日	0.0004	0.9990	0
2021 年 3 月 24 日	0.0055	0.9877	0
2021 年 3 月 24 日	0.9925	0.9833	2

对情感倾向值进行统计分析发现，在 [-6, 8] 时间段中，积极概率在 0~0.1 的评论最多，达到 644 条，占有效数据总数的 51%，0.5 以下的评论有 872 条，占 69%，通过数据分析可以看出，在这段时间内股民的反应总体是消极的。具体情况如图 4-9 所示。

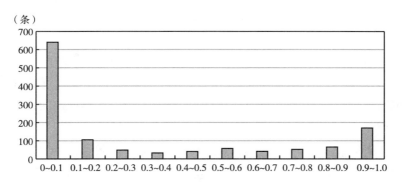

图 4-9　股吧评论情感倾向区间

除此之外，本案例还对不同日期的情感倾向结果构成进行了统计分析，结果如图 4-10 所示。可以看出在 2021 年 3 月 27 日、28 日时复星医药股吧中评论量并不多，但在 29 日，即从复星医药宣告即将发布社会责任报告开始，股吧评论数就有大幅度的增长，且在报告公布当日达到一个相对最高的讨论量，但热度并没有持续多久，甚至连 7 天都没到，在 4 月 3 日热度就下降了。虽然情感倾向为积极的评论占比略微有所增长，但总体来说还是消极占据了主要成分，由此看来复星医药社会责任报告的发布并没给大多数股民带来正向、积极的激励。

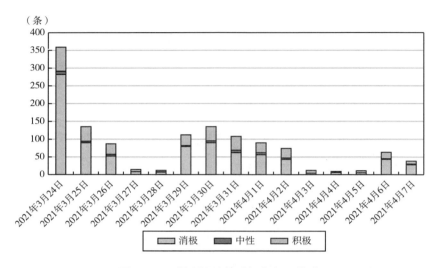

图 4 – 10　股吧评论情感倾向每日构成

（二）依托市场效应的审计期望差距测度

以上从词频分析和情感倾向分析考察了复星医药股民的态度，以下将采用事件研究法来进一步分析复星医药发布社会责任报告日前后对股价的影响，以此测算这一事件带来的市场反应，依据市场效应对审计期望差距进行侧面测度。

事件研究法指的是，通过研究事件窗口期资本市场的收益与按照事件估计期所预测的正常收益之差，从而定量化这件事情给企业带来的具体影响。具体操作是，通过利用正常期间收益的拟合线段来预估事件窗口期的预期收益，从而与实际收益相减产生窗口期内每一天的超额收益（AR），然后再对超额收益进行求和，便可以得到整个事件窗口期内的累计超额收益（CAR）。通过对累计超额收益的分析与检验，就可以计算出整个事件所带来的累计影响，实现某一事件市场反应的定量分析。具体步骤如下：

1. 定义事件窗口。随着环境污染问题、产品质量问题等事件的频频曝光，各类企业的社会责任质量也受到利益相关者和监管部门的关注。由于本案例考察的是复星医药社会责任报告及审验报告发布对市场绩效的影响，因此我们选取复星医药最新一次发布社会责任报告的日期作为事件发生日，即2021年3月30日。

由于股价受内部和外部因素影响较大，市场情况也复杂多变，具有不稳定性，为了降低误差，减少不相关因素对股价的影响，让结果对事件的说明力度最大，本案例选取的事件窗为公告日的（-10，10），估计窗的期限则与之匹配选择（-210，-11），如图4-11所示。

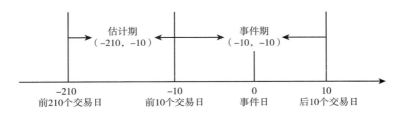

图4-11　短期市场绩效研究时间窗

2. 计算过程。本案例从模型中选取相对准确的市场模型法衡量正常收益率，从国泰安数据库中获取市场收益率与复星医药个股收益率，用 Stata 代码计算预期收益率、超额收益率及累计超额收益率。

进行 Stata 代码编写之前首先要明确以下概念：

（1）事件日：被研究事件的发生日，本案例事件日为2021年3月30日；

（2）事件窗口期：被研究事件发生日的前后数日，本案例选取事件日前后10个交易日作为事件窗口期，即（-10，10）；

（3）事件估计期：用以估计事件窗口期收益的一段时间，并且不应与事件窗口期有重合，本案例选取事件发生日前210个交易日至前11个交易日为事件估计期，即（-210，-11）；

（4）预期收益：指假设没有发生该事件时的收益，可通过 Stata 利用个股收益与市场收益率进行 regress 回归之后，通过 predict 命令进行预测；

（5）超额收益（AR）：在发生特定事件之后，事件窗口期的个股实际收益与个股预期收益之差；

（6）累计超额收益（CAR）：事件窗口期各交易日超额收益（AR）之和。

3. 计算结果。计算结果如表 4-11 和图 4-12 所示。

表 4-11 复星医药 AR、CAR 计算结果

日期	个股收益率	市场收益率	预期收益率	超额收益率	累计超额收益率
2021 年 3 月 16 日	(0.0028)	0.0083	0.0105	(0.0133)	(0.0133)
2021 年 3 月 17 日	0.0015	0.0025	0.0040	(0.0025)	(0.0157)
2021 年 3 月 18 日	0.0073	0.0062	0.0082	(0.0009)	(0.0166)
2021 年 3 月 19 日	(0.0132)	(0.0186)	(0.0198)	0.0066	(0.0100)
2021 年 3 月 22 日	0.0066	0.0120	0.0147	(0.0081)	(0.0181)
2021 年 3 月 23 日	0.0015	(0.0099)	(0.0101)	0.0116	(0.0065)
2021 年 3 月 24 日	(0.0578)	(0.0136)	(0.0143)	(0.0435)	(0.0501)
2021 年 3 月 25 日	0.0271	(0.0016)	(0.0006)	0.0277	(0.0223)
2021 年 3 月 26 日	0.0124	0.0173	0.0207	(0.0083)	(0.0306)
2021 年 3 月 29 日	(0.0010)	0.0049	0.0067	(0.0077)	(0.0383)
2021 年 3 月 30 日	0.0023	0.0055	0.0074	(0.0051)	(0.0434)
2021 年 3 月 31 日	0.0148	(0.0047)	(0.0041)	0.0189	(0.0245)
2021 年 4 月 1 日	0.0090	0.0086	0.0108	(0.0018)	(0.0263)
2021 年 4 月 2 日	0.0139	0.0058	0.0077	0.0063	(0.0200)
2021 年 4 月 6 日	(0.0064)	(0.0002)	0.0009	(0.0073)	(0.0273)
2021 年 4 月 7 日	(0.0059)	(0.0026)	(0.0018)	(0.0042)	(0.0315)
2021 年 4 月 8 日	0.0458	(0.0000)	0.0011	0.0446	0.0132
2021 年 4 月 9 日	(0.0304)	(0.0087)	(0.0087)	(0.0217)	(0.0085)
2021 年 4 月 12 日	0.0169	(0.0130)	(0.0135)	0.0305	0.0219
2021 年 4 月 13 日	(0.0041)	(0.0047)	(0.0042)	0.0001	0.0220
2021 年 4 月 14 日	(0.0092)	0.0080	0.0102	(0.0194)	0.0026

通过以上事件研究的结果趋势图（见图 4-12）可以看出，复星医药在事件日前后（-10，10）期间的 AR 趋势和走向无明显规律，表明市场并未对发布社会责任报告产生预期并提前作出反应。其中，在报告公告日，即 T0 日，在经过两天较为稳定的日子后，AR 呈现上升的态势，表明发布社会责任报告事件对复星医药的股价开始产生正面影响。但从 T+1 日开始，股价呈下跌趋势，并处于波动状态，表明发布社会责任报告这一事件并未给股民带来持续强劲的信心。

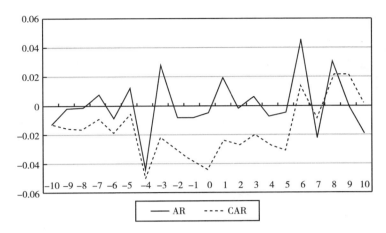

图4-12 复星医药 AR、CAR 趋势

此外，复星医药事件窗口期的 CAR 从 T - 10 日开始，一直到 T + 6 日都处于负值状态，说明复星医药在这段时间的市场反应较差，股东所获得的回报较低且持续时间较长。虽然从 T - 4 日开始，CAR 总的来看处于上升的状态，但主要是由于 T - 3 日、T + 1 日、T + 6 日及 T + 8 日分别有一个爆发式的增长，这种增长是不稳定的，因此每次增长过后都会迎来下跌。

总的来看，复星医药发布社会责任报告这一事件给市场带来了一定的正面影响，但这种影响不持续不稳定，证明股民们信心不足，社会责任报告及其审验报告并没有完全满足公众的期望，打消他们的顾虑。

三、复星医药社会责任报告审计期望差距的形成原因

（一）基于 5GAP 模型的审计期望差距模型

20 世纪八九十年代，为了分析、解决营销学中服务质量的问题，来自美国的学者贝利和帕拉休拉曼等构建了服务质量差距模型，即 5GAP 模型。在这个模型中，他们识别出了会影响服务质量差距的五个差距，其中，核心差距是顾客期望得到的服务与其感知到的服务之间的差距，即期望 VS 感知，为了弥合这一差距，则需要从弥合另外四个差距入手。

服务质量差距模型虽然属于营销学的理论，但审计工作实际上也是一种供需关系，审计师或会计师事务所是审计服务的提供者，管理层、利益相关

者是服务的需求方，因此，5GAP 模型也可用来解释审计期望差距的形成机理。稍有不同的地方是传统的服务质量差距模型只涉及消费者与营销者两方，而在审计期望差距中还需要考虑到审计准则的制定者这个第三方。本案例将服务质量差距模型应用于审计期望差距中，具体如图 4 – 13 所示。

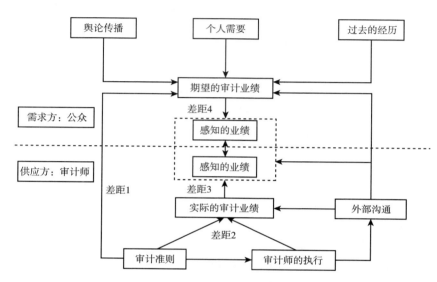

图 4 – 13　基于 5GAP 模型的审计期望差距形成机理

　　结合各学者对审计期望差距的定义与服务质量差距模型，本案例在考察审计期望差距的形成机理之前，首先要明确的是到底"谁的期望""谁的感知"，即审计期望差距所涉及的主体是什么，本案例确定包括社会公众、审计师和准则制定者这三类主体。其中社会公众又分为被审单位、利益相关者、监管部门和其他社会公众。审计师是泛指所有为被审单位提供社会责任报告审计服务的第三方机构及具体执行人。准则制定者是社会责任报告审计准则的起草和发布组织。在这个供需关系中，准则的制定者与审计师是审计服务的供应方，社会公众是需求方。

　　最终的差距为差距 4，即公众期望的审计业绩与公众认知或感知到的审计业绩之间的差距，是由于认知差异而产生的差距。形成差距 4 的来源有三个。

　　差距 1：准则制定者的理解与社会公众期望之间的差距。审计准则是审计师执行审计程序的依据，是其开展审计工作的基础，但在制定准则之前，准则制定者可能并不清楚哪些类型的审计服务可以满足社会大众的需要，也不知道审计师应该提供何种水平的服务，从而导致准则制定者在制定审计准则时过于理论化，与社会大众的需求不符。

差距2：准则规范与实际执行之间的差距。形成这个差距的原因主要有四个：（1）准则制定过于理想化。（2）客观条件的限制，如著名的"獐子岛扇贝事件"，注册会计师在发现扇贝存货资产大额盘亏时，企业可以仅用一句"扇贝跑了"敷衍公众的原因就在于水下生物性资产盘点困难。（3）注册会计师能力不足，这里的能力不足来源于两个方面：一是审计师本身对审计准则或会计准则了解不够；二是某些特殊行业专业门槛高，审计师不得不借助外部专家工作。（4）注册会计师职业道德缺失，与能力不足这种客观原因不同，职业道德缺失完全来自审计师的主观行为，通常与独立性有关。

差距3：实际审计业绩与公众感知业绩之间的差距。产生差距3的主要原因在于审计工作的隐藏性。虽然审计工作的产品是审计报告，但审计师工作的体现全部在审计底稿中，一般情况下审计底稿都会存档，以便连续审计时为下任会计师提供参考，或提供给监管部门检查，通常是不会公开给社会公众的。于社会公众而言，由于专业知识的限制，审计执业的整个过程无异于一个"黑箱"，他们所能够理解和运用的只能是审计报告。被审计单位内部人员与审计师接触最为频繁，交流沟通也远多于外部人员，他们尚且能切实地感受到审计师所执行的程序，但外部社会公众就只能看到记载在几页篇幅里的审计结论，看不到的是为了得出这个审计结论而执行的大量审计程序。此外，近年来出现的重大审计失误事件在新闻媒体上频繁出现，如"康美药业事件""康得新事件"，这些事件的曝出给审计师的信誉带来了很大的损害，而公众对审计工作的认识又受到了一定程度的限制，导致公众对审计工作业绩的评价过低。

通过以上的分析可以看出，复星医药公布的社会责任报告和审验报告是没有完全满足公众期望的。根据基于5GAP模型的审计期望差距模型，产生审计期望差距的原因主要来自准则的制定、审计师的执行以及认知、感知差异三个方面。

（二） 审计准则制定过程中形成的差距

一般来说，准则制定者的理解与社会公众期望之间的差距往往是因为准则制定者在制定准则时过于理想化，没有考虑到实际情况而产生的，但社会责任审计在这一点上不同的是，它甚至还没有统一的标准。到目前为止并没有官方专门为社会责任报告审计编写过准则，因此第三方机构在对社会责任报告进行审验或审计工作时都是各自找可参照的准则，如会计师事务所通常会参考审计准则，认证机构会参考 ISO、AA1000 等国际标准。目前最常见的参考标准有 AA1000、ISAE3000、GRI，每个参考标准都有对审验报告内容的最低要求，具体如表 4 - 12 所示。

表 4 - 12　　　　　企业社会责任报告鉴证报告内容最低要求

审验报告的内容要求	AA1000	ISAE3000	GRI
标题		√	√
预期使用者	√	√	√
审验机构和执行者介绍		√	√
审验范围和目的	√	√	√
委托方与审验执行者责权		√	
审验机构和执行者的胜任能力	√	√	
审验机构和执行者的独立性	√	√	√
审验标准	√	√	√
取证方法和内容	√	√	√
审验过程中利益相关者的参与程度			√
审验执行者的公平性	√		
重要性	√		
完整性	√		
回应性	√		
业绩	√		
保留意见及局限性		√	√
附加评价	√		
与前期比较的改进	√		
改进意见和建议	√		
结论	√	√	√
检定日期		√	√

从表 4-12 中可以看出，不同标准对鉴证报告的内容要求各不相同，但即使是相对来说较为全面的 AA1000 标准中更多的也是格式要求和第三方机构的"免责"内容，如"标题""责权""胜任能力""独立性"等。公众从这些字段中并不能看到关于企业社会责任披露情况的一丝半点的说明，但这些内容却占据了社会责任报告鉴证报告大半的篇幅。

综上来看，在审计准则制定过程中导致产生审计期望差距的原因有两个：一是未形成统一的报告准则，导致第三方机构在选择标准时各不相同，使得报告的对比性较差；二是每个报告标准更多的是要求规范性的字段，而缺少针对不同企业社会责任披露情况等实质性内容的要求。

（三）审计师的执行与审计准则之间的差距

1. 第三方机构的主观能动性差。没有统一的社会责任报告审计准则就意味着第三方机构的自由裁量权较大，他们可以依据实际情况酌情增加审计或审验程序，以更加贴合公众的需求。但通过对 SGS 公司为复星医药最新出具的两份鉴证报告进行分析后可以看出，SGS 公司的报告里不仅没有针对复星医药的定制性内容，连其参考的 AA1000 标准和 GRI 标准中所要求的内容也未完全呈现，具体如表 4-13 所示。

表 4-13　　　　　复星医药审验报告内容对比

参考标准的内容要求	2019 年	2020 年
标题	√	√
预期使用者	√	√
审验机构和执行者介绍	√	√
审验范围和目的	√	√
审验机构和执行者的胜任能力	√	√
审验机构和执行者的独立性	√	√
审验标准		
取证方法和内容	√	√
审验过程中利益相关者的参与程度	√	√
审验执行者的公平性		

续表

参考标准的内容要求	2019 年	2020 年
重要性		
完整性	√	√
回应性		
业绩		
保留意见及局限性	√	√
附加评价		
与前期比较的改进		
改进意见和建议		
结论	√	√
检定日期	√	√

对 SGS 公司出具的复星医药 2020 年社会责任报告审验报告进行了详细阅读发现，其中与验证程序执行详情有关的内容有两个：一是审验程序。根据审验报告中所说的，SGS 公司在审验过程中采取的审验程序为"验证前调研、访谈相关员工，必要时与外部机构和/或利益相关方进行文档和记录审查和确认"，可以看出，SGS 公司仅采用了调研、访谈、审查等程序，而在复星医药披露的社会责任报告中有大量的数据存在，显然，只靠这些文字性程序是不足以验证数据的真实性、准确性的。二是审验范围。审验报告中还提到了审验范围——"验证范围包括本报告所含文本以及附随表格中的数据"。这说明 SGS 公司的审验范围只有社会责任报告中所提到的内容，不验证、不评价复星医药未披露的信息，那么其针对完整性指标的执行效果就大打折扣，对复星医药社会责任报告内容完整性的评价就显得不太真实。且根据 SGS 公司披露的审验局限性，他们的审验程序如访谈、调研等都只在内部利益相关者之间进行，没有涉及外部利益相关方，如监管部门、合作企业等，甚至没有涵盖所有成员企业。

综合来看，SGS 公司审验程序过于简单，审验范围也不够全面，而审验程序的不到位必然会导致审计业绩质量变差，审计期望差距由此也扩大了。

2. 执行环境的固有限制。除 SGS 公司在审验执行过程中存在缺陷之外，也不得不承认社会责任报告审计有其固有限制。在传统财报审计中，受成本效益原则的限制或其他审计困难的影响，审计程序的执行难免会受到影响，虽然不能以此作为省略不可替代的审计程序或满足于说服力不足的审计证据的理由，但这种困难是实实在在客观存在的。与财报审计相比，社会责任报告审计覆盖面更广，涉及了公益、环保、产品生产、员工、客户等方方面面的内容，专业性也更强，比如污染物的排放情况、药品的质量如何等专业性问题仅靠第三方机构是无法解答的。在强制性披露与审计的情况下，事务所可以通过提高收费来弥补为解决这些问题而产生的成本，但社会责任报告本就是自愿性披露，是否进行第三方审验更加取决于管理层的意愿，在独立性明显缺失的执行环境下，SGS 公司受到的限制更多，从而影响了审验质量。

（四）　实际审计业绩与公众感知业绩之间的差距

审验报告是 SGS 公司面向利益相关者展示审验业绩的唯一载体，虽然 SGS 公司本身可能并不认为程序执行不到位，但阅读者作为社会公众的一员，通过这份审验报告感知到的就是如上文分析的那样。不过个人感知主观性太高，因此为了对 SGS 公司出具的审验报告进行客观分析，本案例将参考徐巍等设计的文本可读性计算公式，计算样本企业 2020 年度审验报告的可读性，并对样本企业与复星医药的审验报告进行相似度分析，以验证不同年度 SGS 公司出具的审验报告是否具有针对性、不同第三方机构出具的审验报告是否相似。

1. 可读性分析。徐巍等参考迷雾指数，为计算中文文本可读性设计了三个指标。分别为：

$$Readability_1 = 文本总字数/文本总句数$$
$$Readability_2 = 文本副词与连词字数/文本总句数$$
$$Readability_3 = (Readability_1 + Readability_2) \times 0.5$$

根据公式，计算可读性指标需要确定三个值，分别为文本总句数、文本总字数以及文本中副词与连词的字数。其中句数和字数的获取比较简单，将 PDF 版的审验报告转为 Word 后，在 Word 中即可进行统计，由此得出 $Readability_1$。

副词和连词次数的统计较为复杂，本案例结合《现代汉语虚词辞典》，构建了包含 1 479 个副词和连词的虚词表。其中副词是"用在动词或者形容词之前，表示动作、行为、性质、状态的程度、范围、否定等的词"，如非常、更加、未必等。这些词汇往往有加重、减轻、否定、双重否定所修饰的词汇本意的作用。连词是"把两个词或者比词大的单位连接起来"的词，典型的连词如或者、而且、但是、虽然等。越多的连词往往意味着前后语境中更为复杂的递进、转折等关系。副词和连词数的计算通过 Python 实现，首先通过 Jieba 库对审验报告进行了分词，因为需要获取所有词语用来分辨副词和连词，所以不对文本进行停用词处理。然后对分词之后的审验报告文本进行遍历，统计副词连词表中所有词的词频，得出 Readability$_2$。

最后加权 Readability$_1$ 和 Readability$_2$ 得出 Readability$_3$，Readability$_3$ 的值越大，就说明文本的复杂程度越高，可读性越差。徐巍等虽然给出了中文文本可读性指标的计算公式，也验证了公式的合理性，但遗憾的是，他们并未给出指标大小的具体评判标准。因为徐巍等是在迷雾指数的基础上设计的这个指标，所以案例将参考迷雾指数的度量标准，即指标数字为多少，就意味着需要接受多少年的教育才能看懂对应的文本。

根据可获取的、来自润灵环球的最新数据，在公布了 2019 年社会责任报告、可持续发展报告或 ESG 报告的企业中，共有 32 家进行了第三方验证，以此为依据共获取包括复星医药在内的 29 家企业的 2020 年社会责任审验报告，并对其进行了文本可读性计算，结果如表 4 – 14 所示。

表 4 – 14　　　　　　　各企业审验报告可读性得分

企业	审验机构	字数	句数	副词连词数	Readability$_1$	Readability$_2$	Readability$_3$
建设银行	普华永道	2 451	184	142	13.32	0.77	7.05
招商蛇口	TUV NORD	1 350	83	123	16.27	1.48	8.87
平安银行	TUV NORD	1 415	86	127	16.45	1.48	8.97
中国银河	安永华明	1 703	99	116	17.20	1.17	9.19
金风科技	CECEP	1 535	86	154	17.85	1.79	9.82
中国银行	安永华明	1 137	61	72	18.64	1.18	9.91
东方航空	TUV NORD	1 322	69	117	19.16	1.70	10.43

续表

企业	审验机构	字数	句数	副词连词数	Readability$_1$	Readability$_2$	Readability$_3$
复星医药	SGS	1 918	100	168	19.18	1.68	10.43
招商银行	安永华明	1 896	97	133	19.55	1.37	10.46
广州发展	SGS	1 710	88	141	19.43	1.60	10.52
中国平安	德勤华永	1 708	86	113	19.86	1.31	10.59
光大银行	普华永道	1 058	53	74	19.96	1.40	10.68
民生银行	普华永道	1 310	66	111	19.85	1.68	10.77
农业银行	普华永道	1 338	67	126	19.97	1.88	10.93
中国国航	SGS	1 917	95	167	20.18	1.76	10.97
中兴通讯	TUV NORD	1 717	85	158	20.20	1.86	11.03
中国建筑	TUV NORD	1 458	71	110	20.54	1.55	11.04
浦发银行	普华永道	1 454	69	123	21.07	1.78	11.43
中国人保	SGS	1 953	92	167	21.23	1.82	11.52
交通银行	普华永道	1 221	53	106	23.04	2.00	12.52
中远海控	节能皓信	2 569	111	242	23.14	2.18	12.66
郑州银行	节能皓信	2 666	111	246	24.02	2.22	13.12
中信银行	普华永道	1 488	61	129	24.39	2.11	13.25
华夏银行	德勤华永	1 429	57	104	25.07	1.82	13.45
新世界	上会	858	34	67	25.24	1.97	13.60
上港集团	劳氏船级社	1 869	75	172	24.92	2.29	13.61
青岛银行	毕马威华振	1 139	45	99	25.31	2.20	13.76
中国神华	毕马威华振	1 528	57	144	26.81	2.53	14.67
工商银行	毕马威华振	2 148	73	170	29.42	2.33	15.88

根据图 4-14 所示的可读性得分频率分布图以及图 4-15 所示的 Q-Q 图，审验报告可读性的结果呈现为一个双峰分布的状态，出现了两个高频区间，即（10，11）和（13，14）。产生双峰的原因有很多，比如样本量少、审验机构性质不同、参考依据不一致等。本案例以机构性质为因子，分成了会计师事务所与认证机构两组对可读性得分进行了描述统计。

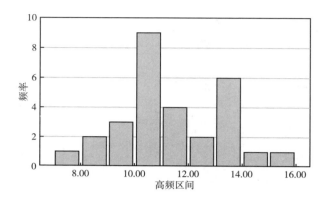

图 4 – 14 可读性得分频率分布

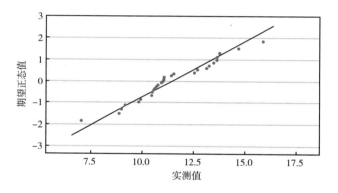

图 4 – 15 可读性得分 Q-Q 图

　　因为总体样本量较少，且分组后分布形态未知，所以进行描述性统计时将使用 Bootstrap 重抽样技术，进行模拟统计。最终计算结果如表 4 – 15 所示。由认证机构出具的审验报告可读性得分平均值为 11.00，中位数为 10.97，说明分布较为对称，但不一定为正态分布。由会计师事务所出具的审验报告可读性得分平均值为 11.76，中位数为 11.18，平均数大于中位数，说明存在偏大的数据，应该用中位数而非均值来考虑可读性得分的集中趋势。经过 Bootstrap 之后，中位数的 95% CI 结果显示认证机构出具的审验报告可读性得分将集中在 [10.43，11.52] 的区间内，由会计师事务所出具的审验报告可读性得分将集中在 [10.39，13.45] 的区间内。总的来看会计师事务所出具的审验报告阅读难度比认证机构出具的更高，但具体原因为何需要作进一步分析。

表 4 – 15　　　　　　　　　可读性得分描述统计

机构性质		统计	标准错误	Bootstrapa			
				偏差	标准错误	95%的置信区间	
						下限	上限
认证机构	平均值	11.00	0.40	0.00	0.39	10.25	11.77
	平均值的95%置信区间　下限值	10.12					
	上限	11.88					
	中位数	10.97		-0.13	0.42	10.43	11.52
	方差	2.10		-0.19	0.64	0.80	3.26
	标准偏差	1.45		-0.09	0.24	0.89	1.81
	最小值	8.87					
	最大值（X）	13.61					
	范围	4.73					
	偏度	0.38	0.62	-0.02	0.50	-0.70	1.48
	峰度	-0.38	1.19	0.28	1.26	-1.69	3.01
会计师事务所	平均值	11.76	0.57	-0.01	0.53	10.67	12.75
	平均值的95%置信区间　下限值	10.55					
	上限	12.96					
	中位数	11.18		0.39	0.91	10.59	13.45
	方差	5.12		-0.20	1.65	2.18	8.59
	标准偏差	2.26		-0.08	0.37	1.48	2.93
	最小值	7.05					
	最大值（X）	15.88					
	范围	8.83					
	偏度	-0.11	0.56	0.07	0.52	-0.99	1.05
	峰度	-0.07	1.09	-0.21	0.93	-1.63	1.93

　　会计师事务所审验报告可读性的得分区间包含了认证机构的得分区间，因此本案例将会计师事务所审验报告可读性的得分区间，即 ［10.39，13.45］认定为社会责任审验报告的得分集中区间。复星医药 2020 年审验报告可读性得分为 10.43 分，在得分集中区间内，说明这份审验报告在阅读难度上并未与其他认证机构出具的审验报告有太大区别。

　　复星医药社会责任审验报告可读性得分为 10.43 分，根据迷雾指数的评价标准，说明这份审验报告需要接受了 10 年以上教育经历的人才能看懂，也就是高二的水平。在全面普及了九年制义务教育的国内，这个标准不算太高。且根据腾讯证券和财联社发布的《2020 年中国股民行为报告》，在 A 股市场上具有高中及以上学历的投资者占多数，具体如图 4 - 16 所示。因此，对于大部分的投资者和其他社会公众来说，基本都能看懂 SGS 公司出具的这份审验报告，并未因为文本晦涩难懂、行文复杂而拉大公众感知与实际审计业绩之间的审计期望差距。

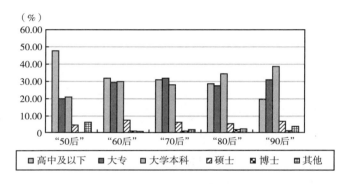

图 4 - 16　中国股民学历构成

2. 相似度分析。在翻阅 SGS 公司历年来为复星医药提供的审验报告时，审读感受就是"似曾相识"，每一份审验报告似乎都差不多。为了验证审读的感知，案例选取了 2019 年与 2020 年的审验报告进行了相似度分析。同时还计算了 2020 年样本企业社会责任审验报告与复星医药审验报告之间的相似度。

本案例利用 Python 中的 Jieba 库、math 库以及正则表达式，计算了审验报告的文本相似度。具体计算思路如下：

（1）使用 Jieba 库分别对两篇中文 txt 文件进行分词，得到如 ["该"，"部分"，"内容"，"已在"，"正文"，"清晰"，"标注"] 的两个字符串数组；

（2）对得到的分词后的数组进行词袋模型统计，得到他们每个词在文中出现的次数向量；

（3）对得到的两个次数的矩阵进行余弦相似度计算，得到余弦相似度作为它们的文本相似度。

最终计算结果如表 4 – 16 所示。

表 4 – 16　　　　　各企业与复星医药 2020 年审验报告相似度分析

企业	审验机构	相似度（%）	排名
复星医药（2019）	SGS	99.10	1
广州发展	SGS	79.90	2
中国人保	SGS	79.60	3
新世界	上会会计师事务所	76.00	4
招商蛇口	TUV NORD	75.40	5
平安银行	TUV NORD	71.60	6
中国国航	SGS	71.20	7
中国建筑	TUV NORD	69.00	8
中兴通讯	TUV NORD	67.80	9
中信银行	普华永道	67.70	10
浦发银行	普华永道	67.30	11
中国银河	安永华明	66.50	12
东方航空	TUV NORD	63.80	13
上港集团	Lloyd's Register	60.00	14
农业银行	普华永道	59.00	15
中国平安	德勤华永	58.60	16
民生银行	普华永道	58.40	17
交通银行	普华永道	58.40	18
金风科技	CECEP	56.00	19
招商银行	安永华明	54.80	20
中国银行	安永华明	54.10	21
光大银行	普华永道	54.10	22
建设银行	普华永道	53.80	23
中国神华	毕马威华振	52.60	24
华夏银行	德勤华永	52.50	25
青岛银行	毕马威华振	48.60	26
工商银行	毕马威华振	38.90	27
中远海控	节能皓信	37.10	28
郑州银行	节能皓信	25.90	29

结果显示，SGS公司2019年与2020年为复星医药出具的审验报告相似度高达99.10%，说明两份报告的内容几乎是一模一样了。这样的结果无疑是让人失望的。试想，当社会公众每年都阅读着内容与上一年度差不多的审验报告时，无论其可读性有多强，都会让公众感受到"敷衍""套路"，更何谈加强社会责任报告的可信度。尤其在2020年这样一个特殊的年份，复星医药作为药企的特殊身份，对于其自身以及公众都关注的疫苗生产情况，SGS公司都未对这样的关键事项进行详细说明，导致公众无法根据审验报告获取想要的信息。

此外SGS公司为其他企业，如广州发展、中国人保等出具的审验报告与复星医药的相似度都在70%以上，且与同一家第三方机构出具的审验报告之间的相似度差距较小，这说明无论是SGS公司还是其他第三方机构在编写审验报告的过程中都有套用模板的嫌疑。这不免让人怀疑，是否无论企业的社会责任报告披露质量如何，第三方机构都是同一套说辞。

四、缩小社会责任报告审计期望差距的参考方案

根据复星医药社会责任报告审计中的审计期望差距分析，准则不统一、准则缺少实质性内容要求、SGS公司审验程序过于简单、审验范围不完整、审验报告披露内容相似度高而不具针对性等问题，是导致公众感知到的和实际审计业绩之间存在差距的原因。根据SGS公司在审验执行过程中存在的问题，提出缩小社会责任报告审计期望差距的可能方案。

（一）缩小SGS公司审计执行差距的具体选择

1. 搭建大数据审验流程。SGS公司在审验过程中存在审验范围小，审验程序不足等问题，某种程度上是由于社会责任报告中信息种类丰富，以及包含大量的半结构化和非结构化数据造成的。信息种类的多样使得SGS公司执行审验程序时无法顾忌到所有信息，大量的半结构化和结构化数据则加大了验证其准确性、完整性的难度，因为这些数据与结构化数据不同的地方就在于，它无法通过简单的公式或模型去计算分析，而是需要借助计算机的算法。SGS公司对复星医药进行审验的优势就在于其已为复星医药提供了长达11年的审验服务，对复星医药有充分的了解，并掌握了大量数据，这些数据

以及从网络上获取的相关信息是 SGS 公司搭建大数据审验流程的基础。

如图 4 - 17 所示，SGS 公司除了可以分析复星医药社会责任报告中给定的信息之外，还可以通过爬取网页等技术方法，从各个网站上获取与复星医药社会责任有关的信息，通过对这些数据进行处理、分析，SGS 公司在进行审验之前就可以大致形成一个预期，例如，通过数据收集发现了有不利于复星医药的负面信息而又未在社会责任报告中体现时，SGS 公司就能认定其在完整性上存在风险，评估风险的影响程度，进而选择恰当的审验程序去执行。

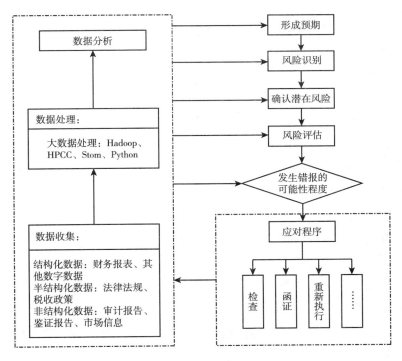

图 4 - 17　基于大数据的审计流程

2. 增加关键审验事项段。在案例分析中发现，SGS 公司在编制审验报告时有套用模板的迹象，实际上，在尚未有统一的，由官方制定、发布且强制实施的准则发布之前，SGS 公司在选择如何对审验报告进行行文时有很大的自由裁量权，除必有的内容和格式要求之外，SGS 公司还可在审验报告中披露他们认为的关键审验事项段。

关键事项是借鉴财务报表审计的做法，在财务报表审计中，注册会计师可运用职业判断，对其认为重大错报风险较高的领域、存在特别风险、涉及重大管理层判断的领域相关的重大审计判断和本期重大交易或事项进行单独披露，以提醒预期使用者注意。SGS 公司可以在其审验报告中增加关键事项段，内容可以是在执行过程中发现的有问题的地方、未尽事项、社会责任报告重点披露信息或社会公众关注的事项。以 2020 年的审验报告为例，复星医药与社会公众都很关注疫苗的情况，SGS 公司就可以在审验报告中增加与疫苗生产、疫苗质量等情况相关的字段，以满足公众的期望。

在撰写审验报告时，SGS 公司应更多地站在社会公众的角度去思考该披露的内容，将涉及的关键事项与复星医药具体情况相联系，避免标准性、模板式的描述。

（二）缩小社会责任报告审计期望差距的普适性选择

复星医药社会责任报告审计期望差距形成的普遍性的原因有：一是审计准则不统一；二是准则缺少实质性内容要求；三是公众与第三方机构之间的认知差异。根据 5GAP 的审计期望差距模型，前两项会产生差距 1，即准则制定者的理解与社会公众期望之间的差距；后一项会产生差距 4，即公众期望的审计业绩与公众认知或感知到的审计业绩之间的差距。因此，缩小审计期望差距需要普适性办法。

1. 缩小准则差距。为了缩小社会责任报告审计准则差距，在审计准则的制定和颁布过程中需要确定相关准则制定机构以便形成官方统一的审计准则，制定过程中应充分听取公众意见以达成公益而非"一言堂"。

（1）权威准则制定机构与政府监管。审计准则是审计师开展审计工作的指引，是审计的制度基础，为审计期望奠定了基调，如果审计准则不够权威就不能对第三方机构产生约束，审计师执行审计程序时随心所欲就会产生更大的期望差距。因此建议成立专门的社会责任审计报告研究部门，部门成员不仅要懂得审计与会计知识，还需要掌握人力、产业、环保、公益等知识。只有对这些构成社会责任报告的内容熟悉，才能制定符合实际的审计准则。

在社会责任报告审计中，由于自愿披露、自愿审计的情况，审计师与企业之间更多的是雇佣关系，独立性缺失，这种情况下仅靠审计师自律是不够的，还需要国家政府的监督，如相关部门可以对社会责任报告审计的执业结果进行不定期检查，并公布检查结果，对执业质量低下的第三方机构采取限制业务量等措施，以维护公众利益，缩小审计期望差距。

（2）公共选择程序化。在我国社会责任审计准则的制定过程中，应当采取法律规则起草程序中的听取意见程序，即向全国各地的注册会计师协会、会计师事务所、第三方鉴证机构征求意见，听取专家咨询组的意见，并向国务院各有关主管部门，如人力资源和社会保障部、生态环境部，以及各省、自治区、直辖市财政厅局、审计厅局广泛征求意见，同时在网站上公布征求意见稿，以尽量使更多的人参与进来，以征询大多数人的意见，并在征询、修订、征询……的过程中反复磋商，达成共识。

在实现公意、进行大众抉择时，社会公众享有诉诸自身利益的权利，可以参与到审计准则的制定中来，从源头上缩小审计准则制定者的理解与社会公众期望之间差距。

2. 缩小认知差距。根据5GAP模型，舆论传播会对社会公众的期望产生影响，媒体也不是专业人员，在发布新闻报道时也会与其他社会公众一样，对审计师的工作产生认知错误，认为审计失败是审计师未尽职责所致，并将这种思想传播给了大众。目前在舆论上缺少专业人士的发声，因此，缩小社会公众与职业人员认知差异可以从借助媒体渠道，加强两方之间的沟通。

如果出现了因审计失误而导致的行业公共关系危机，有关人士还可以利用媒体渠道，对质疑与批评进行同等的反应，从而增强其积极的暗示效果。比如中注协、会计师事务所或者其他第三方组织，都可以接受媒体的采访，或者成立一个行业的新闻发言机制，第一时间对舞弊事件、审计失败事件作出反应，要求有关人士负责，并向社会道歉。同时，要以诚恳的态度与民众交流，广泛听取民意，组建专门的调查组，快速进行调查，并将调查的结果及时刊登在各大主流媒体上，让公众对这一事件有一个大致的认识。

除借助媒体做好行业危机公关之外，相关行业协会或第三方机构可以借助微博、公众号、电视节目等媒体平台，对审计师在审计业务中应承担的职责宣传清楚，加强社会公众对审计的正确认知。

五、讨论问题与案例思政

（一）拟讨论的重点问题

鉴证是提高报告质量和可信度的重要措施，经过鉴证的社会责任报告理应更为可靠和相关，能帮社会公众更好地了解企业经营风险。近年来，为了回应社会公众对企业社会责任的履行情况，不少企业公布社会责任报告"以证清白"。但在自愿性披露的条件下，一些社会责任报告成为企业宣传"好人好事"的工具。报告与事实之间的差距使得公众越来越质疑报告的真实性。本案例的侧重点是：如何评价复星医药连续 12 份结果不错的社会责任审验报告的审计期望差距？主要讨论如下问题：

1. 审计期望差距有哪些特征？如何识别和判断审计期望差距的构成要素？社会责任报告的审计期望差距过大对企业经营会产生哪些影响？结合复星医药的社会责任审验报告说明之。

2. 复星医药社会责任报告审验的标准有哪些？如何确定审验范围？这样的审验范围可能存在哪些局限？如何评价复星医药社会责任报告的质量？

3. 国际审计职业界对社会责任报告的审验主要有哪些方法？复星医药社会责任报告的审验主要采用什么方法？结合复星医药社会责任报告的审验，说明在大数据技术的支持下，社会责任报告的审验方法可以进行哪些创新？

4. 审计期望差距产生的原因有哪些？结合复星医药案例说明之。为什么说审计期望差距是永远无法消除的？在当前技术条件下缩小审计期望差距可能有哪些方法？结合复星医药案例，列举之。

5. 结合本案例开展讨论：审计期望差距有哪些度量方法？本案例对审计期望差距的度量方法有什么局限？

（二）案例思政

1. 《2030 年前碳达峰行动方案》要求："企业主动适应绿色低碳发展要求，推进节能降碳……相关上市公司和发债企业要按照环境信息依法披露要求，定期公布企业碳排放信息。充分发挥行业协会等社会团体作用，督促企业自觉履行社会责任。"这就意味着，碳排放信息作为社会责任报告或可持续报告的重要内容，在审验上应该如何创新才能更好地促进"双碳"政策的落实？

2. 根据审计期望差距理论，在大数据技术逐步应用的情境下，遵守审计职业道德面临哪些新的挑战？

参考文献

［1］刘明辉. 高级审计研究（第三版）［M］. 大连：东北财经大学出版社，2018.

［2］黄世忠. 审计期望差距的成因与弥合［J］. 中国注册会计师，2021（5）：66 - 73.

［3］钱路加. 群体认知视角下的审计期望差距分析［J］. 会计之友，2020（8）：41 - 48.

［4］Dibia N. O. , Acti C. Audit Expectations Gap and Perception of Financial Reporting［J］. International Journal of Managerial Studies and Research，2015（3）：23 - 31.

［5］Pierre Astolfi, Did the International Financial Reporting Standards Increase the Audit Expectation Gap? An Exploratory Study［J］. International Journal of Auditing，2021，19（3）：166 - 195.

案例五　内外兼修：A公司的风险、盈余与估值

专业领域/方向： 财务管理

适用课程：《财务管理理论与实务》

选用课程：《公司战略与风险管理》

编写目的： 本案例旨在引导学员关注独角兽公司的风险及估值问题，掌握不同商业模式下的经营风险，并讨论独角兽公司的估值方法。根据本案例资料，学员应以CG-MA的商业模式框架为分析工具，从定性和定量两个层面对经营风险进行研判，并依托盈余质量的度量方法，估计盈余质量真实性及其对持续经营能力的影响。同时，学员可以在重点掌握企业估值方法的基础上，比较不同估值方法对独角兽公司估值的实用性。

知识点： 商业模式　风险识别　盈余质量　价值评估

关键词： 商业模式　经营风险　财务风险　盈余管理　价值评估

摘要： A公司作为新能源材料行业首批在科创板上市的公司，风头一时无两，但随后"腰斩"的股价引起了业界对其估值的争议。独角兽企业的爆发究竟是"雾里看花"还是"名副其实"，值得讨论。本案例详细分析了A公司在以价值为导向的商业模式下，开展商业活动时面临的政策风险、供应链风险、产品生产及质量风险等经营风险，以及应收账款管理风险、偿债风险等财务风险，这些风险引起了公司财务质量下滑。在此情况下，即将首次公开发行股票的A公司选择了进行盈余管理，影响了盈余质量。然而这些风险与盈余质量情况并未在审计报告中得以体现，让人对审计报告质量存疑。为了解读A公司的持续经营能力，案例通过多角度、多指标以及因子检验对A公司持续经营能力进行分析表明：在两年的时间内，该公司的持续经营能力成长较快。考虑到A公司的独角兽特性，区别于传统估值法，采用了市销率法、EVA估值法、PEG估值法对A公司进行估值，结果显示A公司在上市发行期市值被一定程度地高估了。

引言："腰斩"的股价

2012 年 3 月，DK 科技召开临时股东大会，总经理白总被罢免，但他仍是公司的董事和第三大股东。直到 2013 年，白总递交了辞呈，离开了这家相伴近 20 年的公司。

离开 DK 科技后，白总凭借自己的经验、人脉和资本运作能力，再次进入了锂电池正极材料领域，于 2014 年重组创立了 A 公司。A 公司成立之初便确立了以高镍为主的公司战略目标。在白总看来，高镍三元正极材料是行业的发展趋势。在他的引导下，A 公司 2014 年着手研究高镍三元正极材料 NCM811，年底已经完成产品的实验室开发。2017 年公司突破量产工艺，成为国内首家实现 NCM811 大规模量产的正极材料企业。由此，A 公司逐步达成并坐稳高镍三元正极材料龙头的"交椅"。短短几年的时间里，A 公司的估值已将近百亿。2019 年 7 月白总带着这家成立时间尚短的公司再次冲击资本市场，乘着科创板的东风，顺利上市了。

A 公司作为新能源材料行业首批在科创板上市的公司，风头一时无两，两周内股价一路上涨至 57.31 元/股，比发行价 26.62 元/股翻了 1 倍多。但好景不长，上市一个月后 A 公司的股价走跌，业绩增长也显疲态，2019 年前三季度的净利润增幅远远不及上市前的 2017 年和 2018 年。在 A 公司发布公告称，存在 2 亿元应收款可能无法收回后，股价更是大幅下挫，直到跌破了发行价。而此时，距离 A 公司在科创板上市仅 72 个交易日。

一、A 公司的背景资料

（一）行业发展情况

传统能源的快速消耗、环保理念和低碳经济发展观的兴起，掀起了开发太阳能、风能、核能等新能源的热潮。容百新能源科技股份有限公司（以下简称"A 公司"）所处的高科技新能源材料行业，主营新材料的开发、应用，使得新能源的储存和转换得以实现，是发展新能源的核心和基础。从锂电材料发展看，不可逆转的高能量密度发展追求，使得三元电池成为大势所趋，同时带动三元锂电池材料市场需求上升，目前高镍三元材料是引领三元材料的发展热点。此外，受成本压力影响，高镍低钴和中镍低钴材料的开发也在加快。

但近几年锂电行业的"不太平"，如技术路线之争、行业洗牌、补贴退坡、外资企业竞争等一系列的变数，不断影响上游产业的格局，也考验着经营者的智慧。

（二）A 公司的战略定位

A 公司是一家从事锂电池正极材料专业化研发与经营的跨国型集团公司，于 2014 年 9 月重组建立，由中韩两支均拥有二十余年锂电正极材料行业成功创业经验的团队共同打造，旗下有湖北容百锂电材料有限公司、贵州容百锂电材料有限公司、北京容百新能源科技有限公司、宁波容百锂电贸易有限公司、JS 株式会社、韩国 EMT 株式会社六家控股子公司，参股韩国 TMR 株式会社。

A 公司成立之初便致力于在新能源材料行业深耕，以产品差异化作为其主要竞争战略，确立了高能量密度及高安全性的产品发展方向，主打高镍三元正极材料，专注高端市场。

此后，公司意识到控制原材料来源的重要性，开始在废旧锂电池材料回收再利用业务领域进行积极布局，形成了动力电池循环利用的完整闭环。公司拥有"NiCoMn 金属回收技术""Li_2CO 回收技术"等废旧材料回收再利用核心技术，通过无机酸溶解、除杂、共沉淀等方法回收可使用的镍、钴、锰、锂元素材料。

2019 年成功上市之后，A 公司提出了不同梯度的经营目标，2020 年进入全球三元材料行业第一梯队，2021 年成为世界新能源材料公司前二，2023 年成为全球综合第一的新能源材料公司，2028 年成立全球领先的新能源产业集群。

（三）A 公司的产品结构与竞争优势

A 公司虽处于新能源材料行业，但主要专注于锂电池材料中的三元正极材料，以及前驱体的生产。公司通过研发逐步掌握了前驱体控制结晶、气氛烧结技术、表面处理、大小颗粒掺混等关键核心技术，制备镍含量超过 90%的高容量、高压实正极材料，比行业内常规 NCM811、NCA 产品能量密度高出10%，在国内正极材料企业中处于领先地位，如图5-1所示。

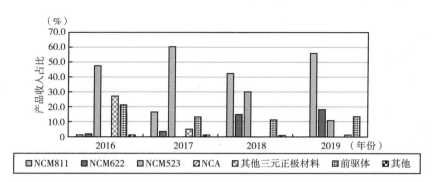

图5-1　A公司产品结构

自2017年率先实现NCM811量产之后，A公司产品重心由NCM523开始向NCM811转移，2019年NCM811收入占比达到56.2%，这为抢占市场份额提供了极大的推力，使得A公司在三元正极材料市场份额达到国内第一。

三元正极材料经过进一步加工成为锂电池，最终应用在新能源汽车、电子产品等与人息息相关的产品上，锂电池的安全性能、三元正极材料的质量就尤为重要，加之三元正极材料的技术壁垒很高，因此，拥有多项核心技术和流程工艺的A公司与其他同行业公司相比，具有难以被人模仿的、更持久的竞争优势，以及优先实现量产的规模优势，如图5-2所示。

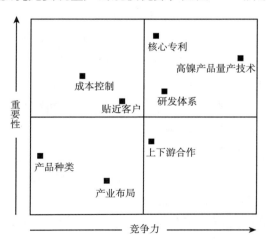

图5-2　A公司与同行业可比公司的竞争优势

（四）A公司的市场地位

图5-3展示的是A公司2016~2019年的三元正极材料的可比出货量。A公司近年来三元正极材料的产量每年都有较大幅度的上升，2018年国内市场份额占比第二，2019年上升至第一。排名虽有所上升，但国内和全球市场份额上基本维持在10%和6%左右，并没有很大的变化，由此可见市场竞争的激烈程度。

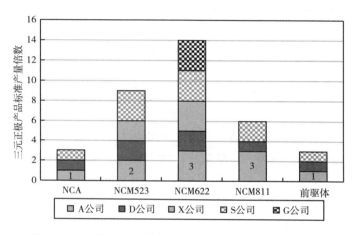

图5-3 A公司与可比公司产量三元正极产品产量对比

虽然将A公司放在整个三元正极材料市场上来看，显得不那么出众，但聚焦到高镍市场上就可以说是一枝独秀了。2016~2019年，中国三元正极材料产量由5.43万吨上升至19.2万吨，以5系及以下的中低镍三元正极材料为主，但占比逐年下降，与之相反的是高镍8系材料占比上升。2018年我国NCM811正极材料的市场销量约为8 000吨，A公司当年NCM811的产品销量为5 926吨，据此测算，在高镍8系正极材料市场上公司的份额达到了惊人的74%，如图5-3所示。

从市场竞争格局角度来看，国内三元正极材料市场尚未形成绝对优势的龙头企业，头部大型厂商之间的份额差距较小，大多在10%左右，竞争格局相对分散。但目前三元材料正在向中镍高压、高镍的方向演进，这对A公司来说是一个利好消息。

二、A 公司的商业模式

（一）运行环境

公司不是与世隔绝活在真空中的个体，而是存在于社会经济和自然环境中，既是环境的一部分，也被环境塑造着，会为了适应环境的变化而进行改变。按照 CGMA 的商业模式工具，本案例从市场、社会、技术、风险和机会四个方面对 A 公司所处的环境展开分析。

1. 市场。市场是公司与客户、供应商、合作伙伴和竞争对手互动的空间，在市场内部，不同的参与者之间围绕着合作、协调和竞争进行相互关联的互动。运用波特的五力模型对 A 公司产业环境进行分析发现，高进入壁垒的三元正极材料市场给潜在进入者设置了结构性障碍。因此，比来自外部的潜在进入者更值得关注的或许是在同一产业链中的其他公司，例如，格林美公司，在为 A 公司提供钴原料的同时，也在 NCM622 市场上与 A 公司争夺份额。对 A 公司而言，合作还是竞争并没有那么明确的分界线。

2. 社会。社会层面是指由各级政府、监管机构、地方社区和公民社会组织组成的复杂系统，各方的意志反映在法律政策、道德文化中。在全球化的时代里，社会跨越了国界，公司在进行商业活动时，不仅需要考虑本地情况，也需要关注全球局势和主流思想对其商业模式运行环境的影响。

3. 技术。锂电池三元正极材料因量产技术还刚刚起步，在电池工艺、配套技术、应用特性、安全策略等方面仍需要长时间的经验积累。随着电池及锂电材料公司产能相继释放，公司间竞争将加剧，公司唯有不断加强技术创新，把握核心技术，提升自身产品品质才能谋求更大发展。目前 A 公司共取得了 60 项技术专利，在三元正极材料及前驱体的一体化制造流程与工艺技术上，已探索、形成并掌握了具有自主知识产权的核心技术。

4. 机会与风险。从细分市场分析可以发现，相比产能过剩的低镍三元正极材料市场，高镍三元正极材料市场仍是一片蓝海，在生产公司少、产能紧张、新能源车企尚未大规模应用的情况下，A 公司具有实现 NCM811 量产的先行优势。

机会之外也蕴藏着风险。政策的变动、市场需求的转变、技术的更迭等问题都或大或小地对 A 公司的持续经营产生着影响。

（二）以价值为导向的商业模式

1. 定义价值。任何公司均需要清楚为谁创造价值，明白利益相关者的需求。利益相关者包括客户、股东、员工、供应商以及其他能对 A 公司带来正向或负向影响的主体，一般来说，客户被给予最高的优先级。A 公司生产的三元正极材料主要应用于新能源汽车动力电池、储能设备和电子产品等领域，为客户生产出高能量密度、长寿命、高安全、低成本的材料，对动力锂电、电动汽车的规模化商用至关重要。

2. 创造价值。创造价值是将初始的资源通过一系列的流程活动最终输出为满足客户需求的产品，在这过程中涉及了合作、资源、流程、产品。

（1）寻求合作以获得资源、市场和技术。A 公司与其供应商建立了长期合作的关系，保证原材料的稳定供应，通过和下游客户的交互，持续地进行技术交流以优化产品。

（2）A 公司通过和供应商的合作来获取生产资源，但由于金属资源的垄断性和较高的对外进口依存度，能否长期获取关键资源还未可知。

（3）公司需要设计、开发和部署流程，建设将资源转化为商品和服务的基础设施，体现在财务报表的固定资产等科目中。A 公司近年来不断加大对固定资产的投入，提高了三元正极材料和前驱体的产能，如图 5 - 4 和图 5 - 5 所示。

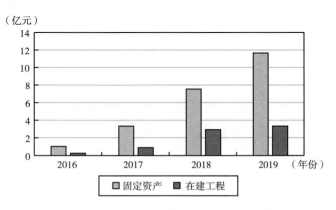

图 5 - 4　A 公司固定资产、在建工程规模

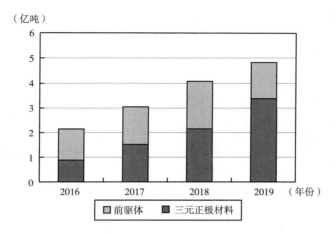

（亿吨）

图5-5 A公司主要产品年产量

（4）资源通过活动和处理转换为输出。输出的形式是产品、服务和体验，旨在满足客户的需求。2016～2019年，A公司正逐步提高具有更好能量密度优势的高镍产品的产能，为客户提供更低成本、更高续航能力、性能更稳定的产品。

3. 传递价值。公司通过沟通、分销和销售渠道向不同细分市场的客户传递价值。A公司的下游客户较为集中，多为锂电池厂商，公司与其建立了良好的合作关系，并通过持续的技术优化和产品迭代稳定与深化客户合作。销售模式上主要采取直销模式，不经过中间商直接将产品销售给客户，减少流通环节，降低了成本。

4. 获取价值。当传递价值所获得的收入超过创造价值的成本时，就可以获得价值。A公司将上游原材料转换为产品的过程中创造价值，成本由材料成本和其他制造成本构成，其中材料成本参照原材料的公开市场价格计算。

A公司将产品销售给锂电池厂商时传递价值并取得收入，采用成本加成的方法给产品定价，最终报价以成本为基础，还受市场供求状况、预期利润、客户议价情况等因素的影响。

以上分析表明，A公司围绕价值开展商业活动，以客户的需求——生产高能量密度、长寿命、高安全、低成本材料为导向，利用生产设备将从供应商处获得的原材料转化成产品，通过销售渠道销往不同市场，最终获取价值，图5-6、图5-7分别刻画了其产业链和商业模式。

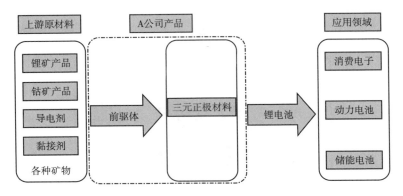

图 5 – 6　A公司产业链

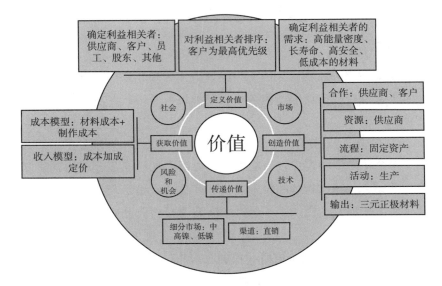

图 5 – 7　A公司商业模式

（三）商业伦理

企业组织是一个利益相关者组成的契约网，其进行经营活动在本质上始终都存在着伦理问题。通过对 A 公司战略和商业模式的分析可以看出，该公司更倾向于做一个"道德人"，针对不同利益相关者确定不同的价值主张，实现利己与利他的统一，如表 5 – 1 所示。

表 5-1　　　　　　　　　　　　A 公司的商业伦理

利益相关者类型	价值主张	利他	利己
客户	满足客户需求	提供满足客户需求的高质量三元正极材料	获取收入、提高技术、促进合作、提高商业信用
供应商	合作共赢	获得客户、收入	获取资源、促进合作、提高商业信用
员工	为员工创造美好未来	获得岗位、薪资、提升技能的场所	获得技术、工艺、提高生产率
社会	改善人类生存环境、回报社会	提供就业、改善环境	获得声誉、提高商业信用
政府	发展新能源产业	遵守规则	降低运营成本

三、A 公司的主要风险研判

（一）风险定性识别

根据价值链的两大活动，运用流程图分析法对 A 公司面临的风险进行定性识别。结果如图 5-8 所示，A 公司所面临的风险主要来自基础建设、人力资源、技术研发、采购管理、内部后勤、生产管理、外部后勤、市场营销及服务九部分。

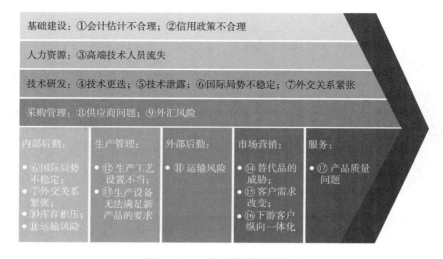

图 5-8　A 公司风险定性识别

（二）经营风险

1. 经营战略风险。

（1）完全专一化战略，弱化环境适应能力。2016～2019年A公司三元正极材料销售占总收入比总体呈上升趋势，2019年高达86.4%，说明A公司始终贯彻实行专一化战略。虽然同行业公司的正极材料占总收入比也较高，但仍有剩余产能生产其他正极材料，而A公司三元正极材料占据了全部产能，高度集中化布局能在一定程度上促成稳定合作、形成成本优势，但对特殊市场过度依赖也会降低公司对环境变化的适应能力。目前国内动力电池体系以锂电池为主，但随着新材料的开发应用与产品结构的设计改进，动力电池的主流技术路线存在持续变化的可能，如果下游客户大批量切换至磷酸铁锂技术路线，三元正极材料的市场需求必定受到影响，如表5-2和图5-9所示。

表5-2　　　　　　　　A公司年营业收入产品分布　　　　　　　单位:%

业务类别	2016 年	2017 年	2018 年	2019 年
三元正极	78.00	85.60	87.90	86.40
前驱体	21.10	13.40	11.40	13.40

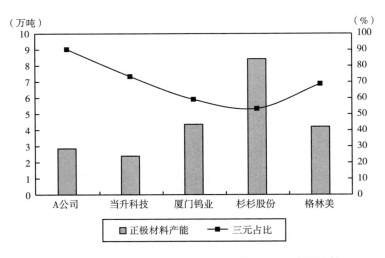

图5-9　2019年A公司与国内主要同行业公司产能比较

（2）低盈利区不断扩张，占据非良性市场份额。2018年A公司在三元材料市场占有10.23%份额，位居国内第二，但其三元正极材料销售毛利率仅15.52%，在同行业中处于较低水平，说明A公司是通过攻击性低的价格而非低成本征服市场，属于非良性市场份额。

2018年市场份额划分中与A公司的市场占有率之比大于0.5的公司有6家，三元材料行业集中度相对分散，如图5-10所示。就目前的市场划分看，A公司并不具有脱颖而出的优势地位，同时锂电池三元正极材料作为动力电池的关键原材料，又在不断吸引新进入者参与，来自竞争对手的威胁随时存在。

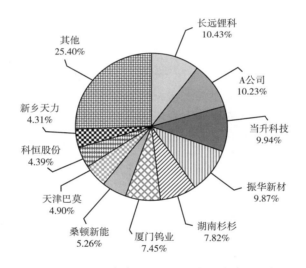

图 5 - 10　2018 年各公司三元材料所占市场份额

2. 技术研发风险。

（1）新技术新产品开发风险。2016～2019年A公司的研发投入持续增加，2019年达24744万元，投入占当期营业收入比重3.90%，绝对数值和相对数值都处于行业领先水平，如表5-3所示。新能源材料研发是一项周期较长但回收并不确定的投资活动，研发投入能否顺利产出研究成果实现商业化用途，充满未知。

表 5 - 3   A 公司与同行业可比公司核心业务研发投入情况

公司名称	项目	2016 年	2017 年	2018 年	2019 年
A 公司	核心技术研发费用（万元）	4 770	11 546	17 985	24 744
	占核心业务收入比（%）	3.60	4.10	3.90	3.90
当升科技	核心技术研发费用（万元）	9 827	13 891	20 253	14 172
	占核心业务收入比（%）	5.50	4.80	4.30	4.30
厦门钨业	核心技术研发费用（万元）	40 196	29 457	48 856	51 651
	占核心业务收入比（%）	3.70	4.80	4.50	4.80
杉杉股份	核心技术研发费用（万元）	20 509	20 846	21 650	18 245
	占核心业务收入比（%）	5.50	3.30	3.10	3.30
格林美	核心技术研发费用（万元）	7 636	22 920	36 245	43 462
	占核心业务收入比（%）	2.40	2.80	3.00	3.20

作为新兴行业，动力电池及正极材料的技术更新速度普遍较快，这就要求材料公司必须始终与市场需求及行业领先技术持恒。A 公司目前的研发朝向高镍三元正极及前驱体一体化的制造和工艺流程，但新能源汽车动力电池在实际应用中存在多种技术路线，如果未来动力电池或正极材料的核心技术有突破性进展，而 A 公司不能及时掌握，其市场地位和核心竞争力将受到威胁。

（2）国际局势影响核心研发团队安全性。为实现公司发展美好愿景，成为具有一流创新能力以及高度商业文明的新能源材料公司，当前 A 公司正积极设立先进生产基地，围绕正极材料回收再利用布局循环产业链。与此同时，也致力于与国内外各大主流锂电池厂商建立良好的合作关系，并通过持续的技术优化和产品迭代稳定与深化客户合作。动力电池循环利用及技术优化行业交流是公司战略部署的重要板块，而 A 公司这两项部署都依赖于韩国研发团队。虽然中韩两国在各领域有着密切的交流与合作，但从"萨德"及韩国文化觉醒运动来看，中韩关系实际并不稳定。因此，A 公司不仅面临着核心技术泄密及技术人员流失的风险，还面临着国际局势不稳定对其核心技术的威胁，如图 5 - 11 所示。

国内研发团队	国外研发团队
• 分布：北京、浙江、湖北、贵州	• 分布：韩国
• 定位：基础研发、产品开发、工艺优化	• 定位：前驱体、资源再生方向、与国际锂电池厂商等行业公司的技术交流合作。
• 专利：29项境内发明专利、19项境内实用新型专利	• 专利：11项韩国专利

图 5 – 11　A 公司研发团队及创新绩效

3. 供应链风险。

（1）供应商集中度高，上游谈判地位弱势。A 公司 2016～2019 年前五大供应商采购金额占总收入比重一直较高，2019 年该比重达 60.4%，其中第一大供应商采购金额占总成本 31.7%。供应商集中度过高，且均为行业知名大企，因此，A 公司在与供应商的谈判中处于弱势地位，如图 5 – 12所示。

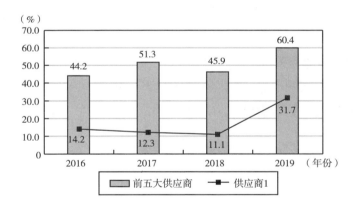

图 5 – 12　A 公司前五大供应商采购占总成本比重

（2）原材料依赖进口，外汇风险提升。三元正极的主要原材料镍、钴、锰等金属盐化物在国内或匮乏或禀赋不高，因此 A 公司原材料只能大量依赖进口，其中锂的海外供给主要来自在智利、美国，镍主要由澳大利亚 BHP供应，意味着 A 公司面临外汇风险的同时也面临着严峻国际形势的风险。

（3）前驱体外购比例上升，挤压公司利润空间。2016～2019 年 A 公司三元正极材料产量和前驱体产量都呈现持续稳定增长态势，但三元正极材料产量的增长明显高于前驱体产量的增长，2019 年两者增长差达 84%，系 A

公司三元正极材料生产的设备及工艺技术实现有效提升，但前驱体的配套产线升级有所滞后，前驱体产量不足以供应三元材料生产所需，外购比例持续上升，市场风险相应增加同时公司毛利受到挤压，如图5－13所示。

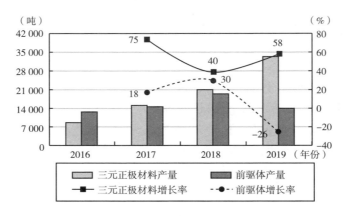

图5－13　2016～2019年A公司各产品产量

（4）客户集中度高，下游话语权弱化。A公司2016～2019年前五大客户销售收入占总收入比重一直保持较高水平，2019年该比重达80.86%，其中第一大客户销售额占总销售收入比重达49.14%。客户集中度过高，将降低其议价能力和货款回收速度，进而影响到公司销售毛利和资金流动性，如图5－14所示。

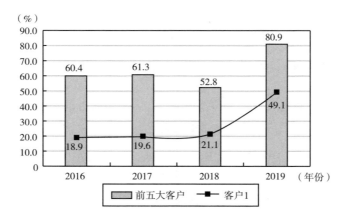

图5－14　A公司前五大客户销售收入占总收入比重

（5）下游垂直化发展，抢占原有市场份额。2019 年，动力电池巨头宁德时代开始进军上游材料端，投建正极材料项目，随后 LG、松下、比亚迪等公司也纷纷开始材料研发，下游公司垂直发展对 A 公司原有市场份额造成威胁。

（6）成本加成定价，材料采购不确定性增加。A 公司及其所在行业公司与下游客户普遍实行成本加成产品定价方式，采购订单与销售订单背靠背签订，一定程度上能将材料价格波动的风险转移至下游公司，但材料采购的需求量和时间要求的不确定性相应增加，尤其近年来，突发事件频繁发生，来自环境和市场的风险显著上升。

4. 产品生产及质量风险。

（1）下游客户要求较高，产品质量风险增加。在电池的四大主要材料中，正极材料占成本 40%，而且直接决定着电芯的能量密度，因此，下游客户对正极材料的质量有着极高的要求。虽然，A 公司根据产品性能要求和相关工艺已经设立关键控制点，但一旦出现重大产品质量问题，都将直接影响到产品的市场销售与长期合作。

（2）以销定产，但存货居多。A 公司采取以销定产的生产模式，以客户订单及中长期需求预计为导向，制定并实施生产计划。但从期末存货占资产比重来看，A 公司 2016 ~ 2019 年期末存货依然较多，说明以销定产的生产方式并未做到"知行合一"或者存在通过盈余管理将制造费用转移至存货成本的可能，如表 5 - 4 所示。

表 5 - 4　　　　　　A 公司及同行业公司存货占资产比　　　　单位：%

公司名称	2016 年	2017 年	2018 年	2019 年
A 公司	14.46	17.23	10.83	10.09
当升科技	11.22	9.55	6.41	4.70
杉杉股份	8.28	10.57	9.92	5.15
格林美	18.34	20.56	20.15	21.36
厦门钨业	23.03	27.51	28.00	20.50

5. 政策风险。补贴政策调整，市场需求增长放缓。随着产业链日趋成熟，国内新能源汽车正在从政府导向下的示范运行，向产业化、市场化方向转变，如图 5 - 15 所示。新能源汽车补贴政策退坡，消费者购买意愿受到影

响，国内新能源汽车销量同比下降4%，电池及材料的市场需求也将同步放缓；为了在成本与原价间维持相对平衡，车企将成本压力传导至上游电池、材料行业。除此，从技术线路来看，补贴红利消退导致利润空间压缩，车企是继续选择性能稳定的单晶高镍产品体系的锂电池，还是转向高性价比磷酸铁锂电池，如果下游需求发生转向，必然带动正极材料产品及技术的更新迭代。

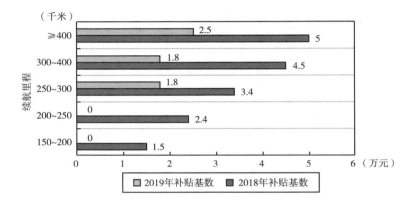

图 5-15　2018~2019 年纯电动车补贴标准对比

6. 经营风险综合度量。2017 年和 2018 年 A 公司经营杠杆高于行业均值和中值，经营风险高于行业公司；2019 年经营杠杆系数为负，其边际贡献小于固定成本，公司处于亏损状态，其风险在于公司的开发费用、广告费用、市场营销费等酌量性固定成本，如图 5-16 所示。

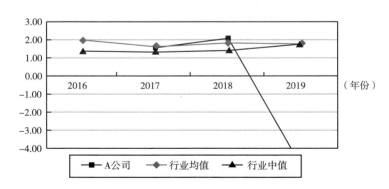

图 5-16　A 公司及同行业 DOL 变化情况

（三）财务风险

1. 应收账款管理风险。

（1）资金短缺风险。A 公司上游主要为行业知名大型公司，给予下游公司的信用额度相对较低，而下游新能源汽车及动力电池公司受行业回款影响，付款周期较长。A 公司处于行业中游，应收账款周转天数长期高于应付账款周转天数，易出现资金短缺风险。2016～2019 年 A 公司应收账款及应收票据余额一直较大，2019 年达 15.38 亿元，2016～2019 年 A 公司应收款项占营业收入比重始终高于行业水平，如图 5-17、图 5-18 所示。

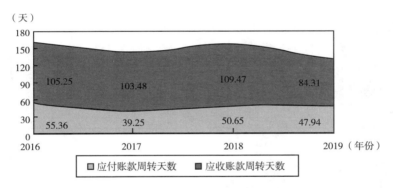

图 5-17　A 公司应收账款及应付账款周转天数

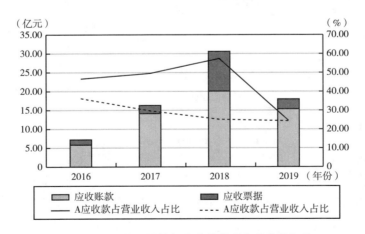

图 5-18　A 公司及其行业应收款项占营业收入比

（2）坏账风险。长账龄坏账准备计提宽松，低估坏账风险。A 公司两年内应收账款坏账准备的计提比例为 5% 和 10%，与同行业公司相同，而 2～3 年及 3～4 年的计提比例分别为 30% 和 50%，低于同行业部分公司。但从 A 公司回款情况来看，公司客户普遍存在超过信用期付款的情况，坏账风险不容忽视。

先发生先收回确认账龄，坏账准备计提不足。一般情况下，A 公司收回的应收款项首先用于清偿早期的欠款，再用于清偿随后的欠款。先发生先收回的账龄统计原则拉低公司实际应收款项账龄，降低坏账准备计提额。2017～2019 年坏账核销金额逐年上升，未来坏账风险也将持续增加。

2. 偿债风险。资产流动性不足，偿债风险增加。仅从资产负债率和流动比率来看，A 公司财务状况似乎表现良好，但其现金比率一直较低，系应收款项较多，资产变现能力拉低，而现金类资产并不足以偿付流动负债。2016～2018 年 A 公司经营现金流量债务比和现金流量比率均为负值，说明其并不能通过经营获取足够现金来偿还债务和兑现承诺，如图 5－19 所示。

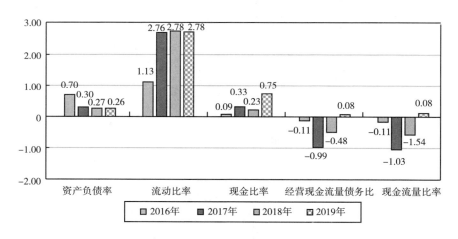

图 5－19　A 公司 2016～2019 年财务状况

3. 财务风险综合度量。为了对财务风险进行综合判断，我们参照奥特曼（Altman）提出的 Z-score 模型，将 A 公司所在行业（A 股及科创板共计 429 家公司）的相关财务变量，通过因子分析和判别分析得出判别函数：

$$Z\text{-score} = 2.36x_1 + 1.318x_2 + 0.756x_3 + 0.535x_4 + 0.147x_5$$

其中，$x_1 =$（流动资产－流动负债）/总资产；$x_2 =$ 留存收益/总资产；$x_3 =$ 息税前利润/总资产；$x_4 =$ 所有者权益/总负债账面价值；$x_5 =$ 收入/总资产。

从 Z-score 模型测算结果看，2016 年 A 公司 Z 值低于 1.81，说明其财务风险很高，2017～2019 年处于 1.81～2.99 区间，说明公司运转正常但财务质量不高，如表 5－5 所示。从各单项指标来看：A 公司短期偿债能力有所上升，债权人投入的资本受股东资本的保障程度也逐年走高，但 x_3 指标和 x_5 指标呈现震荡下滑趋势，说明公司产生销售额的能力有所下降，资产利用效果并不理想，如图 5－20 所示。

表 5－5　　　　　　　　　　A 公司 Z 值区间

变量	2016 年	2017 年	2018 年	2019 年
x_1	0.087	0.498	0.417	0.428
x_2	0.013	0.017	0.058	0.057
x_3	0.024	0.027	0.059	0.019
x_4	0.430	2.384	2.767	2.819
x_5	1.110	0.859	0.713	0.716
Z	0.63	2.62	2.69	2.71

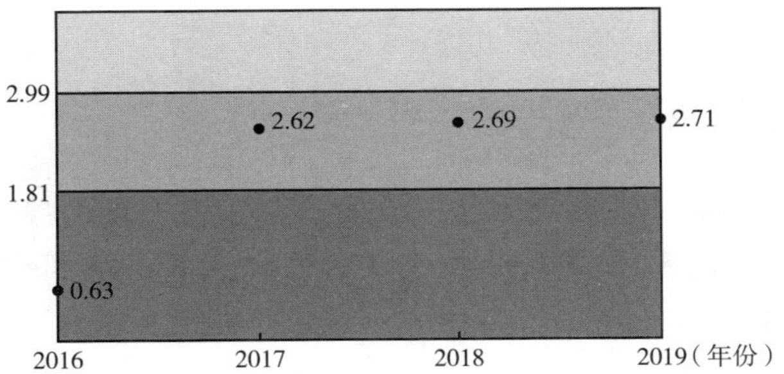

图 5－20　2016～2019 年 A 公司 Z 值

（四）风险综合评价

根据图 5－8 公司风险定性识别，通过具体分析，我们从影响程度和发生概率两个维度对识别出的风险进行评估，得到图 5－21 所示的风险热图，其中关键风险来自技术更迭、技术泄露及技术人员流失；重要风险来自客户需求改变、下游客户纵向一体化；主要风险来自外交关系紧张、供应商问题、替代品威胁；中等风险来自信用政策不合理、国际局势不稳定、库存积压、生产工艺设置不当、生产设备无法满足新产品需求；较小风险来自会计估计不合理、外汇风险、运输风险。总体来看，A 公司所面临的风险以中等和较小为主，关键风险不多，但风险种类较多，涉及面较广。

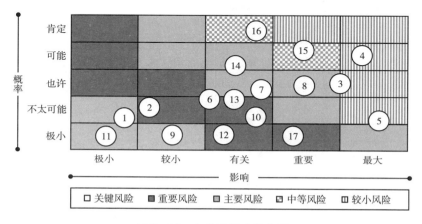

图 5-21　A 公司风险热力图

注：图中序号对应图 5-8。

四、A 公司盈余质量的多角度解读

盈余质量影响公司的可持续经营能力，也是公司价值评估的重要因素之一。A 公司在上市前三年的财务报表看似很完美，净利润增长率达到 389.86%、674.70%，但是上市后股价"腰折"的现象不禁让人疑惑 A 公司盈余质量的高低。本案例将从多变量财务指标和盈余管理两个方面分析 A 公司的盈余质量，探究其盈余有几分"货真价实"。

（一）盈余质量的多变量评价

基于全面性的原则，本案例构建了五维度盈余质量评价体系，如表 5-6 所示。

表 5 - 6　　　　　　　　　　盈余质量指标评价体系

评价指标	指标名称	计算公式
现金保障性	营业收现率	营业活动流入的现金/主营业务收入
	盈余现金保障倍数	经营活动产生的现金净流量/净利润
	应收账款应收票据占营收比	应收账款应收票据之和/主营业务收入
持续性	非经常性损益比率	非经常性损益/净利润
	营业利润贡献率	营业利润/利润总额
成长性	净利润增长率	净利润增长额/上年净利润
	主营业务收入增长率	主营业务收入增长额/上年主营业务收入
安全性	资产负债率	负债总额/资产总额
	流动比率	流动资产/流动负债
技术创新	技术创新投入占比	技术创新研发投入/营业收入
	技术创新产出效率	营业利润/技术创新研发支出

　　1. 现金保障性。运用营业收现率、盈余现金保障倍数、应收账款应收票据占营收比三个指标来说明现金保障性。营业收现率反映公司在一个会计年度内营业收入能带来多少现金流入的效率。当公司的信用政策合理，能按时按量实现应收账款带来的现金流，则比值会超过 1，A 公司盈余质量收现性虽有提升但仍有较大的提高空间，如表 5 - 7 所示。

表 5 - 7　　　　　　　　A 公司现金保障性指标变化情况　　　　　　　单位:%

指标	年份	A 公司	当升科技	厦门钨业	杉杉股份	格林美
营业收现率	2016	-7.10	-5.36	14.14	-10.56	1.48
	2017	-33.94	6.49	-6.56	-4.61	2.17
	2018	-17.85	8.72	1.90	6.10	7.10
	2019	2.80	15.21	10.95	10.21	5.14
盈余现金保障倍数	2016	-1 130.94	-71.98	403.20	-145.23	38.69
	2017	-2 341.49	55.96	-99.61	-37.77	35.76
	2018	-257.29	90.48	46.33	43.32	126.50
	2019	135.92	-166.19	339.90	236.30	98.35
应收账款应收票据占营收比	2016	46.61	58.91	19.14	46.05	30.48
	2017	49.53	42.44	19.38	39.36	27.09
	2018	57.42	33.96	16.29	39.28	17.29
	2019	24.47	25.03	11.96	34.74	18.10

主营业务收入和应收账款的同步增长或降低都应在一定的比例范围内，这也是体现二者之间的稳定和对应关系，可 A 公司 2018 年应收款项占主营业务收入比重明显高于同行业，A 公司盈余现金保障倍数为负，这说明公司并没有那么多现金流入，高额净利润并未给公司带来实际资产。A 公司应收账款的增加，使流动比率和速动比率提升，从盈余状况来看，如果流动比率与前期相比有明显上升，而上升的主要原因是应收账款的增加幅度超过利润增加幅度，则说明公司的应收账款不能及时收回，或者比例太大，导致盈余质量下降。

2. 盈余持续性。盈余持续性主要从非经常性损益比率、营业利润贡献率两个指标来考察。营业利润贡献率反映公司的盈利结构。主营业务质量的高低是公司获利能力的主要标志，并在很大程度上决定了上市公司的盈利能力和市场竞争力。目前来看 A 公司盈余持续性与同行业公司都呈较好趋势。非经常性损益比率数值越高，说明公司盈余中可持续部分所占比率越低，盈余质量越低。A 公司 2016 年、2017 年该指标为负，2018 年、2019 年与行业持平，而这与政府补助的明显提升有关，可见 A 公司盈余持续性有待提高，如表 5 - 8 所示。

表 5 - 8　　　　　　　　　A 公司盈余持续性变动情况　　　　　　　　单位:%

公司	非经常性损益比率				营业利润贡献率			
	2016 年	2017 年	2018 年	2019 年	2016 年	2017 年	2018 年	2019 年
A 公司	- 82.01	- 222.20	4.83	35.84	86.71	116.66	99.90	102.11
当升科技	5.56	41.70	3.74	- 29.61	87.11	99.45	100.24	101.31
厦门钨业	29.29	11.41	23.79	27.78	80.36	101.44	100.51	102.53
杉杉股份	18.53	45.04	65.10	29.00	93.02	99.24	100.18	105.50
格林美	28.30	0.84	9.39	3.92	91.64	99.76	100.05	99.09

3. 盈余成长性。用净利润增长率、主营业务收入增长率来说明盈余成长性。A 公司主营业务增长率一直下降，毛利率低于行业平均，净利润增长率波动较大，即使 2018 年明显高于同行业公司，其盈余质量成长性还尚待观察，如表 5 - 9 所示。

表5-9　　　　　　　A公司盈余成长性指标变动情况　　　　　　单位:%

公司	净利润增长率				主营业务收入增长率			
	2016年	2017年	2018年	2019年	2016年	2017年	2018年	2019年
A公司	—	389.81	674.69	-59.04	—	112.24	61.88	37.76
当升科技	—	151.97	26.38	-166.12	—	61.70	52.03	-30.37
厦门钨业	—	212.27	-14.16	-30.11	—	66.37	37.84	-11.05
杉杉股份	—	153.77	23.54	-69.93	—	51.07	7.05	-1.96
格林美	—	117.76	19.35	-3.75	—	37.22	29.07	3.43

4. 盈余安全性。对盈余安全保障从资产负债率和流动比率来考察。表5-10说明，A公司的资产负债率、流动比率在同业比较中基本处于平均水平，保障程度一般。

表5-10　　　　　　　A公司盈余安全性保障情况　　　　　　单位:%

公司	资产负债率				流动比率			
	2016年	2017年	2018年	2019年	2016年	2017年	2018年	2019年
A公司	69.90	29.60	26.60	26.18	112.61	275.78	277.70	277.89
当升科技	38.00	41.85	24.94	25.40	180.84	163.95	354.02	323.62
厦门钨业	47.63	53.59	59.29	58.35	143.98	118.80	109.26	99.56
杉杉股份	40.74	49.58	46.60	45.55	178.87	134.40	115.86	114.75
格林美	62.24	64.51	59.04	58.76	120.48	114.99	121.38	113.20

5. 技术创新水平。技术创新的投入和产出等要素，很大程度上决定了公司盈余质量稳定性，高质量的技术研发产出效率，有益于提高产品市场竞争力。A公司对这一方面比较重视，与同行业相差不大，这符合其高质量发展战略，也反映出行业竞争较为激烈，如表5-11所示。从另一方面看，A公司因研发费用加计扣除得到的税收收益占净利润比例较高，这给盈余质量带来消极影响。

表5-11　　　　　　　A公司技术创新投入情况　　　　　　单位:%

公司	技术创新投入占比				技术创新产出效率			
	2016年	2017年	2018年	2019年	2016年	2017年	2018年	2019年
A公司	3.59	4.10	3.94	3.94	26.27	62.15	195.60	59.83
当升科技	5.53	4.80	4.35	4.34	128.16	283.39	258.28	-203.17

公司	技术创新投入占比				技术创新产出效率			
	2016 年	2017 年	2018 年	2019 年	2016 年	2017 年	2018 年	2019 年
厦门钨业	3.74	4.81	4.59	4.80	106.95	177.16	110.60	67.91
杉杉股份	0.34	0.44	4.23	4.75	2 396.57	3 387.21	409.98	90.46
格林美	2.45	2.76	3.03	3.23	169.81	267.46	215.54	185.27

综合起来，A 公司盈余质量的现金保障性、持续性、成长性表现不佳，安全性及技术创新与行业持平。

（二）盈余管理视角的盈余质量估计

盈余管理程度是度量公司盈余质量的一个重要逆向指标，根据是否直接影响经营活动现金流量，将盈余管理划分两类：应计盈余管理（Accrual Earnings Management，AEM）和真实盈余管理（Real Earnings Management，REM）。盈余管理程度过高会损害盈余质量，因此本案例从应计盈余和真实盈余角度对 A 公司财务质量做更深层的分析。

1. 应计盈余管理程度。应计盈余管理是指通过变更会计政策和估计、改变成本或收入的确认时间来操纵当期报表收益的行为。具体方式是操纵应计收入和费用，没有改变公司的总盈余，也不会影响公司实际的经营现金流量。A 公司的应计盈余管理采用修正的琼斯模型进行度量，有关变量的度量说明如表 5 – 12 所示。修正的琼斯模型即：

$$TA_t/A_{t-1} = \beta_0/A_{t-1} + \beta_1(\Delta REV_t - \Delta REC_t)/A_{t-1} + \beta_2 PPE_t/A_{t-1} + \varepsilon_t$$

表 5 – 12 　　　　　　　　　　盈余估计变量说明

变量	含义
TA_t	公司第 t 年总体应计利润，为净利润（NI）– 经营现金流量净额（CFO）
A_t	公司第 t 年资产总额
ΔREV_t	公司第 t 年销售额变动，为第 t 年主营业务收入 – 第 $t-1$ 年主营业务收入
ΔREC_t	公司第 t 年应收账款变动额
PPE_t	公司第 t 年年末固定资产价值
ε_t	随机误差项

在以上模型中利用最小二乘法得到回归参数 β_0、β_1、β_2，代入以下方程计算非操纵性利润应计利润 NDA：

$$NDA_\lambda / A_{\lambda-1} = \beta_0 / A_{\lambda-1} + \beta_1(\Delta REV_\lambda + \Delta REC_\lambda)/A_{\lambda-1} + \beta_2 PPE_\lambda / A_{\lambda-1} + \varepsilon_\lambda$$

其中，NDA_λ 为公司第 λ 年非操作性应计利润。

操纵性应计利润 DA 的计算公式为：

$$DA/A_{t-1} = TA_t / A_{t-1} - NDA_\lambda / A_{t-1}$$

操纵性应计利润 DA 数值越大，则表明公司进行的向上操纵越多。如表 5－13 所示，A 公司在上市前的 2017 年、2018 年 DA 值显著高于行业水平，说明公司对应计利润进行了操纵。同时，其上市当年 DA 值明显低于上市前两年的 DA 值，说明应计发生了转回，进一步验证了 A 公司 IPO 前进行了应计盈余管理。

表 5－13　　　　　　　A 公司 DA 及行业均值比较情况

年份	A 公司 DA	DA 行业均值	标准差
2017	0.8022	0.0105	0.1518
2018	0.3384	0.0093	0.0752
2019	－ 0.0110	－ 0.0017	0.0681

2. 真实盈余管理程度。真实盈余管理是公司管理层通过人为改变公司真实的经营活动来润色公司对外公布的业绩，这种方式直接影响公司的实际现金流量，并且这种方式很难被发现。所以对于真实盈余管理，本案例仿照罗伊乔杜里（Roychowdhury）的模型，使用异常经营活动现金流和异常可操控性费用进行计量。即：

$$CFO_t / A_{i,t-1} = \alpha_0 + \alpha_1(1/A_{t-1}) + \beta_1(REV_t/A_{t-1}) + \beta_2(\Delta REV_t/A_{t-1}) + \varepsilon_t$$
$$DISEXP_t / A_{t-1} = \alpha_0 + \alpha_1(1/A_{t-1}) + \beta(\Delta REV_{t-1}/A_{t-1}) + \varepsilon$$

其中，CFO_t 为公司第 t 年经营活动现金流量净额；$DISEXP_t$ 为公司第 t 年可操控性费用。

真实盈余管理（REM）＝ － 异常经营活动现金流 － 异常可操控性费用

从表 5－14、表 5－15、表 5－16 可以看出，A 公司异常经营活动现金流低于行业均值，且为负数，这说明 A 公司在上市前及上市当年采取了宽松的信用政策，使得销售收入提前确认。A 公司应收账款增长率逐渐远低于营业收入增长率也证实了 A 公司营业收入的水平。A 公司异常酌量性支出为负数，但营业收入却连年增长，说明 A 公司为了增加利润，将销售费用、管理费用延迟确认。A 公司真实盈余管理绝对值均高于行业均值，其盈余管理程度比较高。

表 5 – 14　　　　　　　　　　　异常经营活动现金流比较

年份	A 公司 R_CFO	行业均值	标准差
2018	− 0. 3502	− 0. 0006	0. 1056
2019	− 0. 0329	0. 0016	0. 1077

表 5 – 15　　　　　　　　　　　异常酌量性支出比较

年份	A 公司 R_DISX	行业均值	标准差
2018	− 0. 0654	0. 0047	0. 0461
2019	− 0. 0524	0. 0024	0. 0379

表 5 – 16　　　　　　　　　　　真实盈余管理绝对值比较

年份	A 公司 REM	行业均值	标准差
2018	0. 4569	0. 0837	0. 0777
2019	0. 1530	0. 0766	0. 0870

　　基于盈余质量综合评价和盈余管理估计，可以看出 A 公司的盈余质量还存在很大改善空间。尽管适当地进行盈余管理对公司在一定时期内实现特定目标有帮助，也不会损害公司的良好发展前景；但盈余管理有一个合适的程度区间，否则会影响公司未来的持续发展问题。

五、审计质量分析

（一）基本审计情况

　　表 5 – 17 对 A 公司 2016 ~ 2018 年以及 2019 年的审计报告进行了归纳。从审计报告中我们得知，A 公司的 IPO 审计以及上市之后的第一年审计都由

天健会计师事务所（以下简称"天健所"）承担，并都出具了标准的无保留意见。但根据以上对 A 公司的分析可以看出，A 公司面临着诸多的风险，在即将上市的紧要关头，进行了过度的盈余管理，对利润进行了操纵，会影响财务报表使用者的决策。然而这一点并未在审计报告中有所提及，那么，这份审计报告的质量值得怀疑。

表 5 – 17　　　　　　　　　　　A 公司审计情况

审计年度	审计机构	审计意见	关键审计事项	审计应对
2016～2018 年	天健会计师事务所	标准无保留意见	收入确认	了解相关内部控制、检查相关资料与披露情况、实质性分析程序、函证、截止性测试
			应收账款减值	了解评估相关内部控制、检查相关资料与披露情况、评估信用政策与计提比例的合理性、函证、监盘、检查期后回款情况
2019 年	天健会计师事务所	标准无保留意见	收入确认	了解相关内部控制、检查相关资料与披露情况、实质性分析程序、函证、截止性测试
			应收账款减值	了解评估相关内部控制、检查相关资料与披露情况、评估信用政策与计提比例的合理性、函证、应收票据监盘、检查期后回款情况
			存货可变现净值	了解相关内部控制、重新计算、检查相关资料与披露情况、存货监盘

（二）审计中的主要问题

由于无法获得天健所对 A 公司编制的详细审计底稿，分析中只能通过其发布的审计报告中的关键审计事项段来判断天健所在 A 公司这一项目上的审计重点。根据报告可知，天健所认为，A 公司的审计重点在于收入确认、应收账款减值以及存货可变现净值，进一步归纳可分为收入确认与资产减值两大类，对应的审计程序则是常见的内部控制测试、分析性程序与检查程序。无论是审计重点，还是审计应对，都与传统的 A + H 股审计相差无几。

但 A 公司作为科创板企业，因为注册制的特殊性而应与核准制下的 IPO

审计有所区别。确定关键审计事项和审计程序时也应考虑到 A 公司所在行业的特殊性和高科技属性。此外，A 公司为了上市存在明显的盈余管理动机，可能会采取一些盈余管理手段以达到调节收入、利润的目的，这种情况下注册会计师理应保持职业怀疑，运用职业判断，对此开展审计工作，并反映在审计报告中以提醒投资者注意。然而，以上三个方面皆未在天健所为 A 公司出具的审计报告中体现出来，注册会计师有没有考虑到这些方面而进行审计活动似乎不可知，但这样一份"放之四海皆准"的审计报告对于 A 公司的投资者而言是否真的有价值呢？

（三）针对 A 公司的审计重点

注册制下发行监管机构着重关注于发行方的信息披露，不再对发行方投资价值进行判断并给出结论，投资者很大程度上是根据第三方机构出具的报告来判断拟上市的企业是否有发展潜力。因此除了对收入等体现盈利性的科目进行重点审计之外，还应增加与持续经营有关的审计。同时考虑到 A 公司是一个高新技术企业，我们认为还可从以下几个方面开展重点审计。

1. 研发支出。A 公司属于科技型与创新型企业，成立时间尚短，仍处于成长期，研发投入大，会计期间内研发支出金额高，是财务报表的重要组成部分。此外，企业可以根据不同的需求对研发支出进行费用化和资本化的操作，加之研发所涉及的内容高度专业化，因此注册会计师进行审计时应充分考虑专家的意见。

2. 无形资产。A 公司身处新能源材料行业，产品更新换代快，专利技术是企业保持竞争活力的关键所在，因此无形资产的准确性、真实性对判断 A 公司的持续经营能力至关重要。

3. 税务处理。A 公司作为高新技术企业，享有国家给予的如研发费用加计扣除、固定资产投资加速折旧等一系列税收优惠，可以通过这种税收收益影响净利润。因此注册会计师需要对执行的税收规定、涉及的税收税率和税费的计提方式有充分的了解，且对相关财务数据的真实性、准确性、合理性进行审计，例如上文提到的研发费用、无形资产的确认，还有固定资产折旧方法与使用年限的会计估计。

天健所在上市前后都为 A 公司出具了标准的无保留意见，这意味着天健所认为 A 公司披露的财务报表中存在的错报影响不重大，不会对财务报表预期使用者的决策产生不利影响，没有对持续经营能力提出重大疑虑及重大不确定的事项。但是持续经营能力到底几何仅凭确定相关资料的真实、完整、准确是不够的，还需进行深层次的分析才能对持续经营能力有更加合理的评价。

六、A 公司持续经营能力分析

（一）持续经营能力多指标财务评价

基于全面性的原则，本案例构建了持续经营能力多维度指标评价体系，如表 5-18 所示。通过对盈利、营运、偿债、现金流、可持续等指标进行分析表明：A 公司的盈利、可持续能力在 2018 年涨幅明显，2019 年有所减缓；营运能力持续下降；现金流、偿债能力显著提高。

表 5-18　　　　　　　A 公司持续经营能力的财务评价情况

能力维度	指标名称	计算公式	年份	A 公司	行业	
					平均值	中位数
盈利能力	权益净利率（%）	净利润/股东权益×100%	2016	2	4	4
			2017	2	9	9
			2018	7	9	9
			2019	2	2	3
	资产净利率（%）	净利润/总资产×100%	2016	1	2	2
			2017	1	5	5
			2018	5	5	5
			2019	1	1	1
	营业净利率（%）	净利润/营业收入×100%	2016	1	5	4
			2017	1	8	7
			2018	7	8	7
			2019	2	1	3
营运能力	资产周转率（%）	营业收入/总资产×100%	2016	111	61	55
			2017	86	65	75
			2018	71	65	71
			2019	72	57	53

续表

能力维度	指标名称	计算公式	年份	A公司	行业 平均值	行业 中位数
现金流能力	现金回报能力比率（%）	（经营活动现金净流量＋税金）/总资产年平均额×100%	2016	－3	0	－3
			2017	－29	－5	－1
			2018	－12	1	4
			2019	2	5	3
	收益质量比率（%）	经营活动现金净流量/净利润×100%	2016	－11.31	－1.81	－1.09
			2017	－23.42	－4.78	－0.69
			2018	－2.57	0.10	0.45
			2019	1.36	1.29	1.36
	销售质量比率（%）	经营活动现金净流量/营业收入×100%	2016	－7	－1	－5
			2017	－34	－7	－5
			2018	－18	1	6
			2019	3	9	10
偿债能力	现金流量比率（%）	经营活动现金流量净额/流动负债×100%	2016	－11	－2	－10
			2017	－103	－21	－6
			2018	－54	－1	6
			2019	8	15	10
	现金流量利息保障倍数	（经营活动现金流量净额＋利息支出＋所得税费用）/利息支出	2016	1.48	7.77	1.48
			2017	－44.35	－7.12	0.35
			2018	－20.98	15.95	2.80
			2019	14.25	2.75	4.18
持续增长能力	可持续增长率（%）	权益净利率×利润留存率/（1－权益净利率×利润留存率）×100%	2016	2	4	4
			2017	2	8	8
			2018	7	8	8
			2019	1	1	3

（二）持续经营能力战略评价

从研发、供应、生产、现金流、投融资、销售、盈余管理等多维度对 A 公司持续经营能力战略进行评价，如表 5-19 所示。

表 5 - 19　　　　　　　　A 公司持续经营能力多角度战略评价情况

评估维度	观点归纳	主要内容
研发角度	研发投入质量及投入规模	A 公司研发投入水平较高，但来自研发投入费用化形成的研发费用，最后通过损益扣减；而资本化形成开发成本后转为无形资产2018～2019 年变化不显著，研发投入质量与公司持续经营息息相关，有待进一步提高
供应角度	上下游挤压及集中化	A 公司属于中游供应商，上游主要依靠国内外寡头供应商，下游主要依靠大客户，处于上下游双重挤压地位，上下游的集中化增加 A 公司流动资金占用，影响应收账款回收，对 A 公司持续经营能力产生影响
生产角度	产品结构单一及同业竞争	A 公司主要生产 NCM811 产品，不生产其他产品，产品结构过于单一，经营风险较高。另外，A 公司所处行业竞争激烈，S 公司在NCM622、NCM811 都处于赶超地位。另外，G 公司既是 A 公司主要供应商，又是 A 公司主要竞争者。产品结构单一及同业竞争严重影响 A 公司持续经营
现金流及投融资角度	财务风险及盲目扩张	A 公司近三年筹资流入较多，投资流出也较多，偿债压力较大，盲目扩张严重，财务风险较大。A 公司所处行业性质导致其需大量流动资金，而经营活动现金净流量为负，持续经营遭受严重影响
销售角度	渠道单一及库存增加	A 公司销售主要采取直销模式会带来销售渠道单一的风险，将优质客户排除在外。另外，采取以销定产，灵活调整策略，但存货居高不下，增加库存成本，影响 A 公司持续经营能力
盈余管理角度	盈余管理过度	A 公司通过诸如研发费用降低税负等手段进行盈余管理，导致 A公司股价上市一段后回落，给投资者带来公司经营的不稳定性假象，不利于 A 公司持续经营绿色、高质量发展

（三）持续经营能力综合评价

持续经营财务角度定量分析和战略角度定性分析，有其固有的局限性，与公司持续经营能力的实际状况可能存在偏差。有必要通过因子分析对 A 公司持续经营能力进行综合评价。

通过选取利润和现金流等指标，筛选深证、上证的多家同行业公司，运用 SPPS 软件进行因子分析，得出五个重要因子：现金流因子、盈利因子、偿债因子、营运因子、利润留存因子。根据得分系数矩阵，先计算每个因子得分函数 Y_i，后通过加权平均计算 A 公司及行业各因子得分及综合得分。A公司持续经营能力判断如表 5 - 20 所示。

表 5 – 20 　　　　　　　　A 公司因子得分（Y）值情况

因子	2016 年	2017 年	2018 年	2019 年
x_1	– 10.1415	– 53.6215	– 18.0734	10.7758
x_2	4.7819	9.8979	1.4903	– 0.8245
x_3	0.6390	16.8697	9.8221	– 5.2841
x_4	2.2807	– 14.8029	– 6.6626	5.9808
x_5	1.5298	– 3.9317	– 1.2964	2.4800
Y	– 2.5523	– 19.8900	– 6.9921	4.5117

　　根据因子得分函数分析结果如图 5 – 22 所示。从图 5 – 22 可以看出，A 公司持续经营综合得分为负，与 A 公司经营活动现金流量净额为负、存在操纵盈余管理可能有关。与同行业其他代表公司相比，虽然 A 公司持续经营综合能力得分最低，但 A 公司 2018 ~ 2019 年呈上升趋势，且 2019 年持续经营能力超过行业平均值，如其采取相应手段规避经营、财务风险，发展前景良好、可持续经营能力会更强。

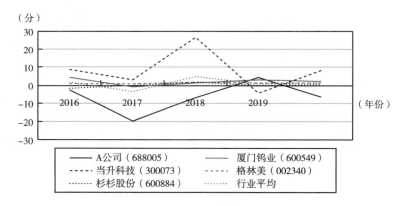

图 5 – 22　A 公司及可比公司各年持续经营能力得分情况变化

七、独角兽公司价值评估

　　对于科创板上市公司所处行业而言，独角兽公司具有特有的服务和技术壁垒，是未来具有高成长性的公司。A 公司自登陆科创板上市以来，股价在短暂的上涨后，表现出比较大的跌势。因此，如何对独角兽公司进行价值评估，成为值得探讨的问题。

高科技新能源材料公司初期研发和设备投入较大，后期依靠销量的增长，一方面，以销售收入指标为基础的主营业务收入相对客观真实，且在公开市场上有参照物，所以本案例选择市销率估值法、EVA 和 PEG 估值法对 A 公司在评估基准日的价值进行评估。

（一）市销率法

首先，根据 A 公司所处的行业及业务经营特点，本案例选取高科技新能源材料行业中已上市的同行业公司——当升科技、杉杉股份、厦门钨业、格林美作为可比公司，通过计算可比公司的平均市销率作为 A 公司的市销率；其次，利用 A 公司的主营业务收入与可比公司平均市销率相乘，即可得到 A 公司上市时的评估值，再与实际市值进行对比。

本案例选取可比公司 2018 年月平均收盘价作为每股价格，总股本为可比公司 2018 年末股本数。表 5–21 为可比公司的市销率。

表 5–21 A 公司的可比公司市销率

项目	当升科技	杉杉股份	厦门钨业	格林美	平均值
市销率	3.57	1.52	1.12	1.73	1.98

A 公司在 2019 年上市，在对其上市价值进行评估时，将 A 公司三元正极材料及前驱体主营产品收入 418 966.91 万元作为 2019 年主营业务收入，即 A 公司在评估基准日的评估值 = A 公司市销率 × 主营业务收入 = 可比公司的平均市销率 × 主营业务收入 = 1.98 × 418 966.91 = 829 554.4818（万元）。结合 A 公司上市期初的市值 248 亿元，可以看出 A 公司发行日前后市场价值存在被高估的可能性。

（二）EVA 估值法

A 公司目前的发展属于成长期，当前正在以较快的速度发展。因而，使用 EVA 两阶段增长模型评估 A 公司现有资产价值有一定的合理性，公司现有资产价值包括初始投入资本、高速增长时期 EVA 现值、永续增长时期 EVA 现值。

1. 历史 EVA 计算。由于会计准则下部分财务数据并不能体现公司真实的业绩，因此需要对某些会计事项进行必要的调节，以使 EVA 能更准确地反映公司的业务绩效，会计调整如表 5 – 22 所示。

表 5 – 22 　　　　　　　　　　　　　NOPAT 指标调整规则

项目	调整规则
利息支出	会计系统将其从税后净利润里扣除，计算 EVA 时，把税后利息费用加回至 NOPAT
商誉	将商誉视作公司永远存在的无形资产，不予摊销，应将年度摊销额重新加回当年的 NOPAT
准备金计提	将准备金的余额重新归到总资本里，并把准备金重新归到税后净营业利润
研发费用	A 公司将所有的研发支出归入当期费用，但 EVA 估值法要求将这部分研发费用资本化
营业外收支	政府补助等不属于公司价值，营业外收入从税后营业净利润扣除，并作为营业外支出重新计算

经调整，A 公司各年税后净营业利润（NOPAT）、资本总额（TC）如表 5 – 23 所示。

表 5 – 23 　　　　　　　　　　　　　A 公司历史 EVA 计算

项目	2016 年	2017 年	2018 年	2019 年
NOPAT（万元）	6 888. 77	19 161. 94	44 290. 34	69 397. 67
TC（万元）	29 278. 57	163 734. 46	330 509. 89	478 314. 97
WACC（%）	10. 62	9. 41	8. 70	8. 62
EVA（万元）	3 779. 38	3 754. 53	15 535. 98	28 166. 92

根据计算结果：A 公司 2016 ~ 2019 年 EVA 均大于零，表示给公司股东创造了价值。2017 年 EVA 略微下降，是因公司净利润增长速度未跟上资本成本增长幅度引起 EVA 减少。

2. EVA 预测值计算。本案例使用销售百分比法预测公司将来的相关数据。首先预测出公司未来的营业收入，并以它为基础，预测资产负债表中和生产经营有关的科目。根据以上预测值计算，如表 5 – 24 所示。

表 5 – 24　　　　　　　　　　　A 公司 EVA 预测值

项目	2020 年	2021 年	2022 年	2023 年
NOPAT（万元）	74 499. 51	97 136. 30	119 218. 94	143 180. 59
TC（万元）	630 623. 87	734 505. 69	864 724. 50	991 552. 39
WACC（%）	9. 34	9. 34	9. 34	9. 34
EVA（万元）	15 615. 01	28 551. 83	38 475. 29	50 594. 38

3. 现有资产价值计算。本案例将 2016 ~ 2019 年加权平均资本成本的均值当作预测期指标，为 9.34%。A 公司的初始投入资本 C_0 为 2019 年调整后的资本总额 478 314.97 万元，通过 EVA 的两阶段模型折现得到 A 公司的现有资产价值 V_c，计算过程及结果如表 5 – 25 所示。

表 5 – 25　　　　　　　　　　A 公司预测期 EVA 现值计算

项目	2020 年	2021 年	2022 年	2023 年
EVA（万元）	15 615. 01	28 551. 83	38 475. 29	50 594. 38
折现率	1. 4291	1. 3071	1. 1955	1. 0934
现值（万元）	10 926. 11	21 843. 72	32 184. 27	46 273. 58

A 公司现有资产价值：

$$V_c = C_0 + \sum_{t=1}^{t=n} \frac{EVA_t}{(1 + WACC)^t} + \frac{EVA_{n+1}}{(WACC - g)(1 + WACC)^n}$$
$$= 478\ 314. 9 + 10\ 926. 11 + 21\ 843. 72 + 32\ 184. 27 + 46\ 273. 58$$
$$= 589\ 542. 65(万元)$$

从公司价值与主营业务收入比值为 1.41 可以看出，主营业务收入对公司价值的贡献率较低，仍有较大的发展空间。

（三）PEG 估值法

PEG 估值法能够反映公司未来业绩的增长情况，理论模型为：$PEG = PE/100G$。此处年盈利增长率 G 采用公司近 4 年净利润复合增长率 CAGR 测算，并用净利润复合增长率与主营业务收入增长率的几何平均数来计算公司成长率以消除利润操作、非经营性收益等对估值结果的影响，具体公式为：

$G = (M \times N)^{1/2} - 1$。其中，$M$ 表示公司净利润增长率，N 表示公司主营业务收入增长率。

根据表 5 - 26 的计算结果，A 公司预期盈利增长速率为 99.23%，以 A 公司 2019 年月平均收盘价作为每股价格，得出 PE 为 177.65，PEG 值为 1.80。当 PEG 大于 1 时，表明股票价格存在被高估的可能性，市场对 A 公司未来发展有很高期望，认为公司未来有高成长性，由此带来七月末到八月中旬 A 公司股价短暂的上涨。

表 5 - 26   A 公司年盈利增长率测算

财务指标	2016 年	2017 年	2018 年	2019 年	CAGR	G
主营业务收入	885 192 256	1 878 726 597	3 041 260 062	4 189 669 078	0.678987	0.9923
净利润	5 559 279	27 232 542	210 970 448	86 425 438	1.495788	

综合以上三种估值方法，不难发现：A 公司上市发行期间市值被一定程度高估。A 公司在上市早期涨势十分显著，这与资本市场对科创板公司的高期待比较符合，在上市初期科创板新上市的公司往往受到市场追捧，此时市值可能会大大超过公司内在价值。短期的资本追逐后，市场逐渐冷静地看待公司的真实情况，A 公司股价在短期上涨之后开始逐渐震荡下跌，而后股价稳步回落，市场估值泡沫终将昙花一现。

八、讨论问题与案例思政

（一）拟讨论的重点问题

"独角兽" 企业是数字经济时代创业企业队伍中的异军突起势力，其独特的商业模式、资产结构及成长性引起了财务界对其估值的广泛讨论。本案例主要讨论如下问题：

1. 根据 CGMA 的商业模式框架，A 公司的商业模式有哪些特征？A 公司商业模式可能面临怎样的风险？如何运用风险热力图对风险类别进行刻画？

2. A 公司作为一家独角兽企业受到投资者的追捧，两周内股价超过发行价的 1 倍多，但好景不长。如何对公司的盈余质量进行全面解读？

3. 在短时间内，A 公司股价波动超出了正常水平。那么，其持续经营能力是否可持续？如何结合公司发展战略进行评判？

4. A 公司属于科创板上市企业，由于注册制的特殊性而应与核准制下的 IPO 审计有所区别。从审计质量角度看，天健会计师事务所是如何评价 A 公司的持续经营能力的？

5. 结合本案例开展讨论：如何选择合适的方法对独角兽企业进行合理估值？本案例采用的估值方法是否有说服力？其局限性表现在哪里？

（二）案例思政

1. 科技部等六部门关于印发《关于加快场景创新以人工智能高水平应用促进经济高质量发展的指导意见》中提出："大力支持专精特新'小巨人'、独角兽、人工智能初创企业等积极开展场景创新，参与城市、产业场景建设，通过场景创新实现业务成长。"结合本案例，讨论专精特新"小巨人"、独角兽企业在经济高质量发展中的作用。

2. 商业模式创新是企业价值创造、价值获取和价值分配的基本路径。CGMA 的商业模式框架体现了哪些商业伦理特征？结合 A 公司的资料，讨论其商业模式具有怎样的商业伦理导向？

参考文献

［1］张新民，钱爱民，陈德球. 上市公司财务状况质量：理论框架与评价体系［J］. 管理世界，2019，35（7）：152 – 166.

［2］周军，郝玲玲，杨茗. 独立董事交通便利性与盈余质量——异地会计专业独董的视角［J］. 会计研究，2019（6）：65 – 71.

［3］蔡利，唐嘉尉，蔡春. 公允价值计量、盈余管理与审计师应对策略［J］. 会计研究，2018（11）：85 – 91.

［4］ACCA，Business Models of the Future：Systems，Convergence and Characteristics ［R/OL］. http：//www. accaglobal. com，2018.

［5］Dr Noel Tagoe、FCMA，CGMA. Rethinking the Business Model ［R/OL］. http：//www. cgma. org/Business Model Consultation，2018.

［6］M. Arena et al. The Dynamics of（dis）Integrated Risk Management：A Comparative Field Study ［J］. Accounting，Organizations and Society，2017（62）：65 – 81.

附录

附录 1   **A 公司 2016～2019 年资产负债表**   单位：元

科目	2016 年 12 月 31 日	2017 年 12 月 31 日	2018 年 12 月 31 日	2019 年 12 月 31 日
流动资产：				
货币资金	48 019 658.50	203 824 082.71	230 952 945.77	1 061 507 821.82
交易性金融资产				452 400 000.00
应收票据	80 208 323.33	124 347 332.17	600 865 317.96	149 321 525.30
应收账款	332 361 100.00	806 192 100.00	1 145 436 100.00	876 094 322.64
应收款项融资				677 223 241.36
预付款项	13 703 500.12	25 939 853.75	75 044 140.46	12 556 966.82
其他应收款	24 726 930.53	11 821 772.29	21 333 123.88	12 983 064.61
存货	115 288 456.72	376 907 724.51	461 513 886.08	590 288 042.83
其他流动资产	3 824 131.06	159 138 368.06	242 586 221.65	78 729 712.13
流动资产合计	618 132 100.26	1 708 171 233.49	2 777 731 735.80	3 911 104 697.51
非流动资产：				
长期股权投资	7 701 507.17	23 519 462.87	29 128 753.66	30 203 590.32
固定资产	105 448 363.19	331 425 881.94	752 492 717.41	1 165 396 448.74
在建工程	24 839 055.07	88 526 048.34	294 030 999.50	335 869 387.57
无形资产	15 459 089.88	16 094 145.73	269 520 446.68	259 489 383.10
长期待摊费用	1 566 813.15	2 770 695.89	6 482 896.98	19 588 994.29
递延所得税资产	6 624 092.02	8 169 417.54	7 107 633.37	29 832 786.62
其他非流动资产	17 730 479.36	8 893 616.60	126 639 505.62	98 131 674.58
非流动资产合计	179 369 399.84	479 399 268.91	1 485 402 953.22	1 938 512 265.22
资产总计	797 501 500.10	2 187 570 502.40	4 263 134 689.02	5 849 616 962.73
流动负债：				
短期借款	27 022 047.00	7 509 524.65	50 368 697.97	226 543 211.78
应付票据	122 371 425.33	251 679 535.12	214 035 757.46	510 969 853.64
应付账款	150 403 700.00	256 464 100.00	627 511 389.80	589 697 613.68
预收款项	4 331 336.58	5 038 635.69	2 997 436.08	479 025.95
应付职工薪酬	9 032 820.81	20 442 423.68	32 256 738.70	27 024 982.67
应交税费	32 100 214.06	9 461 468.52	8 989 169.38	9 319 599.58
其他应付款	196 743 727.98	22 781 870.07	4 615 815.76	7 695 868.99

续表

科目	2016 年 12 月 31 日	2017 年 12 月 31 日	2018 年 12 月 31 日	2019 年 12 月 31 日
一年内到期的非流动负债	6 908 398.04	46 024 308.34	59 489 368.08	35 683 046.53
流动负债合计	548 913 669.80	619 401 866.07	1 000 264 373.23	1 407 413 202.82
非流动负债：				
长期借款	7 484 097.88	3 298 860.01	489 985.91	10 255 125.54
长期应付款	—	19 678 751.18	34 698 448.22	5 118 208.25
长期应付职工薪酬	741 429.96	1 689 808.91	2 257 621.51	501 797.68
递延收益	376 891.50	2 221 893.61	93 693 142.01	98 712 378.93
递延所得税负债	90 026.99	69 040.57	391 540.04	9 680 737.62
非流动负债合计	8 692 446.33	26 958 354.28	131 530 737.69	124 268 248.02
负债合计	557 606 116.13	646 360 220.35	1 131 795 110.92	1 531 681 450.84
股东权益：				
实收资本（或股本）	219 000 000.00	343 956 200.00	398 285 700.00	443 285 700.00
资本公积	—	1 153 450 877.15	2 483 221 356.28	3 534 267 672.73
其他综合收益	567 733.81	2 120 586.39	3 240 096.02	2 506 518.13
盈余公积	2 136 134.65	4 696 346.41	17 429 949.46	17 429 949.46
未分配利润	8 108 682.47	31 676 229.08	227 883 165.15	315 299 789.60
归属于母公司所有者权益合计	229 812 550.93	1 535 900 239.03	3 130 060 266.91	4 312 789 629.92
少数股东权益	10 082 833.04	5 310 043.02	1 279 311.19	5 145 881.97
股东权益合计	239 895 383.97	1 541 210 282.05	3 131 339 578.10	4 317 935 511.89
负债和股东权益总计	797 501 500.10	2 187 570 502.40	4 263 134 689.02	5 849 616 962.73

附录 2　　　　　　　**A 公司 2016～2019 年利润表**　　　　　　单位：元

科目	2016 年度	2017 年度	2018 年度	2019 年度
一、营业总收入	885 192 256.03	1 878 726 596.72	3 041 260 062.01	4 189 669 077.97
减：营业成本	778 088 284.06	1 600 498 814.15	2 535 814 076.04	3 603 077 853.44
税金及附加	2 077 170.28	3 454 101.61	11 416 043.64	9 285 468.38

续表

科目	2016 年度	2017 年度	2018 年度	2019 年度
销售费用	8 526 690.54	14 085 341.98	24 407 075.03	25 348 877.19
管理费用	39 043 777.56	102 757 175.11	79 997 993.12	97 092 179.02
研发费用	31 796 743.82	76 976 391.08	119 897 789.04	164 962 705.56
财务费用	8 256 189.46	13 259 935.15	20 108 440.11	18 135 524.51
其中：利息费用	9 243 008.61	16 974 294.62	17 405 493.04	15 618 996.71
利息收入	444 859.85	2 675 838.84	7 318 837.07	6 632 476.01
信用减值损失				− 155 048 355.32
资产减值损失	9 388 613.32	26 901 864.42	39 018 465.16	− 43 875 729.28
加：其他收益	—	2 890 394.37	11 468 696.31	33 628 615.08
投资收益	358 661.57	4 151 669.42	14 019 249.41	− 6 210 896.80
其中：对联营企业和合营企业的投资收益	317 451.97	3 141 539.22	5 597 338.59	1 074 836.66
资产处置收益	− 19 836.42	3 836.43	− 1 562 656.71	− 1 565 307.48
二、营业利润	8 353 612.14	47 838 873.44	234 525 468.88	98 694 796.07
加：营业外收入	1 860 694.20	138 163.81	1 566 354.87	482 182.20
减：营业外支出	583 151.08	6 969 915.89	1 338 753.40	2 516 020.60
三、利润总额	9 631 155.26	41 007 121.36	234 753 070.35	96 660 957.67
减：所得税费用	4 071 876.35	13 774 579.24	23 782 622.56	10 235 519.33
四、净利润	5 559 278.91	27 232 542.12	210 970 447.79	86 425 438.34
（一）按经营持续性分类				
1. 持续经营净利润	5 559 278.91	27 232 542.12	210 970 447.79	86 425 438.34
2. 终止经营净利润				
（二）按所有权归属分类				
1. 归属于母公司所有者的净利润	6 877 015.78	31 127 758.37	212 889 708.78	87 416 624.45
2. 少数股东损益	− 1 317 736.87	− 3 895 216.25	− 1 919 260.99	− 991 186.11
五、其他综合收益的税后净额	726 817.01	1 976 801.24	1 143 263.17	− 832 405.59
归属于母公司所有者的其他综合收益的税后净额	514 710.96	1 552 852.58	1 119 509.63	− 733 577.89

科目	2016 年度	2017 年度	2018 年度	2019 年度
（一）不能重分类进损益的其他综合收益	72 666.60	−53 909.90	−132 243.71	160 007.43
1. 重新计量设定受益计划变动额	72 666.60	−53 909.90	−132 243.71	160 007.43
2. 权益法下不能转损益的其他综合收益				
3. 其他				
（二）将重分类进损益的其他综合收益	442 044.36	1 606 762.48	1 251 753.34	−893 585.32
1. 权益法下可转损益的其他综合收益				
2. 可供出售金融资产公允价值变动损益				
3. 持有至到期投资重分类为可供出售金融资产损益				
4. 现金流量套期损益的有效部分				
5. 外币财务报表折算差额	442 044.36	1 606 762.48	1 251 753.34	−893 585.32
6. 其他				
归属于少数股东的其他综合收益的税后净额	212 106.05	423 948.66	23 753.54	−98 827.70
六、综合收益总额	6 286 095.92	29 209 343.36	212 113 710.96	85 593 032.75
归属于母公司所有者的综合收益总额	7 391 726.74	32 680 610.95	214 009 218.41	86 683 046.56
归属于少数股东的综合收益总额	−1 105 630.82	−3 471 267.59	−1 895 507.45	−1 090 013.81
七、每股收益				
（一）基本每股收益	—	—	0.56	0.21
（二）稀释每股收益	—	—	0.56	0.21

附录3　　　　　　　　A 公司 2016～2019 年现金流量表　　　　　　单位：元

科目	2016 年度	2017 年度	2018 年度	2019 年度
一、经营活动产生的现金流量				
销售商品、提供劳务收到的现金	431 420 447.72	1 004 964 789.76	1 307 781 207.27	2 333 655 483.22
收到的税费返还	18 479 049.87	10 391 075.08	3 952 504.50	68 213 350.30
收到其他与经营活动有关的现金	149 150 299.65	382 541 237.69	505 246 238.67	634 856 542.84
经营活动现金流入小计	599 049 797.24	1 397 897 102.53	1 816 979 950.44	3 036 725 376.36
购买商品、接受劳务支付的现金	380 565 067.72	1 347 126 075.61	1 608 926 499.87	1 888 378 481.05
支付给职工以及为职工支付的现金	73 893 831.18	100 616 471.60	171 835 754.12	265 370 255.67
支付的各项税费	5 059 460.92	58 509 835.44	97 100 889.93	65 976 121.98
支付其他与经营活动有关的现金	202 410 997.24	529 311 224.72	481 938 181.06	699 537 460.05
经营活动现金流出小计	661 929 357.06	2 035 563 607.37	2 359 801 324.98	2 919 262 318.75
经营活动产生的现金流量净额	− 62 879 559.82	− 637 666 504.84	− 542 821 374.54	117 463 057.61
二、投资活动产生的现金流量				
取得投资收益收到的现金	41 209.60	1 010 130.20	8 421 910.82	6 478 471.58
处置固定资产、无形资产和其他长期资产收回的现金净额	44 134.29	50 282.06	39 154.54	448 197.89
收到其他与投资活动有关的现金	63 197 907.16	532 123 658.60	3 379 337 631.00	1 637 321 333.33
投资活动现金流入小计	63 283 251.05	533 184 070.86	3 387 798 696.36	1 644 248 002.80
购建固定资产、无形资产和其他长期资产支付的现金	48 110 147.71	206 484 840.37	823 930 759.05	263 348 726.39
取得子公司及其他营业单位支付的现金净额	59 000 000.00	—	—	

续表

科目	2016 年度	2017 年度	2018 年度	2019 年度
支付其他与投资活动有关的现金	83 743 009.16	636 773 658.60	3 433 460 631.00	1 916 295 000.00
投资活动现金流出小计	190 853 156.87	843 258 498.97	4 257 391 390.05	2 179 643 726.39
投资活动产生的现金流量净额	− 127 569 905.82	− 310 074 428.11	− 869 592 693.69	− 535 395 723.59
三、筹资活动产生的现金流量				
吸收投资收到的现金	61 156 364.29	1 218 136 000.00	1 390 000 000.00	1 197 900 000.00
其中：子公司吸收少数股东投资收到的现金	2 156 364.29	—	—	
取得借款收到的现金	82 385 922.19	88 728 338.41	253 563 505.65	236 466 457.34
收到其他与筹资活动有关的现金	203 120 940.68	66 500 000.00	8 681 736.75	
筹资活动现金流入小计	346 663 227.16	1 373 364 338.41	1 652 245 242.40	1 434 366 457.34
偿还债务支付的现金	79 808 128.79	101 757 676.32	187 181 012.77	110 248 586.83
分配股利、利润或偿付利息支付的现金	2 170 109.56	10 005 078.73	14 168 633.62	8 405 733.33
支付其他与筹资活动有关的现金	100 000 000.00	258 120 940.68	22 628 347.80	102 694 405.70
筹资活动现金流出小计	181 978 238.35	369 883 695.73	223 977 994.19	221 348 725.86
筹资活动产生的现金流量净额	164 684 988.81	1 003 480 642.68	1 428 267 248.21	1 213 017 731.48
四、汇率变动对现金及现金等价物的影响	2 570 462.69	1 815 833.25	− 1 153 944.23	− 3 977 343.21
五、现金及现金等价物净增加额	− 23 194 014.14	57 555 542.98	14 699 235.75	791 107 722.29
加：期初现金及现金等价物余额	37 395 179.04	14 201 164.90	71 756 707.88	86 455 943.63
六、期末现金及现金等价物余额	14 201 164.90	71 756 707.88	86 455 943.63	877 563 665.92

案例六　祸福皆己：从獐子岛的财务损失看企业气候风险管理

专业领域/方向：内部控制与风险管理

适用课程：《公司战略与风险管理》

选用课程：《财务管理理论与实务》《内部控制与风险管理》

编写目的：突发性冲击事件暴露企业经营的脆弱性并引起商界对现有风险管理方法的反思。本案例旨在帮助学员了解气候变化的极端天气事件对企业经营的影响，分析新的风险环境下企业气候风险的类型，以及这些风险在企业价值链系统中可能造成的损失，引导学员探索企业管理气候风险的自适应模型。根据本案例的资料，学员不仅可以熟悉气候风险的分类及各种类型的气候风险与现有内部控制框架的联系，增强识别企业经营过程中可能遭遇冲击性新风险的职业判断力，而且还可以在了解全面风险管理（ERM）的基础上，进一步认识极端天气事件给企业经营造成的巨大风险，以及管理这些风险的新方法，拓展企业风险分析和风险管理的思路。

知识点：极端天气事件　气候风险　累计超额收益　组织弹性　风险管理卡

关键词：气候风险　财务后果　风险管理团队　自适应风险管理"时钟"模型

摘要：2007～2019年，獐子岛集团股份有限公司多次遭遇极端天气事件并导致重大财务损失，公司经营的脆弱性凸显，引发了企业风险管理的新思考。如今，气候变化正在不断改变企业的商业环境和风险环境，气候风险已在不同程度上通过企业价值链系统嵌入到整个业务经营过程。由于天气变化或极端天气事件的不连续性和高度不确定性，气候风险对企业的风险管理提出了新的要求。本案例基于 CERES 的气候风险类型，结合 COSO 的可持续风险报告，解析了獐子岛遭遇的气候风险、内控缺陷及财务后果，关注类似獐子岛这样的养殖主业企业及相似的、易受天气变化影响的企业如何实施有效的气候风险管理。

引言："天灾地妖不能加也"

2015 年 8 月 12 日，獐子岛集团股份有限公司（以下简称"獐子岛"）发布公告称，8 月 6 日 0 时至 5 时，辽宁省大连市长海县獐子岛镇发生大风气象灾害，瞬时极大风速一度达到 38.0 米/秒，风力等级为 13 级。但公司曾于 2013 年 8 月 7 日签署了《海水养殖风力指数保险单》，相关理赔工作正在进行中。同时，公告显示，本次大风未对公司资源与业务的可持续性构成实质性影响，公司投保的风力指数保险是本次大风的有效风险控制措施。公告一经发布，再次将獐子岛推上舆论的风口浪尖。此前的 2014 年 10 月 30 日晚，公司曾发布公告称，由于遭遇冷水团而致使业绩巨亏，8 亿元扇贝不知所踪，獐子岛已让投资者惊讶了。

事实上，2007～2018 年，獐子岛多次遭遇极端天气并引起重大财务损失，公司经营的脆弱性凸显。对企业来说，随着全球气候变化引起的极端天气事件如热浪、海岸侵蚀、干旱、洪灾、风暴等日趋频繁，气候风险已在不同程度上通过企业价值链系统嵌入到整个业务经营过程。由于天气变化或极端天气事件的不连续性和高度不确定性，气候风险对企业的风险管理提出了新的要求。那么，从獐子岛遭遇极端天气的损失来看，獐子岛的风险控制系统究竟是如何应对的？效果如何？进一步，这里更关注类似獐子岛这样的养殖行业及相似的、易受天气变化影响行业的企业，该如何实施有效的气候风险管理。

一、案例背景介绍[①]

2001 年 4 月 7 日，经大连市人民政府批准，大连獐子岛渔业集团有限公司整体变更设立为大连獐子岛渔业集团股份有限公司。2006 年根据公司股东大会决议、中国证券监督管理委员会《关于核准大连獐子岛渔业集团股份有限

[①] 根据公司网站信息、公司公告、财务报告、社会责任报告、内部控制报告、审计报告以及《中国证监会行政处罚决定书（獐子岛集团股份有限公司，吴厚刚等 16 名责任人员）》整理。

公司公开发行股票的通知》，獐子岛集团股份有限公司于 2006 年共计公开发行人民币普通股（A 股）2 830 万股，每股面值 1 元，并于 2006 年 9 月 28 日在深圳证券交易所上市，股票简称"獐子岛，*ST 獐岛"（证券代码：002069）。

獐子岛属渔业企业，主营业务为虾夷扇贝、海参、鲍鱼等海珍品的育苗、养殖、加工和销售。经营范围涉及：水产品养殖；捕捞、销售；冷藏；运输；水产品收购；房屋、设备租赁，等等。有"黄海明珠、海上蓝筹"之称，被誉为"水产第一股"。海水养殖作为獐子岛的主营业务，其中底播虾夷扇贝是主要产品，这意味着獐子岛是"生存"在海里的，天气变化或极端天气引发的海水变化就可能对獐子岛的持续经营产生巨大影响。

二、獐子岛遭遇天气变化之魔

在獐子岛的经营过程中，天气变化引起的损失似乎成为一个缠身的魔鬼。表 6 - 1 归纳了獐子岛从 2006 年上市以来受天气变化影响的主要事件及公司的风险控制方法。从表 6 - 1 可以看出：2007 年的大风寒潮、2014 年的"冷水团事件"及 2015 年的 13 级大风灾害，獐子岛多次遭遇气候风险并导致比较严重的损失，但獐子岛并没有对气候风险以及气候风险引起的财务风险和财务后果进行详细的披露。"冷水团事件"发生后，獐子岛集团才开始意识到没有对海洋牧场的气候风险管理引起高度重视。

三、獐子岛经营过程的气候风险分析

气候变化导致的极端天气事件以及政府、非政府组织等各个层次的治理政策使企业面临长期或短期的、不同类型的潜在气候风险。根据国际非政府组织（CERES）的分类，这里从自然风险、监管风险、声誉风险和诉讼风险四种类型进行具体分析。

（一）自然风险

企业面临的自然风险是因天气的不规则变化对企业的产品及经营流程产生的不利影响。根据表 6 - 1 的信息，獐子岛遭遇最严重的气候风险类型是自然风险，海水养殖的存货暴露于气候风险下，而这些存货占公司总资产的

表6—1 2007～2018年獐子岛遭遇极端天气影响及应对情况

事件	影响	公司应对	风险控制
2007年3月3日夜，出现自1951年以来罕见的大风潮和寒潮天气	(1) 海参：直接经济损失约80万元；(2) 鲍鱼：直接经济损失约350万元；(3) 鲍夷：直接经济损失约110万元；(4) 陆地固定资产：厂房及生产设施直接经济损失约79万元	公司根据气象消息启动了安全紧急预案，并成立了抗击风暴潮安全专项小组，组织各部门积极做好各项准备工作，试图将损失降低至最低	(1) 实施种质改良工程和生态建设工程；(2) 继续扩大海底养殖的规模，采取措施降低自然灾害和虫病损失的可能性
2007年冬季，受"暖冬"影响，底播虾夷扇贝规格总体偏小	延长8万亩虾夷扇贝的养殖期，转入2008年度采捕，本年度产品销售达到预期	2008年公司将继续战略性提升虾夷扇贝养殖规模，根据生产情况延长其养殖周期	(1) 继续优化品种结构，分散病害大面积传染的风险；(2) 积极往外开拓海域的面积，优化各类产品分布区域结构以达到分散养殖风险的目的；(3) 积极与保险行业合作，对存货进行投保，转移风险
2011年夏，受台风"梅花"的影响，其下属的荣成公司遭到损失而被追责	(1) 长青公司向青岛海事法院提起诉讼，因荣成分公司不具备独立法人资格，因荣成分公司追加为被告；(2) 荣成公司受两次台风影响直接损失金额合计为101 252 451.11元，其中：存货损失为102 727 586.44元，养殖用物资损失为3 651 437.00元，固定资产损失698.67万元	事故发生前已经对相关产品进行投保，根据中国渔业互保协会出来的《赔款确定函》，中国渔业互保协会向荣成公司支付赔款5 127 271.00元	(1) 继续实施以往的风险控制措施；(2) 加强与科研院所的深度合作，增强公司在防灾理论与防护技术的开发能力；(3) 对天气变化等各方面环境因子的改变做足充分的预防措施
"2014年10月，"冷水团"事件"	事件合计影响2014年第三季度净利润76 325.2万元	(1) 召开专项说明会，获得政府补助；(2) 董事长及公司高层降薪，员工持股计划	(1) 继续投入以完善海洋牧场建设；(2) 增强对与天气变化相关的风险的识别和控制能力

续表

事件	影响	公司应对	风险控制
2015年8月12日，13级大风	没有实质性影响	2013年8月7日，签署了《海水养殖风力指数保险单》	公司投保的风力指数保险是本次大风的有效风险控制措施
2017年，异常高温降水减少，扇贝的饵料生物不足，且摄食效率下降，长时间累计瘦弱致死	虾夷扇贝存货核销57 758.13万元，计提跌价准备5 110.04万元，合计影响净利润62 868.17万元，调整2017年度损益	沟通债权银行，助力公司灾后重建；申请减免海域使用金；聘请或合作第三方机构推动公共服务平台建设，加强对海洋生态的监控；寻求保险合作	关闭风险敞口，重新布局海洋牧场。不断推动海洋牧场建设将由规模数量型向生态效益型快速转型，推动海洋牧场产能与经济效益逐步恢复，实现海洋牧场"耕海万顷，养海万年"和"有质量增长，可持续发展"的愿景
2018年初，海洋牧场重大自然灾害	计提存货跌价准备15 566 951.04元，资产减值准备14 854 703.18元，计入公司2018年度损益	全体员工恪尽职守攻坚克难，围绕确保年度盈利的总目标，一边抗灾自救，一边重构转型	(1) 推动海洋牧场转型；(2) 推进国内外渠道建设；(3) 推进海洋食品研发；(4) 推进瘦身计划
2019年4月底，播虾夷扇贝受灾	2019年一季度产销量及效益大幅下降，利润总额为 -4 617 440.32元，同比下降420.28%	(1) 原因查明；(2) 信息披露；(3) 过程公开；(4) 银行融资	(1) 进一步关闭海上敞口风险；(2) 加强土著品种养护的标准建设；(3) 扩大种苗产业规模；(4) 深度运营阿穆尔鲟鱼产业；(5) 加快落地"瘦身"计划；(6) 扩大海洋食品业务；(7) 降低财务费用

资料来源：根据2006～2019年獐子岛集团股份有限公司年报、公告及相关报道整理。

比例相当高，每年均在 35% 以上；存货是公司的主要产品和营业收入的主要来源，海底存货的生存情况既影响公司的资产也会影响公司的利润；极端天气事件往往是影响公司整体经营状况的一个重要因素。但从公司采取的风险控制措施来看，面对高风险，獐子岛没有引起高度重视，公司一味地扩大养殖规模，试图通过这一举措来降低风险。但增加存货的数量也就意味着风险的"暴露度"越大，2013 年存货占总资产的比例高达 50.38%，如表 6-2 所示。也就是说公司有一半的资产面临着高风险。

表 6-2　　　 2008～2018 年獐子岛存货占总资产比率与同行业企业的比较　　　单位:%

公司名称	2008 年	2009 年	2010 年	2011 年	2012 年	2013 年	2014 年	2015 年	2016 年	2017 年	2018 年
獐子岛	54.40	51.32	52.12	53.39	49.80	50.38	35.04	24.41	39.14	30.66	32.04
好当家	22.48	25.54	26.75	25.12	29.35	23.81	21.52	16.73	14.43	14.22	16.49
国联水产	35.52	32.36	27.12	34.49	36.24	38.82	43.27	41.86	43.73	51.75	49.9
东方海洋	15.91	19.88	21.96	26.57	28.33	31.79	35.06	25.14	25.59	26.32	23.17
行业平均	23.76	24.44	2.33	28.71	30.67	27.11	24.46	24.78	24.60	24.20	24.45

资料来源：根据国泰安数据库整理而得。

从企业的利润看，一般而言，公司不断扩大养殖规模，主业产品不断增多，相应的收入也随之增加。但是，表 6-3 说明：公司的毛利率 2008～2014 年一直处于下降趋势，公司毛利率的下降趋势说明了盈利能力没有因为存货规模的扩大而上升；同时，2008～2014 年净利率下降的幅度比毛利率更大，2013 年净利率仅为 3.71%，之后的 4 年处于大亏损与微盈利的波动状态。这进一步说明，公司通过扩大养殖规模来降低风险的措施没有达到效果，公司对因天气变化引起的自然风险披露很少，缺乏有效的管理机制。

表 6-3　　　　　　　　 2008～2018 年獐子岛的利润率变动情况　　　　　　　单位:%

指标	2008 年	2009 年	2010 年	2011 年	2012 年	2013 年	2014 年	2015 年	2016 年	2017 年	2018 年
毛利率	30.18	28.01	34.29	34.09	24.62	22.10	13.90	11.76	15.13	15.14	16.71
净利率	12.43	12.95	18.70	16.93	3.97	3.71	-44.90	-9.00	2.48	-22.64	1.21
行业毛利	28.1	26.4	22.08	20.9	18.08	13.34	12.76	13.02	15.21	20.57	20.03
行业净利	0.89	10.51	12.30	11.53	7.67	10.46	-1.07	-11.1	3.39	1.93	5.18

资料来源：根据国泰安数据库整理而得。

（二）监管风险

对于接受气候政策监管的企业来说，直接的监管风险主要是采纳减缓气候变化的适应战略及合规成本，间接的监管风险是由于极端天气事件对企业经营产生重大影响后而受到的其他监管限制。2014 年"冷水团事件"发生之前獐子岛拟非公开发行不超过 10 873.0156 万股股票，但由于"冷水团事件"导致公司经营业绩发生重大变化，经过与保荐机构审慎研究，公司与保荐机构向中国证监会提交了《关于撤回〈獐子岛集团股份有限公司非公开发行 A 股股票申请文件审查的请示〉的申请》，2014 年 8 月 21 日公司收到了《中国证监会行政许可申请终止审查通知书》，终止了此次筹资活动。2018 年 2 月 9 日，公司因海洋牧场灾害调整 2017 年盈利后被中国证监会以涉嫌信息披露违法违规立案调查，2019 年 7 月 9 日，中国证监会下发《中国证券监督管理委员会行政处罚及市场禁入事先告知书》，对公司采取出具警示函的监管措施，与此同时，公司被迫终止重大资产出售事项。

此外，每一次扇贝落跑死亡事件发生之后，公司都多次收到深圳证券交易所询问函，要求公司对此次事件进行自查并进行回复，这对公司来说是消极影响。同时银行对公司的信用评价也因此下降，信贷额度减少，公司从银行贷款也会变得很难。

可见，"冷水团事件"发生后公司的筹资融资活动等受到了监管部门的限制，公司面临的监管风险顺应而生。

（三）声誉风险

企业与气候变化相联系的声誉风险既可能源于企业的环境污染、高能耗和温室气体排放产生的负面形象，又可能是天气变化或极端天气事件产生的巨大损失、或对气候变化的风险环境存在认知上的管理失误而损害的品牌和形象。表 6-4 从利益相关者态度来揭示极端天气事件前后獐子岛的声誉损害。

表 6-4　　　獐子岛遭遇极端天气事件前后的利益相关者态度比较

时间	"冷水团事件"利益相关者态度	"扇贝饿死事件"利益相关者态度	2019 年扇贝再次死亡利益者相关态度
事前	2014 年券商针对獐子岛发布十余篇研报，评级以"买入""增持"为主，甚至也有"强烈推荐"。可见，投资者对气候风险知识了解甚少，公司的气候风险披露很少	虽然"冷水团事件"的社会影响尚未消散，但 2016 年、2017 年仍然有大量券商研究员推荐该股，理由是"海洋牧场恢复良好""食品方向转型打开成长空间"	2018 年第三季度开始，獐子岛股价就一直处于 4 元以下，大部分股民似乎已经将该股列入黑名单
事中	广泛质疑，投资者声称"活要见贝，死要见壳"；投资者纷纷认为"冷水团"只是公司的一个幌子，甚至怀疑公司 2011 年没有播撒苗种	社会公众普遍认为这又是一次类似"冷水团事件"的狼来了的故事，业内人士怀疑，巨额亏损数据背后，可能有财务上的考量	网友戏称，这是一群最有纪律、最听话的扇贝，每次都能死在合适的时候。股民无奈评论"骗我可以，请注意次数"
事后	2014 年 12 月 5 日，证监会宣布：核查后并未发现獐子岛集团作假。但 2016 年 1 月 2 000 多人实名举报，称"冷水团造成收获期的虾夷扇贝绝收事件"并非自然灾害，而是由于提前采捕和播苗造假	船员揭露天灾是借口，人祸是罪魁祸首。员工和村民称，原因一是集团进苗资金紧张，买入的扇贝苗质量不佳，甚至投放之前已经死亡。原因二是长期不合规的捕捞方法破坏了海底生态	知情人士表示，獐子岛扇贝外购再加工转卖系扇贝大量死亡后库存不足业绩作假需要。五年时间扇贝三次大面积死亡事件，各新闻报道矛头几乎都直指獐子岛管理问题和贪腐问题

资料来源：根据獐子岛集团股份有限公司的公司公告及相关新闻报道整理。

表 6-4 说明，2014 年"冷水团事件"发生前投资者对气候风险了解很少，投资时没有考虑"天气突变"这一因素对公司经营的潜在影响，都认为獐子岛是值得投资的。"冷水团事件"发生后，投资者觉得不可思议，虾夷扇贝绝收，业绩变脸，投资者纷纷质疑，直到 2016 年事情发生一年多之后投资者还是怀疑此次事件的真假。2017 年獐子岛再次上演"扇贝饿死事件"，"海洋牧场恢复良好""食品方向转型打开成长空间"的利好远不足以填补投资者在獐子岛集团财务造假上的猜测。2019 年扇贝第三次突然死亡，在公司尚未披露死亡原因的情况下，矛头已直指獐子岛管理问题和贪腐问题。

可见，獐子岛扇贝五年三次死亡，给公司信誉带来了严重损伤，相比反思确实存在的气候风险因素，人们似乎更愿意去挖掘和分析事件背后的管理缺陷和腐败问题。员工、投资者以及社会公众对公司失去了信任，就会对公司股价、产品销售造成负面影响，而公司内外部资金来源一旦受限，又会对企业日常经营产生更为严重的长期影响。

（四）诉讼风险

企业与气候变化相联系的诉讼风险主要涉及侵权责任、天气变化造成的财务损失或不可恢复支出、恢复成本。2011 年 6 月 27 日，公司下属荣成分公司受台风"米雷"影响，部分鲍鱼养殖网箱被台风冲入威海长青海洋科技股份有限公司，荣成公司受到起诉，此次事件直到 2015 年才完全结束。很明显，这一典型的财务损失所引发的诉讼风险。2014～2019 年獐子岛扇贝每一次的离奇死亡事件都存在被起诉的可能，如若被起诉，都将进一步加重公司经营的脆弱性，公司声誉也会进一步受损。

四、獐子岛的内部控制缺陷

（一）内部环境存在的缺陷

从内部环境看，其控制缺陷主要是：（1）股权过度集中，内部人控制明显。獐子岛集团最大的持股方为长海县獐子岛投资发展中心，其法定代表人吴厚刚是最大的持股自然人，集团第五大股东；而且獐子岛为乡镇企业改制而成，第一、第三、第四大股东间存在较强关联。四大关联股东股份总额高达 48.94%，基本定论公司任何决策，可能出现大股东控制股东大会的情况，如表 6－5 所示。（2）管理层频繁更换，传递内部治理不力信息。獐子岛自2006 年上市到"冷水团事件"爆发，除个别高管因病离任外，超过 20 名高管辞职，2010 年和 2011 年三任副总裁相继离任。（3）多职合一，治理结构缺陷突出。2005 年以来的很长一段时间，公司董事长、总裁以及总经理都由第五大股东吴厚刚同时兼任，董事会监督职能很难正常发挥作用。

表 6－5 獐子岛前五大股东持股情况

股东名称	性质	持股比例（%）	持股数
长海县獐子岛投资发展中心	境内非国有法人	30.76	218 768 800
北京吉融元通资产管理有限公司－河岛一和证券投资基金	其他	8.04	57 162 685
长海县獐子岛褚褙经济发展中心	境内非国有法人	7.21	51 286 800
长海县獐子岛大耗经济发展中心	境内非国有法人	6.85	48 705 645
吴厚刚	境内自然人	4.12	29 292 000

（二）风险评估存在的缺陷

1. 内部风险预警与提示不足。从企业现金流量来看，首先，投资活动现金净流量年年负值，长期依靠筹资支撑企业投资和经营活动，持续经营存在一定压力；其次，獐子岛经营活动现金净流量通常在第一、第二、第三季度为负值，到年末迅速增长转为正值，应当考虑是否存在利润操控之嫌。从企业存货来看，2014 年以前存货占总资产比重高于同行业总资产相当的三家公司，也高于行业平均水平，2014 年之后略有降低但仍然居高；考虑到公司生物资产的特殊性，存货数量以抽盘结果确认，因此存货价值准确性有限，应当考虑是否存在关联方和大股东占用资金，为掩饰被占用资金而虚增存货价值的可能性。从企业融资来看，獐子岛资产负债率偏高且持续上升态势，2014 年之后一直高于 70%；债务结构不平衡问题也比较明显，到 2018 年流动负债率达 96.65%，獐子岛养殖的扇贝、海参、鲍鱼成长期为三年，投资大回收风险高；显然，过度依赖短期债务加剧了企业财务风险和经营风险，如表 6 - 6 所示。从企业利润来看，在行业发展大致稳定的背景下，獐子岛毛利率和净利率呈明显下滑，2015 年开始低于行业平均水平。

表 6 - 6   **2009 ~ 2018 年獐子岛债务融资情况**   单位：%

指标	2009 年	2010 年	2011 年	2012 年	2013 年	2014 年	2015 年	2016 年	2017 年	2018 年
资产负债率	39.41	48.83	38.50	48.04	54.07	76.29	79.75	75.60	89.78	87.58
流动负债率	95.89	72.68	85.76	90.48	88.09	82.35	66.16	78.83	67.14	96.65

资料来源：根据国泰安数据库整理而得。

2. 外部风险预警与提示滞后。2012 年獐子岛构建了北黄海冷水团监测潜标网，对底层水温变化实施 24 小时不间断监测，但 2014 年"冷水团事件"发生，公司依然手足无措；2014 年獐子岛成立海洋牧场研究中心，致力于海洋生态环境风险防控体系建设，旨在加强环境监测与预警控制，2018 年 1 月 31 日，年末盘点发现存货异常，2 月 5 日确认存货核销和计提跌价共影响净利润 6.29 亿元，披露的原因为降雨减少以及异常高温，但这在 2017 年度中没有任何风险预警信息；2019 年 11 月 3 日抽测发现底播虾夷扇贝大面积死亡，15 日公告预计核销存货成本及计提存货跌价准备合计金额 2.78

亿元，而在此之前的 10 月末，并未发现任何存货异常。显然，獐子岛现有的风险预警系统形同虚设，没有发挥作用。

（三）控制活动存在的缺陷

控制活动的主要缺陷表现在：（1）预算控制缺陷，劣质幼苗影响最终产量。预算制定粗糙，进苗资金紧张，信誉每况愈下，扇贝苗质量下降，收成大打折扣。（2）库存管理缺陷，存货数量不足。幼苗采购、领用、播种过程都由业务员独自完成，缺乏相应监管机制，内部人员盗窃事件屡见不鲜；而且，由于产品的生物特殊性，獐子岛一般采用抽盘方式确定存货数量，针对当年新增存货的盘存是直接利用投苗记录作为盘点数量；但底播时间一般为临近年末的 11 ~ 12 月，这时不再进行实物盘点，存货数量确认和账面价值反映的准确性着实有限。

（四）信息与沟通存在的缺陷

首先，部门沟通有限，信息传递不畅。2010 年 1 月獐子岛开展"瘦身计划"，公告拟出售海域租赁权，董事罗海新却在董事会上表示并没有收到相关议案提请。历年内控自我评价报告和内部审计都未披露内控存在的重大缺陷，这不仅反映了管理层披露内部控制信息从符合自身利益的角度出发，而且也反映了部门间信息传递存在障碍，导致内部监督缺少信息来源。

其次，信息系统建设缺陷，对外披露风险衍生。2016 年信息系统开发业务外包给甲骨文股份有限公司和上海埃林哲软件系统股份有限公司，本质上属于委托代理关系，双方信息不对称易引发道德风险，且开发过程中企业不能进行及时有效的跟踪评价，这就导致信息系统的建设对企业内外部信息传递的作用非常有限。

（五）内部监督存在的缺陷

在内部监督方面，监事会主席由工会主席担任，其中三位成员为公司中层管理人员，在历年年报中监事会工作情况的披露始终为"监事会对报告期内的监督工作无任何异议"。而且，从 2006 年公司上市以来至 2018 年，独立董事对所有意见事项发表的意见都为同意，无任何保留、反对意见，无异议提出甚至无弃权记录。

在内部监督受外部监督的约束方面，由于水产养殖的活生物行业特征，审计程序常常流于形式，会计师采用抽样方式审计，不能准确核实真实数据，一般准则下审计机构应该出具有保留意见的审计报告，但2016年以前对獐子岛集团出具的审计报告都为标准无保留意见审计报告；2017~2018年大华事务所出具保留意见审计报告，但2019年獐子岛就解聘了合作八年之久的大华转而聘任亚太会计师事务所。控股股东通过控制股东大会，实质上掌握监事会成员任免权以及事务所聘任权，可见控股股东不仅能够削弱内部控制信息披露的内部监督机制，还有可能削弱相应的外部监督约束。

五、獐子岛遭遇气候风险的财务后果

从獐子岛所遭遇的气候风险来看，獐子岛属于与气候变化有紧密联系的高风险行业，公司的生产经营活动要面对天气变化或极端天气事件的气候风险，但是公司一直对气候风险存在认知上的管理缺陷，直到2014年"冷水团事件"的发生，才有所关注，但这已经给獐子岛造成了重大财务损失。

表6-7计算了2014年"冷水团事件"发生前后獐子岛股票收益率、深证综指收益率以及累计超额收益率（CAR）相关数据。表6-7和图6-1表明，从2014年9月1日到10月13日停牌前獐子岛的股票收益率是高于深证综指收益率的，累计超额收益率为5.19%，在此期间，除了9月15~25日期间獐子岛股票收益率略低于深证综指收益率，其余时段的累计超额收益率都为正值，公司的收益率高于市场平均水平。这说明，在"冷水团事件"发生之前市场对獐子岛的评价良好。

表6-7　獐子岛"冷水团事件"发生前后累计超额收益率变动情况　　单位:%

时间区间	獐子岛股票收益率	深证综指收益率	超额收益率
2014年9月1日至9月12日	5.54	3.61	1.93
2014年9月15日至9月25日	-0.74	2.07	-2.81
2014年9月26日至10月13日	3.03	2.79	0.24
2014年9月1日至10月13日	8.95	3.76	5.19

续表

时间区间	獐子岛股票收益率	深证综指收益率	超额收益率
2014 年 12 月 8 日至 12 月 18 日	-9.45	1.37	-10.82
2014 年 12 月 19 日至 12 月 31 日	-8.86	-4.63	-4.23
2014 年 12 月 8 日至 12 月 31 日	-18.13	-3.23	-15.05

资料来源：根据计算期每天股票价格、深证综指计算得到。

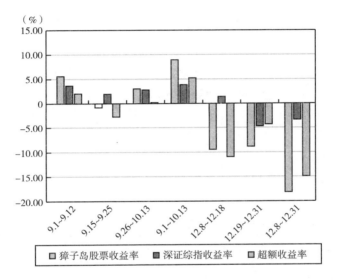

图 6-1 2014 年"冷水团事件"前后獐子岛收益率分布情况

2014 年 10 月 14 日獐子岛发布停牌公告，于 12 月 8 日复牌，复牌当月獐子岛的股票收益率一直处于下降趋势，且下降幅度远远大于深证综指下降幅度，12 月 8~31 日，獐子岛股票收益率为 -18.13%，深证综指收益率为 -3.26%，累计超额收益率（CAR）为 -15.05%。可见，"冷水团事件"的发生直接影响了市场对企业的评级，投资者对企业的预期下降，自然导致股票价格直线下跌，给公司带来明显的财务损失。

2016 年 1 月獐子岛受到"2 000 人实名举报"，投资者质疑公司 2014 年存货核销原因存在虚假披露可能。从表 6-8 可知，2015 年 12 月 29 日至 2016 年 2 月 1 日，股票累计收益率为 -0.60%，深证综指收益率为 -31.38%，累计超额收益率（CAR）为 -19.22%。虽然事件发生前后深证综指收益率和獐子岛股票收益率同样都为负值，但显然深证综指还是远远大于獐子岛的。

这说明在股市整体并不景气的情况下獐子岛的市场表现更为惨烈。

表6-8　獐子岛被"2 000人实名举报"期间累计超额收益率变动情况　　单位:%

时间区间	獐子岛股票收益率	深证综指收益率	超额收益率
2015年12月29日至2016年1月7日	-20.33	-15.57	-4.77
2016年1月8日至2016年1月20日	-20.73	-8.82	-11.91
2016年1月21日至2016年2月1日	-9.54	-6.99	-2.55
2015年12月29日至2016年2月1日	-50.60	-31.38	-19.22

资料来源：根据计算期每天股票价格、深证综指计算得到。

表6-9报告了獐子岛"扇贝饿死事件"发生前后的收益率变化。2018年1月31日，獐子岛发布2017年业绩预计修正公告同时停牌，于2月5日复牌。停牌前一个月獐子岛股票收益率为-3.01%，复牌当周迅速降至-41.38%；2月5日至2月28日深证综指收益率为-4.56%，獐子岛超额收益率为-36.64%，显然极端天气事件的发生为企业直接带来存货损失的同时，股票市场也迅速作出了反应，造成企业财务损失的进一步扩大。

表6-9　獐子岛"扇贝饿死事件"发生前后累计超额收益率变动情况　　单位:%

时间区间	獐子岛股票收益率	深证综指收益率	超额收益率
2018年1月1日至1月30日	-3.01	0.32	-3.33
2018年2月5日至2月12日	-41.38	-6.5	-34.88
2018年2月13日至2月28日	8.89	7.33	1.56
2018年2月5日至2月28日	-36.64	-4.56	-32.08

资料来源：根据计算期每天股票价格、深证综指计算得到。

在会计业绩指标方面，表6-10报告了2010~2018年9年间资产收益率（ROA）和净资产收益率（ROE）指标。2011年以前，獐子岛资产收益率于12%以上，净资产收益率于20%以上，说明企业资产利用效率不错，投资为企业所带来的收益较高。2012年开始两项指标呈悬崖式下跌，2014年资产收益率为-23.45%，净资产收益率为-67.69%；2017年资产收益率为-17.24%，净资产收益率为-101.6%。显然，这些年间，非规律性的极端天气事件一波又一波地突发冲击獐子岛的业务经营，成为獐子岛财务损失的一个重要外部因素。

表 6 – 10			2010 ~ 2018 年獐子岛的 ROA 和 ROE 变化情况					单位：%
指标	2010 年	2011 年	2012 年	2013 年	2014 年	2015 年	2016 年	2017 年	2018 年
资产收益率	15.12	12.87	2.22	1.9	−23.45	−5.24	1.69	−17.24	0.91
净资产收益率	28.11	21.18	4.09	3.93	−67.69	−24.04	8.47	−101.6	8.74

资料来源：根据东方财富数据网整理所得。

以上分析表明，作为经营主业属于与气候变化密切相关的高风险行业，獐子岛的生产经营除了受常规风险的影响外，随时面临重大的非连续性的气候风险冲击，但公司一直对气候风险存在认知上的管理缺陷，没有提前构建弹性（Resilience）风险防控体系，最终造成巨亏。具体说：

第一，公司在风险认知上无视"冷水团"的潜在影响及它的变化可能使公司遭遇的自然风险。表面上，2012 年公司在年报中明确说明：对"冷水团"进行 24 小时不间断监控，但在 2014 年"冷水团事件"发生之前，公司没有披露过任何有关"冷水团"异常变动的消息。

第二，已有的内部控制框架是否覆盖了不同类型的气候风险。"冷水团事件"后，大众的焦点是獐子岛的内部控制问题。确实，獐子岛在原材料采购、重大存货监管等很多方面存在内控缺陷；但公司管理层近年来的频繁离职，在治理层面暴露了公司气候风险管理在组织决策上的缺陷。2014 年 12 月 5 日证监会在《对獐子岛"巨亏"事件的核查及处理情况》公告中明确指出：獐子岛存在决策程序、信息披露以及财务核算不规范等问题。

第三，企业面对气候风险是否无能为力。獐子岛的"冷水团事件"之前，公司未能通过以往的损失事件评估气候风险管理各环节的缺陷；"冷水团事件"之后，公司将此次事件归因于自然灾害，投资者显然无法接受这一解释，利益相关者对公司的评价也因此一落千丈，纷纷对公司提出各种质疑，公司股价一直下降。

第四，管理层或大股东是否借企业所处行业易遭受气候风险的特性为其谋取私利行为作掩饰。獐子岛属海洋生物养殖企业，占资产总额比重较高的存货常年暴露于高强度气候风险之下，如果企业未完善气候风险防控体系建设，忽视内部控制缺陷，相当于为部分高管或控股股东谋取私利和损害中小股东利益的操作提供隐秘借口。

六、企业经营的气候风险管理

獐子岛遭遇天气变化魔咒所引起的巨大损失给企业经营提供了新的启示：气候变化正在不断改变企业的商业环境和风险环境，天气变化或极端天气事件不断增强企业经营的脆弱性，企业进行气候风险管理已成为内部控制的一个新议题。

（一）理解不同类型气候风险的传导机制

气候风险对企业来说是一种新的挑战也是新的机会，企业面临的气候风险是指由于天气的变化或者极端天气事件给企业经营产生的潜在影响。由于气候风险具有高度的不确定性，这使得企业应对气候风险与其他风险应有一定的差异。"韦恩"（Winn，2011）将气候风险定义为"Massive Discontinuous Change"，即大规模不可持续的改变，主要从其造成的破坏程度、时间范围、空间范围、可预测性、潜在改变、突发性等方面区别于其他风险。气候风险由"灾害""脆弱性""暴露度"共同决定，脆弱性是指自然不可避免的程度，气候灾害的发生一定程度上来说不受人为控制，以目前的知识水平企业无法决定极端天气事件、气候风险是否发生，何时发生，危害多大等。暴露度是指企业暴露在气候风险中的程度；企业可以通过采取有效机制降低其暴露度，从而降低气候风险。如今，在农业、电力、保险、矿业、石油和天然气、旅游等产业部门的企业，日益面临越来越频繁的气候风险冲击。

国际组织（ERES）2010 年将组织可能遭遇的气候风险主要分为四种类型：自然风险（Physical Risk）、监管风险（Regulatory Risk）、诉讼风险（Litigation Risks）、声誉风险（Reputational Risk），它们从不同方面影响企业经营的全过程。在同一天气事件中，四种不同类型的气候风险对企业经营的影响仅有程度的差异而已。

对那些与气候变化有密切关系的企业来说，四种类型的风险不是单独存在而是互相传导的。气候变化的自然风险，不仅会造成组织的物质损失还可能会对组织的声誉带来负面影响，形成声誉风险；自然风险引起的巨大损失又可能带来诉讼风险，诉讼又会引起声誉风险。同时，如果企业违反气候政策要求不仅会带来监管风险，面临罚款等，同样会对企业的信誉带来负面影响；进一步讲，自然风险导致的损失还可能引发其他监管方面的限制，如獐子岛的融资受阻、停牌等。可见，四种不同类型的气候风险以自然风险为起点，向其他类型的风险传导，图6-2刻画了不同类型气候风险之间的传导机制。这也就意味着，企业气候风险管理的关键环节是气候变化的自然风险。

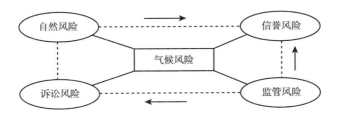

图6-2　不同类型气候风险之间的传导机

（二）构建气候风险管理的弹性自适应模型

上文的分析说明，獐子岛经营过程中之所以多次遭遇气候风险侵害，至少在风险控制系统方面存在几个缺陷：（1）公司管理层在认知上是无视气候风险的；（2）内部控制框架在治理层面缺乏组织保证；（3）公司在多次遭遇气候风险后没有构建起应对气候风险的组织适应力。

由于天气变化或极端天气事件的气候风险是否发生、何时发生、危害多大等具有不连续性和高度的不确定性。企业管理气候风险需要构建弹性优良的自适应系统，增强企业面对气候风险的适应能力。企业的适应能力要求其面对突发情况有灵活的、可以选择的执行过程和资源，能够随风险事件变化的进程组织有效、快速的反应；企业组织的弹性能增强组织的适应性，是企业面对生产经营过程中的各种不确定性因素，组织能够通过迅速调整组织内外部资源、能力作出迅速的反应。

一个有良好弹性的自适应风险管理系统，具备足够的柔性、敏捷性和响应能力，可以使企业在遭遇天气变化或极端天气事件时，对可能产生的各种潜在影响作出迅速反应，支撑组织在快速变化或恶劣的环境中维持正常的营运关系。增强企业组织的弹性能够增强企业应对气候风险高度不确定性的适应能力；减少天气变化导致的气候风险后果可以降低企业的"脆弱性"并增强弹性。一些研究证实，企业的气候风险作为一种可能性与灾害面、经营脆弱性、风险暴露度三个变量之间存在数量上的函数关系。在此，用图 6 - 3来刻画企业管理气候风险的自适应"时钟"模型。

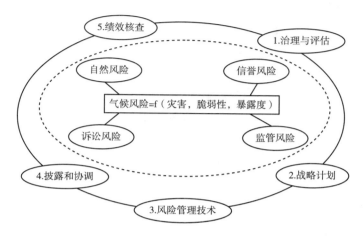

图 6 - 3　企业管理气候风险的弹性自适应"时钟"模型

在图 6 - 3 中，虚线圆圈描述了企业气候风险三个主要因素之间的数量关系及主要气候风险类型。企业组织层面的气候风险影响的范围和后果，随产业部门、企业及其所在区域的不同而存在较大差异，企业应将气候风险管理放在与其他商业风险等同的地位。实线圆圈描述了企业管理气候风险的自适应"时钟"模型，具体步骤和操作如下：

1. 治理与评估。企业的气候风险管理的核心是一个治理问题。（1）创建风险管理团队。公司管理层要对气候风险形成正确的认知，在董事会下面设立专门的风险委员会，明确界定 CEO、管理团队、董事会的责任，形成应对气候风险的组织保证。（2）科学及时地对企业可能遭遇的气候风险进行评估。一是从同行业企业、相关行业及企业过去遭遇气候风险的情况等方面确定评估标准，创建气候风险管理卡，对资产（如设施、存货）、原材料和物流（如供应链及运输系统的脆弱性）、人员（雇员和客户）、生产流程、产品及市场和竞争地位、保险成本等，从四种不同类型的风险暴露开展评估。

2. 战略计划。企业将应对天气变化的适应性战略全面整合于核心业务流程，增强对外部环境变化的适应能力，进而增强应对风险的能力：（1）开发具有持续性的公司气候政策和程序，将企业战略投资、生产流程、商标以及与气候变化相关的产品进入战略业务单元。（2）创建"绿色价值链系统"，确保企业经营流程的合规，主动设定设备能效、清洁能源技术使用目标、GHG 排放目标和期限。（3）面对极端天气事件可能产生的巨大损失，做好事前的识别和预案，构建风险转移机制，通过天气衍生品、损失补偿保险转移风险，甚至与保险公司协商创新相关的业务。

3. 风险管理技术。在企业内部，当气候风险纳入具体的业务单元后，各业务单元创建自身的"气候风险管理卡"，并随着战略更新作出动态调整，气候风险管理团队随时接受董事会和执行高管的监督，并与董事会之间形成快速反馈机制，强化内控流程是否覆盖气候风险的动态过程，定期对内部控制系统进行自我评价和披露。当企业有可能遭遇气候风险时，内部控制系统作为弹性自适应模型的要件，能及时发现问题并将信息传递到风险管理团队，迅速进入决策部门。

4. 披露和协调。企业遭遇气候风险产生的可能损失涉及企业整个价值链系统，公司在年度财务报告和社会责任报告中公开披露气候风险评估结果、可能损失、实施计划、监督机制，有利于协调股东、内部员工、分析师、公益组织、受灾的社区和政府等不同利益相关者之间的关系，获得有价值的反馈，形成公司对气候变化的积极响应机制。在企业气候风险管理的自适应模型中，正是这种超越组织边界的反馈－响应机制，帮助公司形成解决气候风险的创新方案。

5. 绩效核查。气候风险管理过程的最后环节是核查管理的绩效，如果发现问题，就需要从治理与评估的起点开始，改进整个风险管理过程，并随着生产经营过程和外部风险环境的变化动态调整，修改"气候风险管卡"。

七、讨论问题与案例思政

（一）拟讨论的重点问题

獐子岛多次遭遇极端天气事件所产生的严重财务后果，带给我们很多启示。本案例的侧重点是公司的风险控制系统中关于气候风险的应对机制，重点思考如下问题：

1. 獐子岛多次遭遇极端天气事件并引起重大损失，是单纯的内部控制问题吗？与公司治理机制是否有密切联系？

2. 根据国际非政府组织（CERES）对气候风险的分类，獐子岛遭遇了哪些气候风险？

3. 根据獐子岛的价值链系统，说明獐子岛与天气变化相联系的每个具体事件在价值链上存在的具体损失。

4. 2013 年，美国反虚假财务报告委员会下属的发起人委员会（COSO）在《COSO-ERM 揭示可持续风险（Demystifying Sustainability Risk）》的报告中提出了将三重底线整合于企业风险管理项目（"Integrating the Triple Bottom Line into an Enterprise Risk Management Program"）的全面风险管理框架。结合 CERES 对气候风险的分类，说明獐子岛及具有与之相似经营特征的企业如何创建有效的风险管理框架。

5. 结合本案例开展讨论：企业气候风险管理的弹性自适应模型有哪些基本特征？理论基础是什么？企业创建气候风险管理模型能否与现有的内部控制框架对接？

（二）案例思政

1. 1992 年 5 月通过的《联合国气候变化框架公约》（以下简称《公约》）旨在将大气中温室气体浓度稳定在防止气候系统受到危险人为干扰的水平上；确立了"共同但有区别的责任"、公平、各自能力和可持续发展原则等国际合作应对气候变化的基本原则。我国于 1992 年 11 月经全国人大批准加入《公约》；之后，中国一直努力采取应对气候变化的行动，结合本案例极端天气事件的背景，讨论近年来中国努力应对气候变化取得了哪些显著成就。

2. 企业构建怎样的风险管理机制和内部控制系统在一定程度上反映了管理层的风险价值观和对利益相关者的责任。结合獐子岛的相关资料，讨论其内部控制存在哪些具体的责任缺失。

参考文献

[1] 吕文栋. 论弹性风险管理——应对不确定情境的组织管理技术 [J]. 管理世界，2019（9）：116 - 132.

［2］杨小舟，许建斌，李彬.“獐子岛”事件的综合分析［J］. 财务与会计，2015（4）：29 – 32.

［3］CERES. Climate Change Risk Perception and Management：A Survey of Risk Managers ［R］. Coalitions for Environmentally Responsible Economies，2010.

［4］Ernst & Young L. L. P.，Craig Faris，Brian Gilbert，Brendan LeBlanc，Brian Ballou，Dan L. Heitger. COSO-ERM Demystifying Sustainability Risk ［R］. http：//www. coso. org，2013.

［5］Sakhel，A. Corporate Climate Risk Management：Are European Companies Prepared?［J］. Journal of Cleaner Production，2017（165）：103 – 118.

［6］Winn，M.，M. Kirchgeorg，A. Griffiths，M. Linnenluecke，and E. Günther. Impacts from Climate Change on Organizations：A Conceptual Foundation ［J］. Business Strategy and the Environment，2011（20）：157 – 173.

案例七　胜于易胜：格力电器和丰田汽车应对疫情冲击的弹性风险管理

专业领域/方向： 内部控制与风险管理

适用课程：《公司战略与风险管理》

选用课程：《财务管理理论与实务》《内部控制与风险管理》

编写目的： 新冠疫情这一全球性公共卫生事件对企业经营系统的波浪式冲击，使企业风险管理面临重大挑战。如何构建新型风险管理体系成为企业持续发展的新课题。本案例旨在帮助学员了解全球性重大突发事件的风险传导路径，及企业遭遇冲击的损失区域，引导学员探索企业弹性风险管理模型及运用策略。根据本案例的资料，学员可以认识到企业传统风险管理模式的局限性，提高对不可预见风险的职业警觉；并进一步结合企业经营特征，摸索新型风险管理模式及方法，增强风险管理的能力。

知识点： 风险放大效应　传统风险管理缺陷　弹性风险管理模型　风险缓冲机制

关键词： 公共卫生事件　企业损失区域　风险管理缺陷　弹性风险管理模型

摘要： 2020 年初，全球性公共卫生事件——新冠疫情暴发，随着其快速的传播扩散，世界各国企业的经营系统受到巨大冲击。本案例分析了格力电器和丰田汽车在新冠疫情冲击下的业绩损失、市场效应及现金流状况；尽管 2020 年上半年格力和丰田的业绩都受到了极大破坏，但格力的市场效益波动较大且现金流的下降速度更快，而丰田货币资金持有量高且流动性好。这种差异表现在，丰田比格力在事前有较好的财务弹性、供应链弹性、信息系统弹性及经营弹性建设。通过本案例分析，归纳出应对重大突发事件的不可预见风险的企业弹性风险管理模型及其应用策略。

引言：300 亿元收入损失引发的风险管理思考

2020 年初，新冠疫情暴发，随着其快速的传播扩散，世界各国企业的经营受到巨大冲击。我国制造业龙头企业之一的格力电器，同样没有摆脱疫情的巨大冲击。4 月 24 日 8 点，董明珠开启了第一次直播带货。在直播中，她坦言第一季度格力损失了 300 亿元，发给员工的工资有 20 亿元。公司 2 月、3 月空调销售几乎为零，仅 2 月就亏了 200 亿元。格力 2 月份基本上一个月都没有销售，往年的销售数据基本上都是一二百亿元，而今年几乎是零。①

在日本，代表日本制造业的日本八家汽车制造企业，2020 年 4 月份的全球汽车生产量比上年同月大幅减少了 60.5%，为 91.6255 万辆，是 2008 年世界金融危机以来的最大跌幅。其中 8 家日本汽车制造企业在英国和印度等国的生产量为零。同时，丰田汽车在美国、墨西哥和英国等 10 个国家，本田和日产在美国和欧洲地区，均停止了生产。

但是，企业如何扛得住新冠疫情的冲击呢？据报道，日本大企业富裕的内部留保资金将有助于维持雇佣、保持企业经营稳定，使自己能够自力渡过难关，更为疫情之后的复兴发力。以丰田为例，丰田汽车公司的内部留保总额，高达 23 万亿日元（约 1.5225 万亿元人民币），相当于新西兰或伊拉克的 2019 年 GDP 总额。②

如此引发的思考是，为减少始料未及的突发重大事件对企业经营的冲击或者快速地从重大冲击的破坏状态恢复正常，企业需要怎样的风险管理系统呢？由于传统风险管理侧重于风险识别，企业通过经验数据、概率分布及数学模型预测可能出现的变故并设定正常状态下应该采取的措施，实现事前防范、事中应急和事后恢复的阶段性风险把控，自然能够在一定程度上对常规风险起到过滤和控制作用；但这种预测本质上是基于经验，对于隐蔽的、首

---

① 这是当时董明珠接受采访时的一个说法，实际损失以当年财报为准。
② 徐静波. 面对百年一遇大疫情，日本大企业为啥不慌不忙？[J]. 中国经济周刊，2020（11）.

发的、不可预见性的突发性重大冲击，其风险可能源于未知的诱因、通过不同的方式、影响不同的群体、形成不同的传导路径，甚至随时改变发展方向。

显然，具有灵活的、有极强缓冲和恢复能力的风险管理系统成为应对不确定性的必要条件，而传统的风险管理策略不再是企业应对突发性重大冲击的最佳选择。本案例通过对格力电器和丰田汽车的风险管理分析，对比二者在新冠疫情冲击下的受灾程度及应对效果，探索企业控制破坏程度、缩短恢复时间、保持业务连续的弹性（Resilience）风险管理机制。

一、格力和丰田的背景资料

珠海格力电器股份有限公司（格力电器，以下简称"格力"）于1991年成立，总部位于珠海，1996年于深圳证券交易所上市，是一家多元化、科技型的全球工业集团，旗下品牌包含格力、TOSOT、晶弘三大品牌，覆盖空调、生活电器、高端装备、通信设备等四大领域，主营空调业务，常年占据空调市场大头。格力电器在家电行业市值排名中位居第二，仅次于美的集团，处于行业领先地位，但就绝对值来看，美的电器市值达5 670亿元，超格力电器1 963亿元，短期内美的集团在家电行业的霸主地位不容撼动。

丰田汽车公司于（丰田汽车以下简称"丰田"）1937年注册成立，总部位于日本爱知县丰田市和东京都文京区，相继于东京证交所、名古屋证交所、纽约证交所及伦敦证交所上市，1982年与丰田汽车销售公司合并，成为现在的丰田汽车公司。自合并起，丰田汽车就在世界汽车生产业中发挥着举足轻重的作用，在全球十大车企排名中，作为唯一入榜的日企，丰田以1 952.8亿美元的市值排名第二。丰田汽车主营企业业务，在大约200个国家和地区销售其汽车，主要市场在日本、北美、欧洲和亚洲，除此，经营部分金融业务和房屋电信业务。丰田汽车从属于丰田财团，集团垂直多元化发展，涉足产业链覆盖了汽车行业从原料、制造、销售到物流几乎所有环节。

二、格力和丰田遭遇突发疫情的风险传导路径

2020年初，国内疫情从1月下旬暴发开始到2月下旬一直处于高速扩散

阶段，道路封闭交通阻断、商场关门歇业、社区封闭管理；直到 2 月下旬高风险得以控制，复工复产才有序推进；3 月下旬本土传播基本阻断，境外风险陡然上升，直至年底仍在小规模传播中。日本新冠疫情暴发从 2020 年 1 月下旬开始，2~3 月疫情处于扩散阶段，但日本国内抗疫工作处于观望追踪阶段，4 月疫情逐渐失控，国内防疫工作才进入紧急状态，东芝、丰田等大型企业带头停工停产，6 月中旬又经历一波反弹。疫情扩张导致的经营风险传导路径如表 7-1 所示。

表 7-1 格力电器与丰田汽车风险传导路径

路径	格力电器	丰田汽车
供应端	（1）受供应商停产停工影响，原料市场供需出现倾斜，国内钢、铝、铜、塑料的价格指数上涨明显，其中铜价同比增长 72.49%，突破近 16 年纪录，而钢、铝、铜、塑料在格力生产总投入中占比超 80%，核心原材料价格上涨，格力利润空间受到严重挤压；（2）疫情高速扩散阶段，国内采取道路封闭、交通阻断防疫措施，大宗原料运输成为难题	丰田部分零部件供应来自中国，一季度，受中国零部件供应商停工停产和推迟复工影响，丰田日本工厂的生产经营受到影响
市场竞争	（1）家电制造属于劳动密集型产，新冠疫情暴发恰逢春节，政府号召企业延迟复工、小范围复工，沿海工厂担心复工劳动力不足，承诺薪金平均增长 10%~20%，劳动力成本直线上升；（2）复工首日，格力复工率仅 43%，劳动力缩减一半；（3）复工后，国内疫情仍然严峻，格力将生产重点转移到疫情防护用品，空调主业产能缩减	（1）3 月，受市场缩减影响，丰田为减少库存堆积和自身消耗，陆续暂停了海外工厂汽车和零部件的生产活动；（2）4 月，日本防疫工作进入紧急状态，大型企业带头停工停产，丰田停止了日本国内 5 家工厂的生产线，并继续延长部分海外工厂停产时间
销售渠道	（1）一季度，国内商场及店铺歇业关闭，线下销售完全切断；（2）社区封闭管理，家电物流配送和产品安装成为销售附带难题，线上销售同样受到影响	丰田汽车销售主要通过 4S 店和经销商售出，划定市场范围，实行区域性销售，4 月全球经销商歇业，销售渠道阻断，2021 财年一季度丰田汽车销量减少 1 160 万辆

续表

路径	格力电器	丰田汽车
消费端	（1）一季度本就不是空调销售的旺季，上年末各类促销已经透支市场需求，此时疫情暴发对家电市场无疑雪上加霜，一季度格力终端销售几乎处于冰封状态，销售收入环比下降52%，尤其2月销量几乎跌至谷底；（2）停产停工及破产裁员导致部分消费者收入缩减，对家电这类大型非消耗类产品的购买力及购买意愿也相应下降；（3）近年，格力超10%主营收入来自海外市场疫情暴发以来，贸易保护主义借此抵制中国产品，3月下旬，境外风险陡然上升，海外市场进一步缩减	（1）对于大型非消耗类产品，消费者更易受到传统价值观念和经济环境的影响，在未来收入具有不确定性时，新兴发展中国家消费者更倾向于保守消费，因此2020财年四季度丰田在发展中国家的销量锐减，而欧洲和北美市场基本稳定；（2）随着疫情全球范围内持续扩散，2021财年一季度丰田日本和海外市场持续受挫

资料来源：根据巨潮资讯、东方财富、英为财情网站整理。

三、疫情冲击下格力和丰田的损失区域

（一）财务业绩损失

疫情对公司经营系统的破坏引起了巨大的财务损失，如表7-2所示。

表7-2　　　　　格力和丰田2020年第一季度财务业绩变化情况

指标	格力电器				丰田汽车			
	2020年3月31日		2020年6月30日		2020年3月31日		2020年6月30日	
	金额（亿元）	同比增长率（%）	金额（亿元）	同比增长率（%）	金额（亿日元）	同比增长率（%）	金额（亿日元）	同比增长率（%）
收入	209.1	-49.01	496.9	-13.33	70 998.28	-8.39	46 007.96	-40.41
净利	15.78	-72.31	48.47	-40.29	636.77	-86.86	1 494.48	-76.33
基本每股收益	0.26元	-72.34	0.8	-40.74	23.15	-85.60	56.87日元	-73.99

资料来源：格力电器和丰田汽车季度报、半年报和年报。

1. 格力电器的财务业绩损失。2020年1~3月格力业绩大幅下滑，营业收入比预期目标少300亿元，同比下降49.01%，净利润和基本每股收益分别下降72.31%和72.34%，均高于营业收入下滑幅度，说明该季度成本费

用存在不合理支出。4~6月格力业绩有所回转，但仍低于上年同期水平，该季度营业收入同比下降13.33%，净利和基本每股收益分别下降40.29%和40.27%，净利和基本每股收益的下降幅度仍然高于收入下降幅度。

2. 丰田的财务业绩损失。2020年1~3月丰田业绩有所下滑，盈利质量不高，该季度丰田实现营业收入7.1万亿日元，同比下降8.39%，系合并车辆单位销售额减少，净利润和基本每股收益分别下降86.86%和85.6%，净利润和基本每股收益下滑幅度远高于收入下滑幅度，说明该季度不合理的费用支出大幅压缩企业盈利空间。4~6月，受日本和海外疫情扩散影响，丰田业绩持续下滑，该季度营业收入仅4.6万亿日元，同比下降40.41%，净利润和基本每股收益相比上年同期分别下降76.33%和73.99%，但比上一季度有所好转。

总体来看，新冠疫情对格力和丰田的前半年的业绩都造成了极大的破坏，但丰田业绩下滑更为显著。

（二）市场效应

表7-3报告了新冠疫情暴发前后格力电器和丰田汽车股票收益率、深证综指收益率、日经225指数收益率以及累计超额收益率相关数据。从表7-3可以看出，2019年12月格力累计超额收益率为6.85%，市场认可较高；2020年1月国内疫情进入暴发期，累计超额收益率迅速降至-1.05%，2~3月格力股票收益率和累计超额收益率均为负值，市场认可度持续下滑；4月国内疫情得到控制，格力累计超额收益率转为正值，但并不稳定，系回购股票实施员工股权激励计划，并非来自市场投资者的认可。

表7-3　　　　　　　　格力和丰田超额收益率比较　　　　　单位:%

时间	格力电器			丰田汽车		
	股票收益率	深圳综指收益率	超额收益率	股票收益率	日经225收益率	超额收益率
2019年12月	13.64	6.79	6.85	-0.80	-1.91	1.10
2020年1月	-2.50	-1.45	-1.05	-6.86	-8.89	2.03
2020年2月	-7.41	-1.65	-5.76	-8.78	-10.53	1.74
2020年3月	-11.82	-5.40	-6.42	2.54	6.75	-4.21

续表

时间	格力电器			丰田汽车		
	股票收益率	深圳综指收益率	超额收益率	股票收益率	日经225收益率	超额收益率
2020 年 4 月	4.92	4.46	0.46	1.34	8.34	−7.01
2020 年 5 月	3.93	0.38	3.55	0.10	1.88	−1.77
2020 年 6 月	1.37	6.85	−5.48	−8.06	−2.59	−5.47

资料来源：根据格力电器和丰田汽车月均股价、深证综指和日经 225 指数计算。

2019 年 12 月丰田累计超额收益率为 1.1%，低于格力同期累计超额收益率；1～2 月疫情开始后，股票收益率下滑明显，但仍超过日经 225 收益率，说明即使经营活动受到疫情影响，但丰田仍然受到市场较高认可。3 月丰田累计超额收益率转为负值，一直持续到 6 月，系日本国内及欧美主要市场的疫情仍大规模扩张传播，如图 7 - 1 所示。

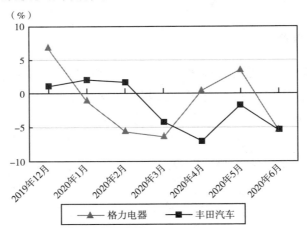

图 7 - 1　格力和丰田累计超额收益率变化情况

以上分析说明，1～3 月格力市场损失严重，而丰田受到较高的市场认可；4 月格力市场认可有所好转但仍不稳定，丰田市场效益有所下滑。总体来看，丰田市场效益波动幅度小于格力市场效益波动幅度。

（三）现金流损失

"家有粮心不慌"，公司富裕的现金流持有量是抵御不可预见风险的最有力武器。表7-4报告了格力和丰田在疫情突发前后的现金流情况。

表7-4　　　　　　　　　格力和丰田疫情突发前后的现金流情况

公司	现金流指标	突发性灾害事件前				突发性灾害事件后	
		2019年3月	2019年6月	2019年9月	2019年12月	2020年3月	2020年6月
格力	每股现金净流量（元）	-0.04	1.54	2.78	-0.40	-1.49	-0.49
	营业收入现金净含量（%）	18.87	16.74	20.90	13.91	-56.31	-6.40
	经营活动产生的现金净流量（亿元）	77.33	164.56	327.30	278.94	-117.73	-45.18
	货币资金（亿元）	1 132.88	1 211.00	1 362.33	1 254.01	1 216.65	1 295.57
	现金及现金等价物余额（亿元）	285.37	380.39	455.08	263.73	174.33	234.28
丰田	每股现金净流量（日元）	1 329.81	321.62	741.31	1 039.15	1 298.06	240.79
	营业收入现金净含量（%）	11.30	11.88	13.53	12.65	12.00	14.63
	经营活动产生的现金净流量（亿日元）	37 665.97	6 508.98	20 675.65	28 888.81	35 906.43	6 732.52
	货币资金（亿日元）	35 747.04	37 618.00	39 797.64	37 592.40	40 984.50	68 015.61
	现金及现金等价物余额（亿日元）	37 065.15	38 904.87	40 998.10	38 826.44	44 121.90	68 015.61

资料来源：根据格力电器和丰田汽车季度报、半年报和年报计算。

1. 现金流损失情况的比较。从表7-4及图7-2、图7-3可以看出，疫情暴发前，格力现金流状况就并不稳定，各项指标波动幅度较大，而疫情暴发对其现金流造成严重冲击。2019年第三季度每股现金净流量为2.78元，年末迅速降至-0.4元，营业收入现金净含量也从20.9%降至13.91%。2020年第一季度随着疫情暴发，格力每股现金净流量、营业收入现金净含量及经营活动产生的现金净流量都迅速转为负值，其中营运活动产生现金净流量为-117.73亿元，销量下降导致收入锐减，比上年同期减少195亿元，下降幅度达252%；第二季度销量部分回升但仍不足以弥补第一季度的损失，所以中期报营运活动现金净流量依然为负，比上年同期减少 209.74 亿元，总体来看现金流状况有所好转，但各项指标仍为负值。

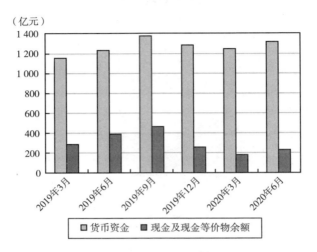

图 7 - 2　格力货币资金和现金及现金等价物余额

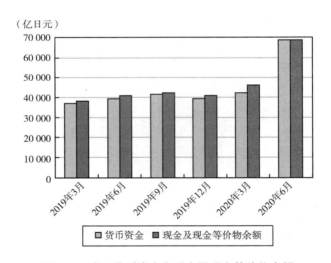

图 7 - 3　丰田货币资金和现金及现金等价物余额

疫情前丰田现金流状况总体呈稳定态势，疫情暴发后现金流受到一定影响，但下滑幅度不大。2020 财年（2019 年 4 月 1 日 ~ 2020 年 3 月 31 日）丰田每股现金净流量为 1 298.06 日元，比上年同期仅减少 31.74 日元，且从各报告期的数据来看，丰田每季度都在实现营运活动现金净流量正增长，说明疫情暴发对其现金流影响有限。从营业收入现金净含量来看，2019～2020 年丰田各报告期营业收入现金净含量都稳定在 12% 左右，2021 财年第一季度（4～6 月）该指数达 14.63%，说明丰田主营业务收入获取现金的能力一直较高，并没有因为疫情受到明显影响。从经营活动产生现金净流量看，2020 财年丰田经营活动产生的现金流量始终保持较高水平增长，2021 财年第一季度经营活动现金净流量 6 732.52 亿日元，不仅实现现金流积累而且相比 2020 财年同期有所增加。

2. 现金流储备情况的比较。如图 7－2 所示，疫情暴发前后，格力货币资金储量都在 1 200 亿元左右，持有量较为充足且基本稳定，而现金及现金等价物余额较低且变动幅度较大，2019 年末格力现金及现金等价物余额为 263.73 亿元，2020 年第一季度迅速降至 174.33 亿元，说明这一季度格力并未实现现金积累反而消耗了留存的现金及现金等价物。与此同时，格力现金及现金等价物余额远远低于货币资金，说明其大部分货币资金为不能随时变现的款项，流动性不高。

从图 7－3 来看，2019～2020 年丰田各报告期的货币资金和现金及现金等价物余额都呈稳定增长态势，2019 年末丰田现金及现金等价物余额达 38 826.44 亿日元，折合人民币为格力现金及现金等价物余额的 8.8 倍，2021 财年第一季度丰田又实现货币资金增长 27 031 亿日元，现金及现金等价物增长 23 893.71 亿日元，在销售活动受到严重打击的情况下，其现金流状况依旧保持良好。此外，与格力不同，丰田的现金及现金等价物余额略高于货币资金，说明企业持有一定量现金等价物，且货币资金整体流动性较高。

四、格力和丰田应对疫情冲击风险的方法

（一）新冠疫情之前格力的供应链风险防控

格力一直以来都较为注重供应链安全，每种材料的供应源都会选定 2～3 家，并充分考虑供应商与生产基地的供需区域分布，保障供应安全的同时也加强了对上游企业的话语权。压缩机是空调制造的核心零部件，2006 年格力通过收购凌达压缩机和凯邦电机，实现了核心零部件自给，2018 年凌达成为

全球第二大压缩机生产企业，格力进一步增强了其在上游供应链中的竞争力，也提高了新进入者的进入壁垒。此外，格力还通过自行采购原材料转手提供给上游配件供应商，在实现其他业务收入的同时，压缩配件采购成本，2019 年格力其他业务收入为 436.2 亿元，占总收入的 21%，仅次于空调业务。

为加强自身竞争力，格力也十分注重研发团队建设。2011～2019 年格力研发团队从 5 000 余人增加至 14 000 人，2019 年研发人员占员工总数的比重达 13%。疫情暴发后，其研发团队除完成了口罩机、体温枪模具等抗疫物资生产设备的研发，更以其长期积淀的实力 55 天完成"猎手"系列空气净化器的研发、推出国内首台移动 P2＋核酸检测车，创新实力带来的收益在一定程度上弥补了主业收入锐减的损失。

（二）新冠疫情之前丰田的弹性风险管理

为增加组织财务弹性，丰田格外注重资金流动性，储备了充足现金。由于常年面临地震、海啸等自然灾害的威胁，日本企业向来注重风险管理，尤其 2008 年金融危机后，"存钱"成为日本企业维持稳定经营的首选，截至 2019 年末丰田货币资金余额达 3.76 万亿日元、现金及现金等价物共计 3.88 万亿日元，内部留保总额达到 23 万亿日元，现金储备充足且流动性较高。

为保障供应链安全及其竞争优势，多年来丰田一直致力于垂直多元化战略部署，掌握了完整的零部件供应链体系。爱信、电装、丰田纺织、爱知制钢以及雅马哈都是汽车行业领先的零部件供应商，也是由丰田控股的汽车零部件生产企业。

为加强管理层及各部门间信息沟通与交流，自 2011 年丰田对管理层进行逐步调整与优化。2011 年丰田精简董事会、缩减行政决策系统、取消高级总经理灵活任命首席执行官；2013 年设立业务部门、任命外部董事会成员；2016 年建立内部公司；2019 年只将高级管理人员和更高级别的人员定位为高管，建立新分类等，丰田的管理结构实现了从以功能为基础向以产品为基础的重大转变。

（三）格力和丰田在新冠疫情传播期间的应急管理

新冠疫情的突发性和破坏性几乎使企业的风险控制系统失灵，不得不采取应急管理。表 7-5 归纳了格力和丰田在新冠疫情传播期间的应急管理举措。

表 7-5　格力和丰田在新冠疫情传播期间的应急举措

内容	格力电器	丰田汽车
财务	（1）向中央银行借款净增加 500 万元，向其他金融机构拆入资金净增加 5 亿元；（2）政府补助增加 1.09 亿元，余额达 3.22 亿元；（3）开展外汇资金交易业务，以规避汇率和利率波动风险；（4）2020 年 4 月 15 日发行超短期融资 30 亿元	（1）2020 年 4 月，向国内多家金融机构借款总计 1 250 亿日元，期限一年，利率与现行市场利率大致相同；（2）向三井住友银行和三菱日联银行申请了 10 000 亿日元信贷额度
供应链	（1）对大宗原材料实行集中采购，再销售给上游配套供应商，控制采购成本、保障原材料质量；（2）为规避大宗原料价格大幅波动给公司原材料采购带来的成本风险，公司开展了部分原材料的套期保值业务	（1）2020 年 2 月 3 日，拆分出资作为对价与松下成立合资公司生产汽车棱镜电池，开发高性能电池，构建供应体系；（2）5 月 15 日，与 TCM 电力公司签订协议成立丰田绿色能源有限责任公司，在未来向丰田集团提供可再生能源电力；（3）6 月 5 日，联合中国 5 家企业成立"联合燃料电池系统研发有限公司"
经营	（1）渠道变革，与各大平台开展直播合作，董明珠 5 场直播，累计销售额达 178 亿元，实行线上线下有效融合的新零售模式；（2）完成体温检测仪模具的设计生产，研制出杀灭新冠病毒的"猎手"目前被应用于酒店、医院、学校等场景；（3）成立珠海格健医疗科技有限公司，利用高等级净化车间设立产线，专项生产口罩、测温仪、护目镜等紧缺防疫物资；（4）实施积极促销，空调均价大幅下调，线上和线下均价分别为 2 833 元和 3 879 元，较 2019 年同期下降 1 143 元和 669 元	（1）与铃木汽车达成协议，除电气化技术和紧凑型汽车技术合作，双方互相收购股份用于新领域合作；（2）开发雅力士车型，打造高品质和最新安全保障技术车型；（3）推出 Raze，满足装载大量行李出行的客户的需求；（4）发布 GR Yaris 跑车，面向具有专业知识和更高需求的消费群体
信息		（1）2020 年 3 月 24 日，与 NTT 公司就商业和资本联盟签订合同，旨在达成长期、持续的合作关系共建"智慧城市平台"；（2）高管层结构调整，减少管理层数量，执行副总裁及营运主任职位合并为营运主任职位

资料来源：巨潮资讯、东方财富、英为财情网站。

1. 财务风险应对措施。格力主要通过央行借款、政府补助及超短期债券融资获得资金，丰田主要通过与现行市场利率大致相同的金融机构借款和申请信贷额度方式增加可用资金，在没有依靠任何政府补助和救济政策的前提下，丰田能够利用其较强的未来融资能力，科学选择融资方式和融资渠道。

2. 供应链风险应对措施。尽管销售业绩受到疫情影响严重，丰田仍有充足资金，维持择优投资能力，推进供应链体系建设的战略布局，2020 年 2 月丰田将汽车棱柱电池部门作为子公司拆分，与松下成立合资公司，开发、制造和销售大容量、高输出的汽车棱柱形锂离子电池，电池作为汽车和其余各类交通工具能源问题和环境问题的优选，预计在未来社会生活中发挥重要作用，合资公司成立不仅能保障未来丰田电池供应安全，还能通过对外销售获取稳定收益；与 TMC 签订协议，成立丰田绿色能源有限责任公司，新设公司拥有在日本获得和管理可再生能源的权利，未来将向丰田集团提供可再生能源电力，保障能源供应的同时降低生产成本。格力虽然通过集中采购保证供应控制成本，但从本质上，其生产经营依旧依赖上下游企业的正常运转。

3. 经营风险应对措施。格力主要采取渠道变革、积极促销及转移产能措施，其目的在于快速减少积压库存实现资金回收，承担社会责任同时增加企业销售收入。而丰田并没有改变其整体规划，仍致力于核心业务技术合作与产品研发，一定程度上说明其风险承受能力较强。

4. 内外部信息获取程度。对内，丰田减少管理层数量，便利上下级沟通提升管理效率；对外，与 NTT 就商业和资本达成联盟，建立长期稳定的合作关系。

五、格力和丰田在疫情冲击下风险管理的局限性

新冠疫情的巨大冲击暴露了企业风险控制系统的不足。这些不足主要表现在以下几个方面：

（一）现金储备有限，缺乏财务弹性

从表 7 - 6 看出，2020 年 6 月，格力派发现金股利，每 10 股派发现金 12 元，实际发放 72.19 亿元，现金股利保障倍数仅 - 0.75，上年末格力每 10 股派发 10 元现金股利，现金股利保障倍数为 3.86，说明近半年格力正常经

营活动所产生的现金净流量支付股利的能力明显下降。2020 年第一季度格力资本购置比率、现金流量比率和再投资现金比率都由正转负，其中资本购置比率为 −1 052.58%，同比下降 1978%，本期经营活动产生的现金净流量维持和扩大再生产的能力直线下滑；现金流量比率为 −75.1%，同比下降 106.8%，本期经营活动产生的现金净流量不再满足投资筹资活动的现金需求；再投资现金比率为 −16.75%，同比下降 28.87%，本期可用于投资的现金不足，再投资能力下降。2020 年第二季度格力资本购置比率、现金流量比率和再投资现金比率都有所好转但仍为负值，格力上半年经营活动产生的现金净流状况整体不佳。

表 7 − 6　　　　　　　　　　格力电器的主要财务弹性指标

指标	2019 年 3 月 31 日	2019 年 6 月 30 日	2020 年 3 月 31 日	2020 年 6 月 30 日
现金股利保障倍数	—	—	—	− 0.75
资本购置比率（%）	926.06	498.20	− 1 052.58	− 113.11
现金流量比率（%）	31.70	51.00	− 75.10	− 15.73
再投资现金比率（%）	12.12	26.86	− 16.75	− 6.22

　　资料来源：由格力电器季度报、半年报和年报数据计算所得。

　　现金储备在企业经营活动中扮演着举足轻重的角色，具有调节资产结构、把握投资机遇、应对突发变故的作用。为应对突发性冲击事件，企业需要充足的高质量的现金流，而只有经营活动产生的现金才是企业源源不断的、可自由使用灵活配置的现金流。

　　如图 7 − 4 所示，丰田内部留存一直呈稳定增长态势，2020 财年丰田内部留存达 22.82 万亿日元（折合人民币 14 363 亿元），现金储备占资产总额的比例一直在 40% 左右。格力的现金储备也在持续增加，2019 年末现金储备约 942.84 亿元，现金储备占资产总额的比例约 33%，但与丰田相比，其现金储备还是差出一大截，如表 7 − 7 所示。2020 年第一季度是格力销量和经营活动现金流量受疫情影响最严重的时段，现金储备相比上期减少 8 亿元，占资产总额比重也有所下降，但 4 月格力开始回购股票，实施员工股权激励计划，截至 9 月共耗资 51 亿元购回 1.57% 股份，耗用大量留存一定程度加大了格力现金流压力。

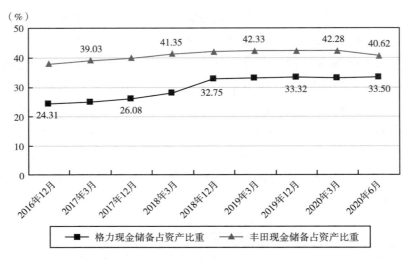

图7-4　格力和丰田现金储备占总资产比重对比

表7-7　　　　　　　　　格力和丰田现金储备量情况比较

项目	格力（亿元）					丰田（亿日元）				
	2016 年	2017 年	2018 年	2019 年	2020H1	2017 财年	2018 财年	2019 财年	2020 财年	2021Q1
现金储备	443.42	560.67	822.69	942.84	934.28	190 270.73	208 030.48	219 862.63	228 196.10	227 139.30
占资产比重（%）	24.31	26.08	32.75	33.32	33.00	39.03	41.35	42.33	42.28	40.62

资料来源：格力电器和丰田汽车年报。

（二）过度依赖单一渠道和核心业务

如图7-5所示，同样作为以空调为核心业务的家电龙头企业，美的集团的空调业务占总业务比重远低于格力的空调业务比重，2016年格力空调业务占总收入比重达81.33%，而美的仅43.21%，虽然近年来格力也在积极布局多元化战略，但其多元化产品的市场份额始终较低，空调业务一直处于绝对地位，2019年空调业务占总收入69.16%，仍高于美的主营业务占比27个百分比。2020年以来，在空调销售淡季和疫情叠加影响下，格力上半年空调业务营业收入锐减，即使其他业务收入表现良好，但占比不高，对企业整体营收影响较小。

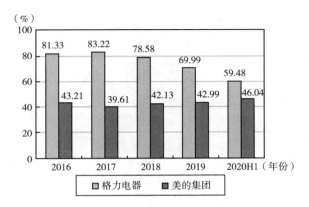

图7-5 格力与美的空调业务收入占总收入比重

销售渠道单一。相比行业竞争对手格力更加依赖线下渠道，虽然早在2013年格力就开始入驻电商平台，但多年经销商模式使得格力与线下渠道的绑定过于牢固，销售渠道扁平化变革一直都是格力有计划但决心不够的事项；层层代理的经销商模式，增加销售费用压缩利润空间。

（三）供应商较为集中，缺乏供应链弹性

格力前五大供应商的采购占总采购金额比重为25.07%，同行业中空调业务最大竞争对手美的的前五大供应商采购占比仅5.41%，说明格力对前五大供应商更加依赖，一方面降低其向上话语权，另一方面增加了面对突发冲击事件的供应安全风险。如图7-6、图7-7所示。

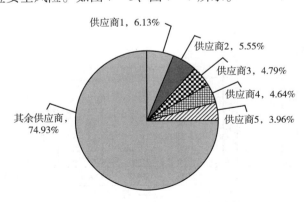

图7-6 格力前五大供应商份额

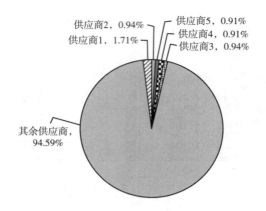

图 7 - 7　美的前五大供应商份额

（四）着眼短期目标，现金流持续能力有限

受新冠疫情影响，许多国家和地区的经济出现大幅下滑，大部分企业的生产和销售均遭遇重大影响。在这样的商业环境下，格力将主要矛盾集中于消化库存回收资金，而丰田关注的仍然是如何创造新价值、布局长期战略。

从毛利率看，如图 7 - 8、图 7 - 9 所示。2016 ～ 2019 年格力毛利率都高于行业均值，但 2020 年第一、第二季度低于行业均值。2020 年上半年，格力是所有空调销售企业里均价下调幅度最大的企业，线上均价同比下调 1 143 元，线下均价同比下调 669 元。迫切需要解决积压库存，价格下调过猛，格力销量虽然上升明显，但利润增加十分有限，依旧难以摆脱窘境。

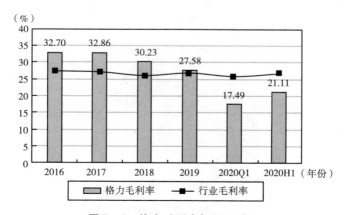

图 7 - 8　格力毛利率与行业对比

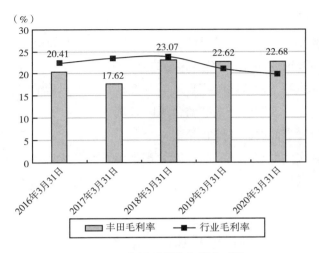

图 7 - 9　丰田毛利率与行业对比

与之相比，丰田通过核查成本实现成本控制，从日常工作到每个项目，在全体员工的参与下改善业务质量，2020 财年丰田汽车业务的营业收入实现同比增加 134 亿日元，也正得益于成本降低以及支出减少。虽然 2016～2018 财年丰田毛利率低于国内参照的汽车制造业平均水平，但 2016～2020 财年其毛利率总体呈增长趋势，2019 财年超过行业均值，2020 财年并未因疫情影响而下滑。除此，丰田认为，目前亟待解决的问题不仅是疫情导致销量减少，还应直面环境和其余各类社会问题的挑战，实现业务阶段性转型，在战略上作出调整升级。制定面向智慧城市的市场战略，了解客户需求，与合作伙伴各取所长，共同开发电动汽车；研发高性能电池，构建供应链体系；投资优步旗下的技术公司，加速共享单车开发与商业化进程；创新商业模式，推广其联网汽车和移动服务等，充足的储备现金让丰田即使遭遇突发性冲击事件的打击，也能照常推进电气化、自动驾驶、联网汽车和汽车共享等转型计划。

（五）突发风险认识和重大损失缓冲机制不充分

丰田通过预算编制系统及其他控制形式协调运转实现资本金管理，业务运营和预算管理在权限和职责的基础上进行；同时，通过有效的共识批准系统，将预算分配到每个组织单位，再细化到每一个支出项目，包括一般费用、研发费用及资本支出。

格力虽然具有一定的突发风险应对和反应能力，但缺乏这样系统全面的损失风险缓冲管理体系。与格力不同的是，为预防自然灾害，丰田编制手册、进行应急演习、购置保险实现风险分散；在首席风险官的监督下，区域首席风险官在各自区域内开发和监督风险管理系统。在总部，丰田指定每个首席执行官和每个部门的风险官负责一个职能部门，在各组织内部，丰田指定总裁和风险官负责每种产品的风险管理；为做好防灾准备，集团、区域及部门都需制定恢复生产和恢复系统的业务连续性计划，并通过定期培训持续改进。

六、弹性风险管理模型及其运用策略

（一）突发灾害冲击对企业风险的放大效应

1. 放大实体损失风险。相比于常规风险，突发性灾害对企业的冲击更为迅速，风险构成也更为复杂。通常，突发性灾害给企业造成的风险覆盖了整条价值链系统，其中任一节点的中断都可能引起整个价值链的崩塌。当供应链安全问题影响到企业经营的连续性和产能的恢复计划时，企业营业收入和现金流将受到影响，未来融资能力下降，可持续发展能力受到质疑；而可用现金流量减少又将影响企业新一轮研发生产活动，会进一步恶化可持续成长能力。此外，由于缺乏类似灾害的风险管理经验，组织往往反应迟缓，错失黄金补救，从而拉长了灾后的恢复计划。

2. 放大声誉损失风险。与常规风险相比，突发性灾害事件影响的范围更广、波及的领域更多，因此受到社会的关注度就更高，企业即将采取怎样的损失补救措施、这些措施是否损害到消费者利益、是否侵占公共资源、是否存在违反市场规律的竞争行为。在灾害发生的特殊时期，企业存在任何稍微偏离大众预期的市场行为，都可能使其声誉受到更大的损害。

3. 放大可能的诉讼风险。由于企业常规的风险控制系统缺少突发灾害风险数据，管理者亦缺乏相应的管理经验，同时突发灾害的动态信息相对匮乏，因而企业对突发性灾害事件的预期走向以及风险应对举措往往是被动的、缺乏针对性和系统性的。这种在摸索中应对突发灾害风险的风险管理机制使企业无暇顾及全部利益相关者的方方面面，也就可能触及价值链中某些参与者的利益，进而增加了企业陷入诉讼风险的可能性。

4. 放大企业可能接受的监管风险。突发性灾害事件的破坏性较大、涉及的范围较广，往往超出单个企业的承受范围，而应对突发灾害很大程度上需要企业之间，以及企业与政府部门的共同作业。此外，企业常规的风险管理方法基本不起作用，必须与其他组织、政府部门实现密切协调，这就意味着，企业在这段特殊时期的行为不完全由市场决定，接受监管的严格程度更高、涉及的监管范围更广、违规的成本更大。

（二）适应突发冲击的弹性风险管理模型

企业的弹性（Resilience）一般界定为企业从不可预期的、超常压力的、不利的情境中缓冲和反弹的能力。在管理本质上，企业弹性是为企业创造了处理未来重大不可预见事件的选择权。一个建立了良好弹性风险管理机制的企业，在面对重大灾害冲击时，可以在最长可容忍的中断期内有效缓冲损失，并迅速将关键业务恢复至最低预定目标，保持核心价值链的稳定，以保证业务连续性和价值链系统的稳定，实现灾害恢复和振兴计划。

企业弹性风险管理模型，是一种既整合常规风险又适应突发冲击的风险管理机制。弹性，包含着抗击干扰、分散风险、恢复中断等多维度的内涵，反映的是企业在面对突发事件及其对常规各类风险的放大效应时所具备的适应和自我调节的能力。企业弹性风险管理模型的一般框架一般包括以下几个维度：

1. 财务弹性。在外部环境突然发生重大改变时，企业能够通过应急行动改变其现金流入的时间和数额，以满足意外现金需求或把握意外投资机会，主要指标包括现金流量比率、再投资现金比率、资本购置比率；现金支配能力是衡量财务弹性的关键，因为只有具备一定强度的现金支配能力，企业才能在灾害风险来临时，依旧维持企业生产运营，满足意外现金需求，把握新的投资机会。

2. 经营弹性。企业能够在面对突发事件的冲击时，及时调整经营相关活动以适应市场变化，同时实现成本控制；经营杠杆系数是衡量企业经营弹性的间接指标。具备良好经营弹性的企业，可以在业务状况良好时适当增加固定成本投入，充分利用正杠杆用途；而在面对外部重大冲击时，灵活压缩酌量性固定成本，增加企业经营弹性。此外，企业还能够保持较高自由调整人力资源的能力，以更低成本调动劳工以实现经营活动的相关调整。

3. 供应链弹性。企业能够在不影响服务质量、不承担高额恢复成本的条件下，规避供应链中断风险，并实现从低谷中快速恢复，其弹性强度的关键是灵活性、速度、可视性和协作化。灵活性是指企业通过增加供应来源、调整供应商结构、供货方式（自制或外包）或留足保险库存以降低供应中断的可能性；速度是要求企业建立安全、高效、稳定的运输网络，保证货物流转速度，进而降低突发事件造成供应延迟的可能性；可视性是指下游企业能够了解并且监测到供应商的财务状况和供货能力，增强供应链透明度和安全性；协作化要求供求双方信息共享，价值链系统的关联企业达成联合应对突发风险的共识。

4. 信息弹性。在突发事件破坏了原有信息源之后，企业能够快速修复或获取替代渠道，保障信息传递的质量和效率。一个有良好信息弹性的企业，其信息源和信息流通的柔性强，即信息源的数量和整合信息的能力、信息传递的速度和信息质量的保证、组织成员沟通的流畅度，以及外部信息获取的成本都可以快速修复或获得替代渠道。如此，企业在面临突发重大冲击时能够快速作出应急决策，确保企业持续经营。

（三）弹性风险管理模型的运用策略

根据弹性风险管理模型的一般框架，结合格力和丰田的应对方法，此处进一步归纳弹性风险管理模型的应用策略。

1. 风险预防的缓冲机制。突发性重大事件往往是不可预见的，对企业的冲击也是毁灭性的。事前的风险预防主要是通过弹性建设，建立突发冲击的缓冲机制，以便将损失控制在最低水平。

在供应链弹性建设方面：企业供应链布局应在安全需求与成本控制之间寻求平衡，优化采购模式。在突发性重大事件冲击面前，传统的低保险库存模式将企业供应链暴露于风险之中，因而企业应在平衡短缺成本和储存成本的基础上设置合理保险储备，并在可控范围内与选定供应商达成应急情景合作共识。

在经营弹性建设方面：应避免出现某一业务因不可控因素的影响，而导致企业整体营业收入受到重创的情况；尤其是行业领先企业，在具备足够资金支持的情况下，可考虑纵向多元化发展，以建立一个相对完整的供应体系，既保证供应来源又增加其他业务收入。同时，推进销售渠道扁平化变革，减少代理商和经销商层级，增加产品性价比。

在财务弹性建设方面：增加储备现金，提高自由现金质量，在注重增加企业现金储备的同时，更重要的是保证储备现金的质量，经营活动产生的现金流是企业可持续的、低成本的、可自由调配的现金流；现金储备要在自由现金流与非自由现金流之间达成合理平衡，有效安排投资活动。同时，拓宽融资渠道，提升筹资能力，相比长期筹资，短期的、临时的筹资对资本结构的调节也更具灵活性。

在信息弹性建设方面：企业可考虑依托大数据工具构建信息中心，在内部减少信息传递的层级，提升组织成员沟通流畅度；在外部价值链系统中，增加信息传递的渠道，提升信息筛选整合能力，使企业在遭遇突发性灾害事件冲击时，保证信息质量，以减少损失和缩短恢复经营时间。

2. 风险冲击的快速响应机制。由于突发性灾害风险的不可预见性，灾害一旦发生就会为企业带来毁灭性打击。企业想要在灾害风险到来时拥有强有力的抗击能力，就需要在正常的生产运营阶段做好充分响应准备，学习、演练、创新是提升抗击风险反应速度的关键。企业要保持长期的学习和创新能力，持续增加资金投入，提高研发水平，增强运用新技术、新方法和新营运模式抗击风险的能力。

3. 风险应对的持续复原机制。应对风险的常规态度是：风险接受、风险排除、风险规避及风险转移。就突发的重大灾害风险而言，企业只能是消极的被动接受者，风险应对的核心是把握反弹点的业绩复原和持续能力，实现连续经营。首先，企业应当迅速整合内外部资源，通过有效协调内外机制，灵活配置可用资源，在权衡连续性生产与恢复性生产资源需求的基础上，实现最佳资源分配，既保证中断业务的持续性需求，也满足被破坏业绩的恢复性需求。其次，增加企业应急备用资金，争取外援，获取无成本资金的同时维持财务稳定，适当缩减固定资产、无形资产投资。最后，应急情况下组织的反应速度和效果不仅取决于单个组织的行动，还取决于反应网络和系统，组织间关系网的广度与深度在应对风险中发挥着至关重要的作用。因此，应重视建立政府与企业、营利组织与非营利组织间的有效协调、信息共享及通力合作。

七、讨论问题与案例思政

（一）拟讨论的重点问题

新冠疫情这一全球性极端事件对企业经营的连续冲击，使企业风险管理体系面临重大挑战，也给企业风险管理创新提出新思考。本案例试图通过对疫情冲击下格力和丰田的损失、应对方法及风险管理机制分析，探讨新的风险管理模式。重点思考如下问题：

1. 在新冠疫情的突发性冲击下，格力和丰田各产生了哪些损失？二者的损失是否存在明显差异？这些损失与公司风险管理机制有怎样的联系？

2. 面对突发性新冠疫情对经营的冲击，格力和丰田采取了怎样的应对措施？主要差异在哪些方面？丰田公司充足的现金储备发挥了怎样的作用？

3. 新冠疫情的突发性、不可预见性及其对供应链系统的危害，暴露了企业传统风险管理存在怎样的缺陷？格力和丰田遭遇新冠疫情冲击时，其风险管理体系存在哪些不适应性？

4. 在一般意义上，全球性的重大突发灾害事件会放大企业经营的风险，这种放大效应是如何传导的？

5. 结合本案例开展讨论：企业弹性风险管理模型的理论基础是什么？其管理框架包括哪些维度？弹性风险管理模型的具体运用应注重哪些策略？

（二）案例思政

1. 2020 年 2 月，中央全面深化改革委员会第十二次会议提出："要健全国家储备体系，科学调整储备的品类、规模、结构，提升储备效能。要建立国家统一的应急物资采购供应体系，对应急救援物资实行集中管理、统一调拨、统一配送，推动应急物资供应保障网更加高效安全可控。"这里提及的"储备体系、储备效能"对企业弹性风险管理模型的运用策略有哪些启示？

2. 在百年变局叠加世纪疫情的背景下，维护全球产业链供应链韧性和稳定，有利于做大世界经济发展"蛋糕"，并让发展成果更好惠及各国人民。结合本案例，说明"维护产业链供应链的公共产品属性"的重要性。

参考文献

［1］吕文栋. 论弹性风险管理——应对不确定情境的组织管理技术［J］. 管理世界，2019（9）：116 – 132.

［2］宋华. 新冠肺炎疫情对供应链弹性管理的启示［J］. 中国流通经济，2020，34（3）：11 – 16.

［3］Azusa K. , Hiroyuki Y. Organizational Resilience：An Investigation of Key Factors That Promote the Rapid Recovery of Organizations ［J］. Academic Journal of Interdisciplinary Studies，2013，2（9）：188 – 195.

［4］Gerben S. van der Vegt, Peter Essens, Margareta Wahlstrom, Gerry George. Managing Risk and Resilience ［J］. Academy of Management Journal，2015，58（4）：971 – 980.

［5］Sahebjamnia N. , Torabi S. A. , Mansouri S. A. Integrated Business Continuity and Disaster Recovery Planning：Towards Organizational Resilience ［J］. European Journal of Operational Research，2015，242（1）：261 – 273.

案例八　修德配命：GM 公司数字化转型的风险管理与财务可持续性

专业领域/方向： 财务管理

适用课程：《财务管理理论与实务》

选用课程：《公司战略与风险管理》《内部控制与风险管理》

编写目的： 本案例旨在帮助学员理解企业数字化转型对风险管理、商业模式创新的影响，分析数字化转型如何推进风险管理升级，以及依托数字技术的风险管理体系在应对突发性风险冲击时的作用和财务效果，引导学员关注企业数字化后的商业模式创新和价值创造路径。通过本案例的资料，学员一方面可以理解数字化转型与风险管理的关系，熟悉数字化推进商业模式创新及其价值创造路径；另一方面可以加深理解企业数字化、风险管理与财务稳定性的互联关系，思考企业财务质量的理论框架。

知识点： 数字化转型　风险管理　风险储备弹性　商业模式　财务质量

关键词： 全产业链智能升级　商业模式创新　弹性风险管理　财务持续性

摘要： GM 公司作为曾经的行业领头，由于错失常温奶市场而发展放缓，在看到数字化战略的先机后，于 2019 年正式启动数字化转型；试图通过推动数字化改革，推进全产业链智能升级，以调整业务布局、组织架构、优化业务流程和推进商业模式创新来寻求价值创造新路径。在 GM 公司数字化转型的初期，遭遇了全球性新冠疫情冲击，暴露了原本效果良好的风险管理体系的不适应性；GM 公司通过加速数字化转型进程，借助数字化技术搭建风险管理体系，并推动商业模式创新，保证了财务业绩的稳定性。本案例基于数字化转型－风险管理升级－商业模式创新－财务可持续性之间的联动关系，解析了 GM 公司数字化转型的成果，对准备或正在进行数字化转型的企业构建新的风险管理机制具有借鉴价值。

引言：数字化转型的战略先机

GM 股份有限公司（以下简称 GM 公司）主营产品包括新鲜牛奶、新鲜酸奶、乳酸菌饮品、常温牛奶、常温酸奶、奶粉、奶酪、果汁等多个品类；在国内乳制品行业中获得位居第三的市场份额。作为曾经的行业领头，由于错失常温奶市场，公司近几年发展速度放缓，与 YL 和 MN 两大企业的差距不断扩大。因此，GM 公司管理层一直在寻求新的战略发展方向，以打破发展困境。

技术对商业的改变是很多优秀企业把握战略方向的敏感点。随着数字技术快速发展及其应用从量变到质变的转化，企业需要站在更高的视角来理解数字技术对企业研发、生产、营销、运营带来的重大变化。数字化是企业发展的方向，其核心战略是聚焦组织内部运营的数字化管理，聚焦组织外部客户运营的数字化经营，聚焦产品、服务和商业模式创新的数字化商业生态。GM 公司看到了数字化战略的先机，于 2018 年开始布局其全产业链数字化转型，2019 年正式启动数字化转型；试图通过推动数字化改革，推进全产业链智能升级，将"制造"转为"智造"，以调整业务布局、组织架构、优化业务流程和推进商业模式创新。颇有戏剧性的情景是，在 GM 公司数字化转型的初期成效阶段，全球性新冠疫情暴发，行业发展突然遭遇重创；而 GM 公司依托数字化转型的初步成效较好地缓冲了疫情冲击，保持了财务业绩基本稳健，并在疫情防控常态化推动下，加快了数字化转型步伐。奈何古人言："无念尔祖，聿修厥德，永言配命，自求多福。"

一、GM 公司的背景资料

（一）GM 公司的发展历程

GM 公司成立于 1996 年，是集奶牛养殖、乳制品研发及生产加工、物流配送终端销售等一、二、三产业于一体的大型乳品企业，作为中国乳业高端品牌引领者，是仅次于 MN 和 YL 的第三大乳制品生产销售企业。公司自

2002 年上市以来保持稳健发展，2019 年全面开启其全产业链数字化转型。2020 年疫情暴发，公司的初步数字化转型为其抵御疫情对经营的冲击发挥了作用，并为此加速数字化转型，战略历程如图 8-1 所示。

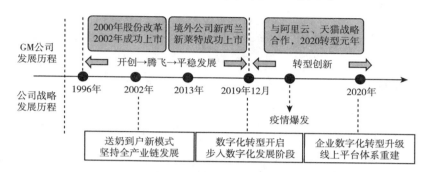

图 8-1　GM 公司发展历程

在组织架构方面，GM 公司的股东大会、董事会和监事会按照章程的规定设立。为确保公司决策严谨高效，GM 公司明确了股东大会、董事会、监事会和管理层的职权，形成了各司其职、协调运作、有效独立制衡的公司治理结构，为保证企业内部控制活动的有效性提供了良好基础，如图 8-2 所示。

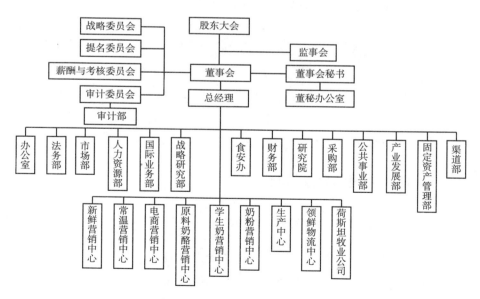

图 8-2　GM 公司的组织架构

（二）GM公司的经营情况和竞争优势

1. GM公司基本经营情况。GM公司主营产品包括新鲜牛奶、新鲜酸奶、乳酸菌饮品、常温牛奶、常温酸奶、奶粉、奶酪、果汁等多个品类。2021年公司市场份额在27家同业公司中排名第三，如图8-3所示。GM公司销售业绩首次突破双百亿元，达到了292.06亿元。

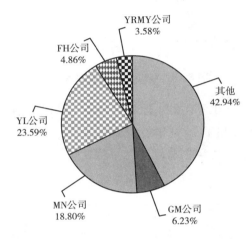

图8-3 2021年主要乳制品企业市场份额情况

2. 基础竞争优势明显。GM公司的产品主打"新鲜"，其质量和配送体系网在乳制品中具有显著的核心竞争优势。公司先后引入先进信息系统——世界级WCM生产信息系统、泛微OA系统等，以实现对产品储藏、运输、配送等过程进行实时有效监控，是其全产业链数字化转型的重要战略准备；在设备技术方面，GM公司拥有乳业生物科技国家重点实验室，多项发明专利技术，具备研发高端产品的优势。作为乳制品行业发展前列的企业，GM公司的基础竞争优势是其发展必不可少的"护城河"，如图8-4所示。

（三）新冠疫情冲击下GM公司的经营情况

1. 疫情导致乳制品行业经营情况不佳。2020年1月，全球突发新冠疫情事件致使市场交易重创，停工停产与消费停滞从源头到终端阻碍着各大行

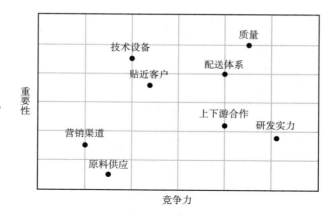

图 8 - 4 GM 公司的竞争优势

业的发展，乳制品行业也不例外。原材料价格上涨以及消费降级普遍影响乳制品企业，图 8 - 5 反映了 2020 年疫情年乳制品行业总营业收入与净利润的下降趋势，行业企业发展举步艰难。

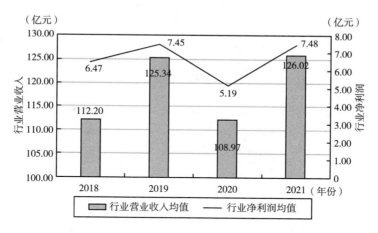

图 8 - 5 乳制品行业 2018 ~ 2021 年营业收入与净利润变化曲线

2. GM 公司数字化转型获得战略先机。GM 公司作为曾经的行业领头，2018 ~ 2021 年发展速度放缓，由于错失常温奶市场，公司被 YL 与 MN 两大企业大幅度赶超，因此 GM 公司一直不断寻求新发展，亟待打破困境局面。

2019 年 12 月，GM 公司与阿里巴巴集团达成战略合作，开启数字化转型。在公司数字化转型过程的初期，新冠疫情暴发，整个行业面临线下生产与销售基本停滞的艰难时期。GM 公司凭借数字化转型的初期成果——线上平台"随心订"的全新升级以及风险管理体系的创新，在整个行业经营普遍受挫的情况下成功扭转困难局面，实现疫情年的利润稳步增长，保证经营情况的稳定，如图 8-6、图 8-7 所示。同时，为持续抵御疫情冲击，GM 依托已有的数字化转型成果，加快了数字化转型的步伐。

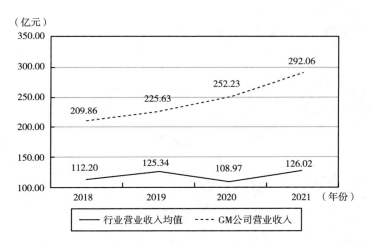

图 8-6　GM 公司营业收入的行业比较

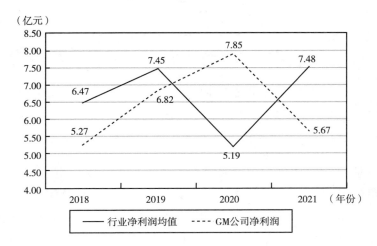

图 8-7　GM 公司净利润的行业比较

二、GM 公司的风险管理体系

（一）GM 公司现有风险管理体系的架构

在长期的经营实践中，GM 公司制定了《内部控制手册》等多部风险管理纲领性文件，每年会对各防线的内部控制体系和制度建设进行检查。GM 公司已有的风险管理是一套系统性的、固定的规章流程，它的"三道防线"风险控制体系能够解决企业所面临常规风险威胁，与企业良好的组织架构相辅相成，融为一体，如图 8 - 8 所示。

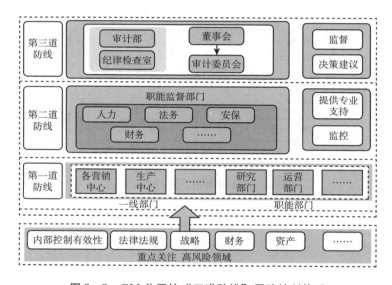

图 8 - 8 GM 公司的"三道防线"风险控制体系

（二）GM 公司现有风险管理体系的运行效果

考察 GM 公司风险管理体系的运行效果，迪博内部控制指数是一个重要参考。图 8 - 9 展示了行业代表性上市乳制品企业与 GM 公司内部控制指数的比较。从图 8 - 9 可以看出，GM 公司内部控制指数 2018 ~ 2020 年从 602.43 上升到了 746.1。在同行业中，内部控制质量较好，仅仅低于乳业巨头 YL 股份公司。

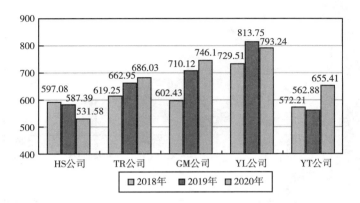

图 8 - 9　2018～2020 年 GM 公司与行业代表性企业的内部控制指数比较

进一步，可以从财务杠杆和自由现金流两个指标来观察。图 8 - 10 显示了 GM 公司 2018～2021 年的财务杠杆与自由现金流量与行业代表性企业的比较。从图 8 - 10 可以看出，GM 公司的财务杠杆低于行业均值，表现较为平稳，财务风险较低；这也从侧面佐证 GM 公司的内部控制质量较好。

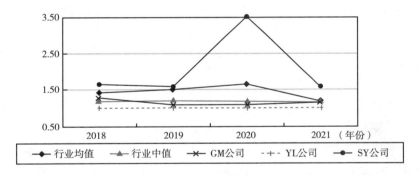

图 8 - 10　2018～2021 年 GM 公司与行业代表性企业的财务杠杆比较

从自由现金流指标看，GM 公司的自由现金流量从 2018 年以来一直呈下降趋势且为负数，在行业中自由现金流量情况表现不佳，如图 8 - 11 所示。这使 GM 公司在面对不可预见风险时，可能丧失正常生产经营的能力。2020 年 GM 公司申请了国家贷款，才得以缓解现金压力。这说明 GM 公司的风险管理体系在疫情来临时起到了一定的缓冲作用，但疫情期间企业现金流入减少，现金流出却持续增加，自由企业现金流在支撑企业持续经营方面存在一定困难。

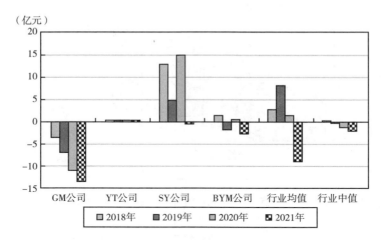

图 8 – 11　行业 2018 ~ 2021 年 GM 公司与行业代表性企业的自由现金流量比较

（三）疫情冲击下 GM 公司面临的风险挑战升级

GM 公司的风险管理体系在突发性疫情冲击下表现出防控力度的不匹配，而且在公司正常经营业绩的掩盖下，风险控制系统的缺陷并没有暴露出来。但疫情这根导火索将风险控制体系的缺陷放大，并向公司各个经营环节传递，面临的风险升级。

1. 外部环境风险。在经济全球化和信息技术交流密切的背景下，风险叠加效应更加显著。疫情暴发后，伴随而来的是供应链中断，各国经济几乎停滞，金融市场发生联动变化，商品价格以及原材料价格上涨和各国防疫政策的推出等一系列因素都使企业的客户、分销、竞争和产业链、供应链发生急剧变化，从而对企业的生产经营、价值链系统造成多方面影响，形成风险的传导、叠加效应，如图 8 – 12 所示。

2. 财务风险。

（1）资金链断裂导致现金无法及时回流。由于疫情冲击，短时间内居民消费需求预期信心受到影响，企业商品销路不畅，企业收入来源减少；同时，企业的客户也会遭遇相同困境，应收账款收回阻力增大，导致企业的资金回笼困难；伴随着原材料和防疫等刚性成本的上涨，这又给企业的现金流造成压力。三重压力使公司的经营现金流进一步恶化。

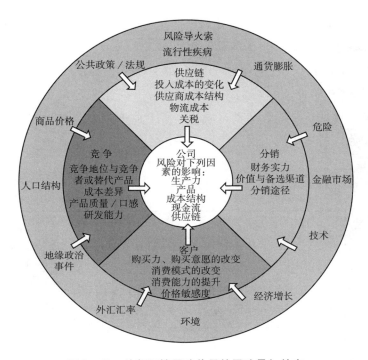

图 8 - 12 外部环境风险传导的风险叠加效应

原材料等成本上升导致 GM 公司购买商品、接受劳务支出的现金不断增加；而公司取得借款的现金明显比 2019 年减少。这说明公司在疫情期间的现金来源减少，来源渠道也非常有限，如图 8 - 13 所示。

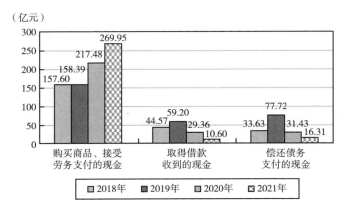

图 8 - 13 2018 ~ 2021 年 GM 公司变化明显的现金流量项目

　　另外，GM 公司近三年现金流量净额在每年第一季度都出现季节性下降，这种下降幅度在 2020 年更为明显。2020 年第一季度 GM 公司现金流量净额为 -47 669.09 万元，比上年同期减少 293.85%，如图 8 - 14 所示。这说明，由于 2020 年疫情影响企业生产，销售出现停滞，企业逐渐耗尽现有的现金流以保证正常经营活动；而且下游企业回款不及时导致企业现金无法及时回流，最后出现了第一季度现金流不充足、企业资金链延续受到影响的情况。

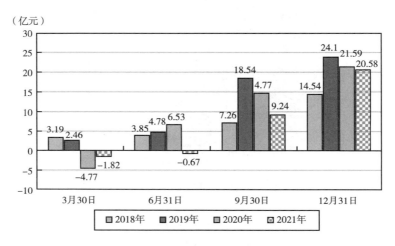

（亿元）

图 8 - 14　2018 ~ 2021 年 GM 公司经营活动现金流量净额的季度变化

　　（2）短期现金流周转不畅导致偿债困难。具体表现在，第一，GM 公司短期偿债能力在行业内表现不佳。GM 公司的流动比率近几年来一直稳定在 0.9 左右，但相比于同行业的代表性公司则表现欠佳，如图 8 - 15 所示。GM 公司资产负债率一直处于 60% 左右，2020 年以来下降到 55% 左右，如图 8 - 16 所示。这一情况主要是由于疫情影响下融资困难引起。在疫情的影响下，企业的上下游供应链出现的问题也会波及企业的生产销售，企业的应收账款回款困难，行业整体行情不佳都可能导致企业用于偿还负债的现金减少；同时，在生产过程中公司也有可能由于生产经营需要增加短期借款而加重负担。GM 公司短期负债占比情况和流动资产的状况存在一定风险。

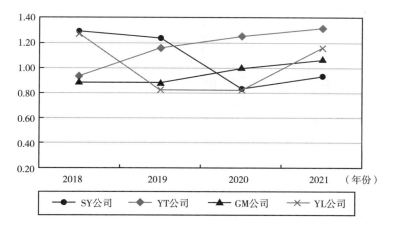

图 8 - 15　GM 公司与行业代表性公司流动比率比较

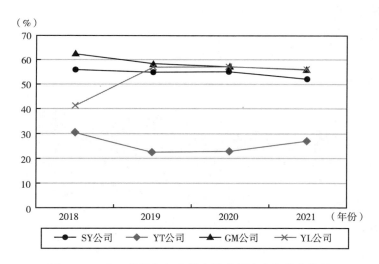

图 8 - 16　GM 公司与行业代表性公司资产负债率比较

　　第二，GM 公司自身资金流动性不足。2018～2020 年 GM 公司资产负债率下降了 6%，流动比率上升了 0.18，情况有所好转，但其现金流量比率和现金比率一直处于较低状态且情况不稳定，2019 年现金比率下降了 12%，到 2020 年上升幅度不大，2019～2020 年现金流量比率下降了 5%，其现金用于偿付流动负债有一定压力，如图 8 - 17 所示。

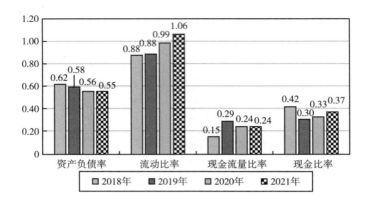

图 8 – 17 GM 公司 2018～2021 年主要偿债指标

GM 公司 2020 年第一季度的三个指标下降幅度比往年都更大。2020 年的两个指标比 2018 年和 2019 年同一季度要低，如图 8 – 18 所示。受疫情影响，企业的现金回流存在较大障碍。因此，在企业自身偿债能力表现不佳的情况下，叠加疫情冲击，更有可能已有放大风险管理体系的缺陷，导致偿债压力大。

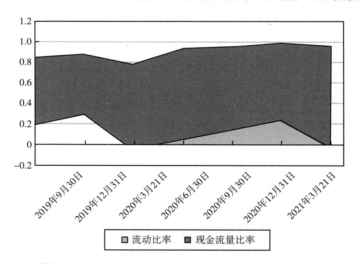

图 8 – 18 GM 公司 2019～2021 年季度偿债指标变化

第三，乳制品市场竞争激烈，投资者的投资信心不足，企业外部融资有一定困难；叠加疫情的冲击，GM 公司的经营业绩和盈利状况不乐观，投资者为了规避风险通常会审慎投资，这就强化了 GM 公司的外部融资困难，造成资金不足，如图 8 – 19 所示。

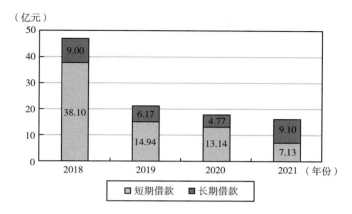

图 8－19　2018～2021 年 GM 公司短期与长期借款变化趋势

3. 经营风险。

（1）供应链风险。一方面，受不同地区的疫情防范程度以及疫情严重程度的影响，供应链上下游企业的实力参差不齐，在恢复速度上也因企业而异，GM 公司在这个过程也受到较大影响。从图 8－20 看，GM 公司 2017～2021 年的应收款项和预付账款总额起伏不定，2019～2020 年金额增加 2.65 亿元，同比增长 2.77%。应收及预收款项的增长说明企业在下游企业的话语权逐渐变弱；而应付账款及合同负债增长 9.92%，说明公司与供应商的谈判能力较强。因此，对于 GM 公司而言，提高在下游企业的话语权尤为重要。

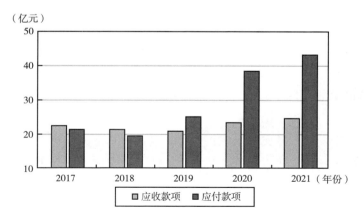

图 8－20　2017～2021 年 GM 公司应收应付款项变化趋势

另一方面,受不同地区的疫情防范程度以及疫情严重程度的影响,GM公司的物流受到限制且运输安全管理难度增加。通过社会网络分析发现GM公司的线上销售平台包括京东、天猫旗舰店、"随心订"客户端等,如图8-21所示。2022年5月,受华东疫情影响,物流受到限制,GM公司在天猫渠道的销售额下降了41.80%,由此可见疫情冲击下GM公司的物流风险增加。

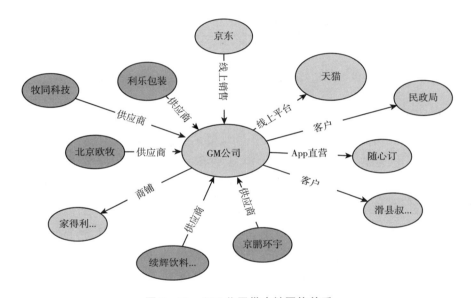

图8-21 GM公司供应链网络关系

(2)产品成本及质量风险。2019~2020年不同产品成本都有不同程度的增加,液态奶、牧业产品以及其他乳制品都有超过10亿元的涨幅,如图8-22所示。如此,即使在营业收入增加的情况下,过高的营业成本也导致了产品毛利率的下降,尤其是液态奶的毛利率下降幅度高达7%,如图8-23所示。GM公司产品成本上升的原因有如下几个因素:其一,产品收入的上升带动了产品成本上涨;其二,疫情背景下采购材料难度增大,物流受阻,导致原材料成本上涨;其三,疫情下人工成本上升也带动了产品成本上升。

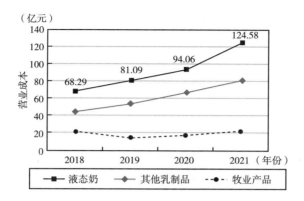

图 8－22　2018～2021 年 GM 公司主要产品成本变化趋势

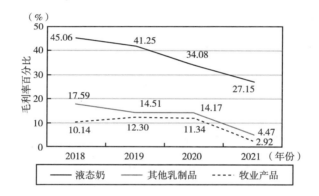

图 8－23　2018～2021 年 GM 公司主要产品毛利率变化

同时，奶源质量安全风险存在威胁。乳制品的质量安全与消费者的健康息息相关，随着人们对生活质量要求越来越高，消费者对于乳制品的质量要求也在增强，尤其在疫情背景下，食品安全显得更为重要；GM 公司根据产品的不同品种和相关制作工艺都有严格的食品质量安全指标体系，只要有一点食品安全隐患，很可能直接动摇乳制品的市场销售和已建立的消费者信任关系。

（3）刚性支出不降反增。疫情冲击下，GM 公司除了原有维持正常经营的刚性支出外，还需要增加防控疫情带来的其他方面的刚性支出：一是为防控疫情公司的基础设施除了日常维护修理外，还额外增加防疫物资准备支出；二是公司延迟复工使得一部分坚守岗位的员工补贴增加；三是 GM 公司还有为履行其社会责任的额外捐赠支出。这些支出在现金流并不充足的阶段，无疑增加了经营风险。

（4）综合经营风险有增大趋势。在综合经营风险层面，从 GM 公司及其同行业经营杠杆系数比较看，2018 年和 2019 年 GM 公司经营杠杆高于行业均值和中值，说明经营风险高于行业公司。2020 年疫情暴发之下，DOL 行业均值在不断上升，说明乳制品行业在疫情下经营风险增加；但是 GM 公司的经营杠杆系数低于行业均值但高于中值，说明 GM 公司的抗风险能力较强；但相比于同行业的 YL 集团，GM 公司还存在较大差距，如图 8 - 24 所示。总之，GM 公司的经营风险很大程度上源于疫情冲击的刚性支出、产品成本费用上升及供应链受阻等因素。

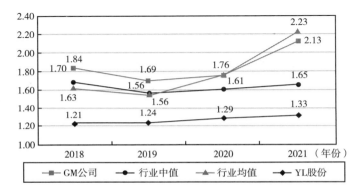

图 8 - 24 GM 公司 DOL 的行业比较

综合起来，GM 公司在疫情冲击下的财务风险和经营风险传递路径，一方面是由于下游企业回款慢、市场不景气等因素导致现金流入减少；另一方面是原材料价格、运输难度加大等成本费用增加。二者共同作用于 GM 公司的现金流回流速度，如图 8 - 25 所示。

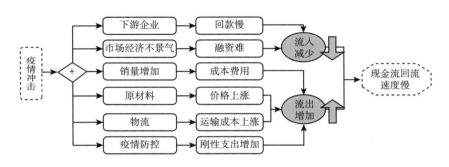

图 8 - 25 疫情冲击下 GM 公司风险传递路径

4. 新冠疫情冲击下 GM 公司的风险特征表现。在新冠疫情冲击下，GM 公司所面临的风险具有以下三个明显特征。

（1）公司的供应链风险、资金链风险被放大。新冠疫情属于不可预见的重大风险事件，公司原有的风险管理系统基本不能作出及时而准确的反应，企业的财务战略也难以迅速作出调整，这使得公司的风险威胁加大，损失也较大。疫情期间的一段时间，各地物流几乎全部停工，GM 公司上游原材料供应物流以及下游的生产销售配送都受到了阻碍，对 GM 公司造成了不小影响。GM 公司在疫情之前已经开始进行全球化布局和多元化布局，其供应链更长，生产复杂度更高，受疫情冲击也比较明显，如图 8-26 所示。

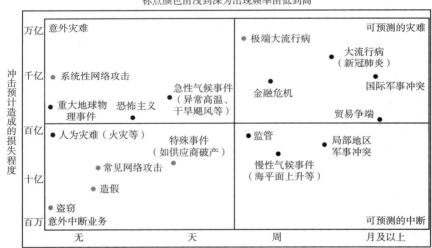

图 8-26　不同风险类型对供应链的破坏程度与可预测能力

（2）新冠疫情冲击波及整个价值链系统。像新冠疫情这样的"黑天鹅事件"，具有不可预测性，短时间内市场会出现剧烈变化，并且将会迅速波及各个行业及领域。GM 公司作为乳制品企业，对现金流动性和产品要求较高，比较依赖销售渠道和原材料的质量，由于疫情影响的范围之广，公司的资金来源受到较大的限制。疫情期间，GM 公司应收账款收账持续上升，而成本却只升不降，则有可能导致现金流断裂，进而影响其持续发展。而疫情放大了 GM 公司原有的风险，使企业的经营状况雪上加霜。

（3）公司按照惯性发展的现金流短缺问题越来越突出。新冠疫情的突发性使许多行业的市场似乎一夜步入严冬，乳制品行业尤为突出。对于 GM 公司来说，订单急剧减少，而短时间内企业的生产经营活动必须持续进行，销售模式一时难以作出大的改变，公司维持正常经营对资产的流动性要求又比较高，大部分产品保质期短，销路不畅就引起库存积压和浪费，现金流短缺的问题就变得越来越严重。

（四）突发疫情暴露 GM 公司已有风险管理体系的不适应性

GM 公司原有风险管理体系较为完善，足够应对常规风险，但对于突发性疫情之类的重大风险冲击，依然存在不适应性。

1. 风险管理体系的风险缓冲机制不充分。GM 公司拥有较完整的组织架构，风险管理体系也较完整，但整个风险管理体系的目标是针对常规风险而设定的，相关风险识别和监测方法主要也是适用于常规风险；对于突发性的、新兴的、难以预料的未知风险，尚未建立起有效的缓冲机制。面对新冠疫情的突发冲击，GM 公司对其风险概率和危害程度作出准确的评估，而现有风险管理体系又显得无能为力，有效应对存在较大的困难。

2. 风险管理过程强调经营的稳定性而难以适应突发性未知风险。GM 公司现有的风险管理过程一直强调损失控制，追求经营的稳定性，侧重点在于事后的战略调整和状态恢复。风险管理过程的重点是侧重于常规经营领域的销售与收款、存货与成本、采购与付款、资产管理等方面的风险点，这些风险点是基于乳制品行业的特定风险，其基本前提是整个行业处于正常经营状态。但突发性重大冲击事件往往对供应链，甚至整个价值链系统造成破坏，波及的是整个行业或产业系统，公司战略调整往往存在被动性，风险管理过程很难与战略调整密切融合。事实上，在面对疫情这样的突发事件时，追求稳定性已基本站不住脚，运用"缓冲储备"谋求快速恢复才是最主要的。

3. 风险应对流程尚未形成"缓冲 – 响应 – 恢复"的快速关联机制。总体来看，GM 公司没有充分的、应对突发风险的预案。面对新冠疫情这种突发性事件导致的财务危机，公司需要关注如何预防和做好多种预案准备，以将疫情带来的损失降至最低。在突发危机中，疫情扰乱了公司的财务预算管理，公司也应该根据实际情况做好财务预算的调整以保证现金及时收回，并使现金得到有效利用以维持企业可持续发展。GM 公司风险管理体系未能形成事前（缓冲储备）、事中（响应）、事后（恢复）的快速关联机制，也未考虑到把预算管理与风险管理结合起来。

三、数字化助推 GM 公司风险管理升级

（一）GM 公司数字化转型之路

GM 公司积极布局数字化改革，全产业链智能升级，将"制造"转为"智造"，通过数字化技术推动公司调整业务布局、组织架构、优化业务流程，实现系统化和流程化等。GM 公司于 2018 年开始其全产业链数字化转型布局，在 2020 年疫情推动下，加快了数字化转型步伐。

1. 智慧牧场：实现牧场到工厂原奶数据互通。GM 公司数字化转型的重要一步是智慧牧场建设，实现了从牧场到工厂的生奶数据互联互通，牧场端运用物联网、大数据等技术，通过先进的挤奶设备、计步器、TMR 精准饲喂系统、牧场管理系统等运用，实现了奶牛从出生到离开牧场全生命周期的管控，确保每一滴奶的消耗数据的采集；并通过物联网云服务平台的数据采集与处理传输至业务管理系统，实现从牧场到生产的原奶数据共享，如图 8 – 27 所示。

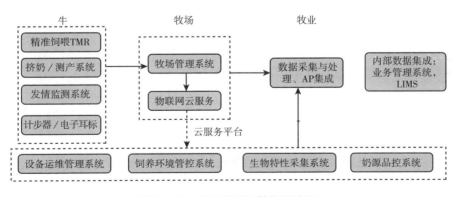

图 8 – 27 GM 公司智慧牧场流程

2. 智能工厂：完成生奶到产品的数据传递。GM 公司工厂端以华东中心工厂为标杆和核心，通过智能制造 MES 系统、制造生产管理系统 WCM、

DCS、LIMIS 等系统实现工厂生产业务计划、调度、工艺、质量、执行、统计、分析的全过程闭环管理；建成了全球首创的低温液态奶全产业链追溯系统，并通过包装预赋二维码的方式将产线各端关联，完成从生奶到可销售产品的数据传递，如图 8－28 所示。随着疫情防控的常态化，GM 公司"无人工厂"建设很好地解决了疫情下公司面临的员工无法及时复工导致生产人员不足的问题。此外，无人工厂在一定程度上也避免了食品安全问题。

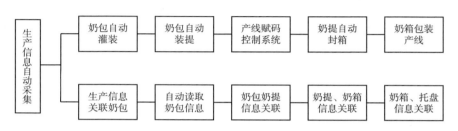

图 8－28　GM 公司智慧工厂信息采集路线

3. 智能仓储物流：实现从生产到销售数据的互联共享。物流端通过 RFID 自动识别技术，建设自动分拣系统、DPS 电子标签拣货系统、GPS 车辆货物跟踪系统、温控系统、WMS 仓库管理系统、TMS 运输管理系统、GPS 全球定位系统及北斗卫星监控系统等；从采购、订单管理、运输管理等方面实现冷链物流的数字化、智能化管理；同时，实现从上游生产到下游终端销售的数据互联共享，如图 8－29 所示。

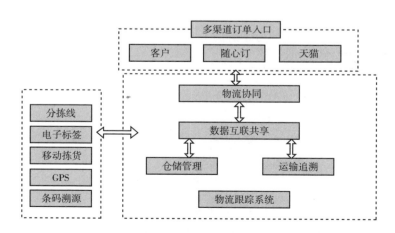

图 8－29　GM 公司仓储物流系统

4. 智能服务及营销互动平台：开启线上平台快速发展新阶段。在零售端，基于云计算、大数据和中台架构，GM 公司推出手机端 App "随心订"部署企业的线上业务，2020 年 12 月全新 "随心订"电商平台正式上线，通过线上线下资源整合，将原有的 B2C 商城升级成为全新的电商平台，"随心订"会员系统伴随新版 App 同步上线。面对 2020 年突发疫情下的 "宅经济"发展，人们消费方式逐渐由线下转为线上，从 "送奶入户"到 "鲜食配送"，"随心订"提供的无接触配送服务在缓解疫情带给 GM 公司线下销售额剧降的同时，更迎来了 GM 公司线上电商平台发展的 "第二春"。

与此同时，GM 公司大会员系统也将陆续上线，将整合并沉淀各营销中心会员数据，并利用大数据技术实现会员个性化管理，构建消费者画像，对消费者进行全方位分析，做到精准营销、精准研发，提升消费者体验。

5. 全产业链智能管控中心：实现全过程智能化监控与管理。GM 公司在总部建立起全程追溯和质量管控指挥中心，并在奶源牧场、生产工厂、仓储物流中心分别建立奶源指挥中心、生产指挥中心、物流指挥中心，实现对全产业链产品信息追溯和质量的实时监督和管控；同时，通过对生产端、销售端各类数据的深度学习，依托人工智能算法，将生产计划、实时质量、生产数据等整合于全过程数字化管理，使结果实时呈现于电脑屏幕上以实现数字可视化；指挥中心还在应对突发食品安全事件方面同步进行高清视频会商、指挥调度和决策分析。

经过数字化转型，GM 公司构建了从牧场、生产、仓储物流直至销售终端的全过程智能管控系统，以及覆盖牧场奶源、生产加工、仓储物流、市场营销的全产业链智能制造体系，如图 8－30 所示。该体系包括 "三系统"（智能牧场系统、智能工厂系统、智能物流系统）、"两平台"（全产业链智能管控平台、智能服务及营销互动平台）以及 "一中心"（智能制造大数据中心）。

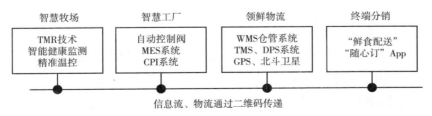

图 8－30　GM 公司全产业链智能传递

　　总之，GM 公司通过供应链各端实施数字化变革，赋能线上销售、创新零售商业模式，从智慧牧场、智慧工厂、领鲜物流到终端分销，最终通过数字化转型加速线上线下整合，加快了商业模式的数字化转型。从技术成熟度和业务流程价值度两方面对 GM 公司的数字化转型进行评估，可以发现其数字化转型的路径和实施阶段，如图 8 – 31 所示。可以看出，GM 公司的数字化转型处于前期的快速发展中，未来之路任重道远。

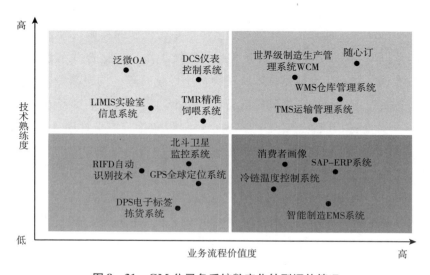

图 8 – 31　GM 公司各系统数字化转型评估情况

（二）数字化推动下 GM 公司商业模式创新

　　GM 公司自成立以来坚持全产业链模式发展，它是乳制品行业中较早进行数字化转型的公司，通过与阿里云的合作，开启其数字化转型战略以建立一体化数字化管控平台，打造智慧牧场、智慧工厂、智慧物流和业财一体化，提升企业运营效率，在开启数字化转型之路的同时也促使了 GM 公司商业模式的转变。其主要产能如图 8 – 32 所示。

　　1. 价值定位：发掘年轻用户群体。企业为谁创造价值，必须明确目标客户需求。GM 公司属于乳制品行业，消费者人群在各大细分市场都有其潜在客户，地区主要集中在上海等具有高消费潜力的地方。GM 公司早期的传统送奶到户线下订购模式，面临消费者老龄化的问题，发掘新用户群体、寻求

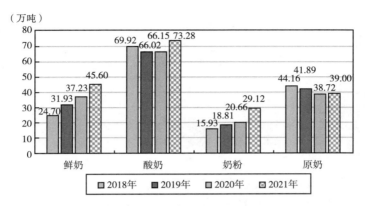

图 8－32　2018～2021 年 GM 公司主要产品产能

新市场机会是 GM 公司亟待解决的问题。在数字化转型的推动下，GM 公司借助阿里云整合的全产业链数据，建设涵盖研、产、供、销、服全产业链的大数据体系，建成 GM 公司大数据平台。以数据驱动会员精准营销，同时集中识别有鲜奶潜在消费需求的年轻家庭用户，拓展增量。

2. 价值创造：全产业链数字化升级。根据 CGMA 的商业模式模型，GM 公司传统商业模式定义价值创造的核心是主打低温奶的销售，导致企业错失常温奶市场。随着消费升级，鲜奶需求增大，GM 公司借助数字化转型与阿里云达成战略合作，拓展传统全产业链的价值创造途径。在 GM 公司传统的生产、供应体系中引入数字化技术，帮助 GM 公司突破奶源、产品加工工艺、保质期、冷链物流限制，重新扩宽市场，占据有利地位，如图 8－33 所示。在 GM 公司商业模式转变过程中，价值创造要素发生了变化，如表 8－1 所示。

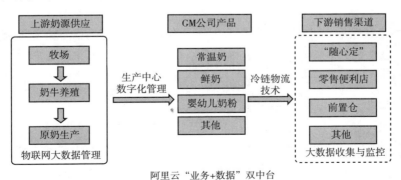

图 8－33　GM 公司产业链

表 8 – 1 　　　　　　　　　　　　GM 公司价值创造要素

要素名称	主要内容
供应链	企业通过供应链流程，获取资源、生产技术。GM 公司在上游端自建牧场，实施了上游合并；下游端采取直销与经销两种形式并行方式
资源	企业通过供应链上下游企业的合作获取资源，保证正常的生产销售流程。对于 GM 公司来说，最重要的资源是奶源的获得。安全、高品质的奶源是保证其进行价值创造的基础。自然，奶源的安全性成为资源质量的重点，上游企业提供的资源能否保证其安全性是难以确定的
流程	企业通过在上下游企业获取的资源，进行研发、生产流程部署，以实现资源到产品与服务转化，进行价值创造。GM 公司数字化转型在上游牧场着力通过物联网（Internet of Things，IoT）提高牧场管理水平
产品与服务	企业需要将所拥有的资源通过流程转换，以根据市场需求提供与之匹配的产品与服务。GM 公司在生产中心应用和提升数字化水平，通过产线 IoT 监测提升生产中心数字化水平，提高工厂计划排产效率，实现标准化作业水平。此外，GM 公司在终端销售利用数字化精准营销，打造年轻化营销战略

3. 价值传递：线上电商平台强势回归。GM 公司数字化转型聚焦于价值传递的创新，在传统商业模式下，线上销售体量不足，线下客户消费群体不断减少，并且下游顾客与经销商比较分散，无法整合数据资源定位有效消费群体与明晰市场需求。数字化转型全新升级电商平台，借助阿里云"业务 + 数据"双中台技术，升级生产与供应体系、提升冷链物流，推出线上"随心订"电商平台，并整合线上、线下门店、前置仓、城市配送体系以及毛细物流送奶工等资源，构筑了全渠道业务中台，扩大数字化市场，保持客户黏性。

4. 价值获取：开源节流。获取价值是企业盈利的过程，其基础是提供让消费者满意的产品和服务。GM 公司数字化转变，也改变了盈利模式，从线下获利到线下线上共同发展，收入来源的最大变化是"随心订"电商平台增加了企业直销模式的营业收入。

与此同时，GM 公司的成本结构在数字化转型之后也发生巨大变化，尤其是全产业链系统的建设，通过收购牧场或者自建牧场进行不断扩张、"智慧"生产使公司增添技术设备等带来固定资产的增加，这终将以提取折旧的形式转入产品成本。在疫情防控常态化情境下，GM 公司通过数字化转型创新了商业模式、形成了应对风险的新机制，并以客户的需求——低温鲜奶为导向，利用数字化平台，通过成熟的城市化配送体系，最终获得价值。GM公司数字化转型后的商业模式变革模块，如图 8-34 所示。

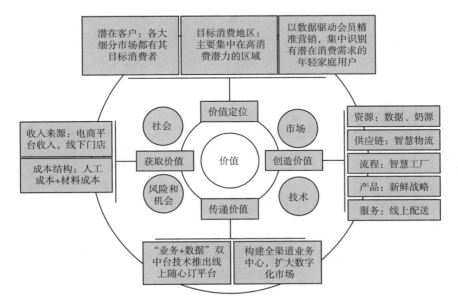

图 8-34　GM 公司数字化转型的商业模式变革

（三）数字化转型改变 GM 公司价值创造路径

GM 公司数字化转型推动商业模式创新，引起价值创造路径的改变。表 8-2 刻画了数字化转型前后 GM 公司价值创造的具体路径。

表 8-2　　　　　　　GM 公司数字化转型前后的价值创造路径比较

要素	数字化转型前	数字化转型后
价值定位	（1）消费者老龄化；（2）鲜奶受物流、奶源布局的影响，鲜奶业务主要布局在上海本地；（3）主打低温奶销售	（1）发掘新用户群体、识别有鲜奶潜在消费需求的年轻家庭用户；（2）"乐在新鲜"的品牌战略；（3）全国范围内的奶源布局以突破消费者群体的地域局限

续表

要素		数字化转型前	数字化转型后
创造价值	供应链	上游：牧民＋自由牧场； 下游：线下直营＋经销（商超＋随心订）	上游：智慧牧场； 中游：智慧工厂； 下游：智慧物流； 终端：新零售"随心订"
	资源	奶源获得：自有牧场＋牧民收购	（1）奶源：扩建自有牧场以集中管理； （2）数据资源
	流程	供应链上下游企业的合作获取资源，保证正常的生产销售流程	（1）全产业链数字化布局："制造"逐渐转为"智造"，实现流程智能化； （2）可追溯系统保证质量
	产品与服务	（1）以低温奶为主；（2）"送奶入户"	（1）从"送奶入户"到"鲜食配送"平台转型；（2）聚焦"新鲜"，提供鲜奶，打造年轻化营销战略进军冷饮行业；（3）疫情下的"无接触配送"服务
价值传递		（1）B2C模式企业；（2）线上销售体量不足，线下客户消费群体不断减少，并且下游顾客与经销商比较分散，无法整合数据资源定位有效消费群体与明晰市场需求	（1）线下与线上业务融合；（2）借助阿里云"业务＋数据"双中台技术，整合线上、线下门店、前置仓、城市配送体系以及毛细物流送奶工等资源；（3）构建全渠道业务中台
获取价值		（1）收入来源：线下销售为主，线上的"送奶入户"体量小；（2）成本结构：料、工、费	（1）收入来源："随心订"电商平台增加线上收入；（2）成本结构：大量设备购入、扩建牧场等促使折旧增加，人工成本下降

（四）依托数字化构筑弹性风险管理模式

GM 公司在不断推进全产业链数字化转型的进程中，恰逢新冠疫情暴发，数字化在缓冲新冠疫情冲击方面及时发挥了应有的作用，与还未实施数字化战略的竞争对手相比，这实际上为升级建设新风险管理模式提供了契机。

1. 增加风险储备弹性。在常规风险管理机制下，企业遭遇突发重大事件冲击的不可预见风险，均会受到重创而导致经营绩效迅速下降，甚至破产倒闭。但如果设置了充足的风险储备弹性，其缓冲效应能够使企业更快地恢复至正常经营状态，从而在激烈的市场竞争中脱颖而出，如图 8 - 35 所示。增加弹性风险储备意在提升企业应对突发不可预见风险时，迅速恢复正常经营活动的能力，从而保持财务持续性。

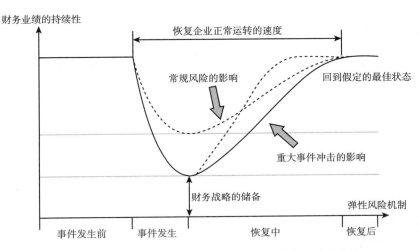

图 8 - 35　弹性风险储备前后企业应对风险的恢复速度变化

基于上文的分析，自 2018 年以来，GM 公司自由现金流量一直呈下降趋势且为负数，在行业中自由现金流量情况表现不佳。在疫情防控常态下，GM 公司利用数字化优势，快速稳定经营现金流，同时通过扩大筹资途径、发挥财务杠杆作用，使企业的现金储备更加充分，并加快企业的数字化转型步伐。

2. 初步建立起数字化风险管理新体系。在疫情常态化情境下，GM 公司不仅增加弹性风险储备，而且利用数字化转型契机和适应持久疫情战，推进风险管理的数字化升级，如图 8 - 36 所示。数字化转型要求公司将风险管理、内部控制与财务管理整合到统一的数字化平台，在公司内部建立信息共享平台，各部门和业务流程之间的信息可以及时公开共享，避免出现"信息孤岛"，实现数据协同与信息快速处理，以达到抵御风险和防控风险的目的。

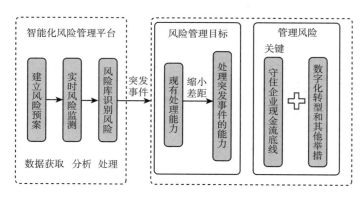

图 8 – 36　GM 公司风险管理数字化模块

（1）风险管理数字化涉及的范围。GM 公司风险管理数字化升级一个关键点是，改变了原有风险管理体系只针对常规风险的防控机制，如市场风险、财务风险、经营风险、汇率风险等；将风险管理范围拓展到可能影响产业链、供应链的不可预见突发风险，以便有效应对突发性的、变数大的、不确定性因素较多的风险。

（2）风险管理数字化的目标。充分运用大数据、区块链等新一代信息技术，以数字化转型支撑弹性风险管理模式，实现公司风险管理与数字化的紧密融合，提升数据获取、信息识别与风险决策能力。一方面，利用数字化系统整合财务端与业务端数据，将风险管理与业务系统、信息系统有效互联，构建包括风险实时监测、智能化风险识别、风险自动预警、风险评级以及情景假设等流程的全面智能化风险管理平台；另一方面，提前做好规划和科学预案，增强公司的风险储备弹性，提升风险管理准确性、合规性和时效性，以确保有效应对突发性、不可预见性风险。

（3）风险管理数字化的流程改进。第一，做好全方位实时监测，做到了"多源识别"。建立完善的信息收集系统和风险监测系统，设置专门岗位，利用数字化手段，监测公司内外异常数据。其中，外部包括公司供应链上下游企业的经营状况、市场的基本情况、国内政策形势等；内部包括公司的财务数据、收账情况和管理制度等，及时发现需要改善更新的监测点。同时，利用信息共享平台，及时上传更新信息，形成内部有效的沟通 – 反馈机制，如图 8 – 37 所示。

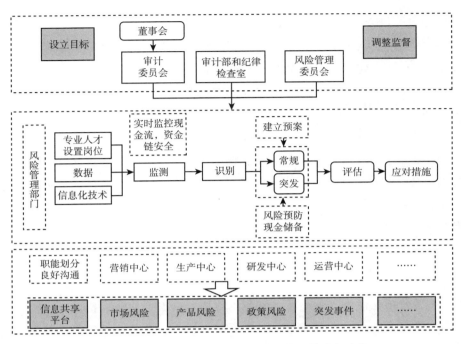

图 8 – 37 GM 公司数字化风险管理体系的流程改进

第二，运用智能化风险管理平台进行风险识别。通过持续搜集海量数据，建立全新风险系统库，将风险库划分为常规风险、突发不可预见风险两类，并动态优化风险管理系统；智能化风险管理平台根据输入的数据和优化程序，在风险系统中进行快速比对，识别出对应的风险类型，分析出风险成因、风险影响范围和可能造成的后果，从而形成全面而精确的应对策略，如图 8 – 38 所示。

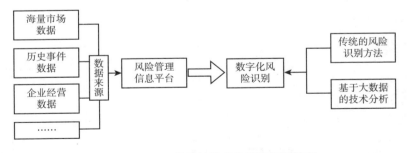

图 8 – 38 GM 公司的数字化风险识别流程

第三，在进行风险识别之后，系统对风险类型及可能造成的损失、影响程度和可能持续的时间进行等级评估。运用风险管理信息平台，生成评估模型，系统自动寻找历史数据，并将历史评估方法和新建立的数字化模型结合起来，得出风险评估等级；再根据风险评估评级，评价出优先级任务，判断公司自身的能力与应对此类风险所需能力之间的差距，判断是否需要在此基础上增加风险储备弹性，并确定有效的管理策略。

第四，风险应对流程的关键是在事前准备多个风险应对预案，一旦突发性风险发生，数字化的风险管理系统将迅速作出反应，公司据此采取及时的应对措施，以降低损失。同时，根据不同的预案，建立相应的财务危机应急制度，如应急专用资金（物资、补助等）储备、应急捐赠支出等；并形成预算管理、风险管理和监督机制之间的互联。

四、GM 公司财务持续性的实现路径

GM 公司在行业内率先开启数字化转型，抢占了战略先机。在 GM 公司数字化转型的进程中，恰遇新冠疫情暴发并进入常态化防控情景，数字化助推公司的风险管理模式升级，在一定程度上缓解了疫情冲击对经营的影响，在保证公司财务持续性方面发挥了重要作用，具体路径是通过"技术—财务—数字共享中心—业务系统"的连续、一体化过程来实现的。

智能化促使 GM 公司运用 ERP 系统实现财务协同与财务共享，但仍没有解决各部门之间的互联。依托数字化转型，GM 公司利用云平台泛微 OA 系统结合阿里云数据技术升级财务共享至财务云服务，以云服务目标为导向形成风险管理与财务战略互联。财务云服务首先建立了数字共享平台，实现 IT 优化配置和财务流程再造，如图 8 – 39 所示。

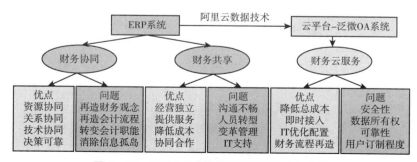

图 8 – 39　GM 公司财务流程再造的具体途径

（一）实施全产业链智能财务实时监控

GM 公司始终坚持全产业链模式生产，其业务具有规模较大的牧场以及产品生产中心。随着数字化转型的推进，公司搭建了数字化线上电商平台，为全产业链智能财务监控创造了条件。首先，实施全产业链智能财务监控，有效修复疫情影响，大大提升了财务管理水平，优化成本结构；通过物联网系统，对上游牧场奶牛生产和利用情况进行监控，提升牧场管理水平，提高人均单产，降低公斤奶成本，以及提升产量预测准确率。其次，在生产中心，通过产线物联网监测提升生产中心数字化水平，提高工厂计划排产效率，实现标准化作业水平。此外，在物流环节，所有仓库数据在线可洞察，利用数据不断优化作业流程，提高效率，降低成本。

（二）运用大数据工具实现集团业务的全面管控

GM 公司与科技公司阿里云合作采用泛微 OA 系统，建立数字化管控平台，通过财务标准化、核算一体化等项目将财务信息数字化。一方面，数字管控平台将牧场奶牛健康数据、生产中控室实时监控数据、仓储物流数据、销售终端线上线下消费者信息数据进行整合；另一方面，通过 OA 系统，财务管理和决策系统可以将其非结构化信息进行结构化存储，通过运用大数据工具开展财务决策，从而在宏观层面全方位调控集团业务；同时，也能促使公司通过分析财务、非财务数据快速定位目标消费者群体，有针对性地、连续地开展业务活动。

（三）通过大数据业务共享中心实现"业务－风险－财务"的互联

GM 公司依托数据管控平台 OA 系统，利用阿里云"业务＋数据"双中台技术，建立大数据业务共享中心，实现业财高度一体化。在大数据业务共享中心的调控下，业务共享云平台把业务数据积淀下来，通过数据资产、数据管理、数据分析、数据可视化过程与财务数据相匹配，共同生成业务中台和财务中台。在业务中台和财务中台实现"业务－风险－财务"的实时互联。

"业务－风险－财务"实时互联的运行机制：第一，如果业务与风险匹配，则财务战略和预算顺利实施并执行；第二，如果业务与风险存在错配，则对财务战略、风险储备和预算进行有效调整，保证业务连续性和财务业绩的持续稳定性。

五、GM 公司财务持续性评价

GM 公司财务持续性评价主要从市场效应与财务业绩稳定性展开。一是运用事件研究法观察数字化转型推进公司风险管理体系升级所形成的缓冲机制在疫情来临时产生的市场效应；二是观察公司财务业绩的稳定性。

（一）公司股价产生正向市场效应

2020 年 5 月 20 日，GM 公司公布了与天猫签订"2020 年品牌数字化转型战略合作"协议，通过观察公告前后公司的股价变化来检验 GM 公司数字化转型的市场效应。根据 GM 公司股价表现和数字化转型战略实施情况，选取 2020 年 5 月 20 日为事件发生点，公布数字化转型战略合作前后 10 天作为窗口期。

根据相关数据计算，得出 GM 公司的超额收益率（AR）以及累计超额收益率（CAR）变动趋势，如图 8-40 所示。同时，计算出在事件窗口期下市场与行业的累计超额收益率，如表 8-3 所示。

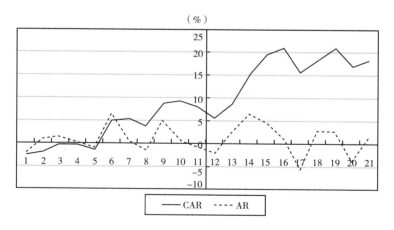

图 8-40　GM 公司累计超额收益率变化

表 8 - 3　　　　　乳制品行业累计超额收益率变化情况　　　　单位:%

时间	食品饮料指数收益率	上证指数收益率	累计超额收益率
2020 年 5 月 15 日至 5 月 25 日	2.13	-1.76	2.67
2020 年 5 月 13 日至 5 月 27 日	0.61	-2.11	4.31
2020 年 5 月 8 日至 6 月 1 日	7.66	0.69	7.89
2020 年 5 月 6 日至 6 月 3 日	8.08	1.57	8.96

由图 8 - 40 和表 8 - 3 可以看出，在疫情突发和防控常态化的情境下，行业和市场受到不同程度明显冲击，但 GM 公司股价却在增长，可见数字化给 GM 公司带来了正向影响。由图 8 - 40 可知，GM 公司在数字化转型前后累计超额收益率值变动幅度比较大。根据对窗口期的观察，T - 2 之前，超额收益率以及累计超额收益率数值波动幅度基本吻合，而在事件日之后每日超额收益率出现高速上涨趋势，从 3.81% 升至 20.98%。由此说明，GM 公司数字化转型的事件对公司市场绩效产生了正面影响，致使股价上涨，增加了公司市场价值，给投资者带来较好回报。

（二）公司市场份额保持稳定增长趋势

GM 公司在 2019 年 12 月步入数字化转型阶段，2020 年第二季度营业收入同比增长 34.36%，第四季度同比增长 19.76%，是公司近 5 年来首次出现正增长率，而后 2021 年各季度也保持稳定增长趋势。

2019 年末，GM 公司数字化转型推出"随心订"线上电商平台，其电商平台上线后恰逢疫情冲击，线下同业竞争企业的市场需求受到重创，而 GM 公司在 2020 年的阿里渠道线上交易额实现 6.62 亿元，同比增长 8.35 倍，同年乳制品行业在阿里渠道线上销售额 156.98 亿元，同比增长 1.53 倍，其中，同行业两大龙头企业的贡献达 35.81%。2021 年 GM 公司线上销售额持续增长，同比增长 6.97%，行业销售额同比增长 0.58%。这说明 GM 公司在线上销售量上占据有利地位。公司数字化转型提高了公司市场份额，与两大龙头企业的差距也在缩小，如图 8 - 41 所示。

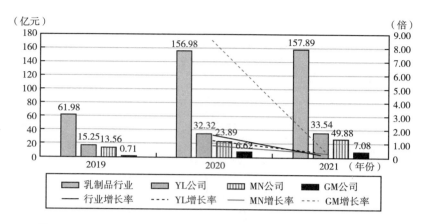

图 8 - 41　2019 ~ 2021 年 GM 公司与同业龙头公司线上销售额比较

（三）公司财务质量得到明显改进

首先，改善了主要财务业绩指标质量。在 2020 年的疫情暴发情景下，乳制品行业资产报酬率以及净资产收益率都呈现大幅下降的趋势，而 GM 公司的下降幅度却不大。2020 年 GM 公司的资产报酬率为 6.59%，远高于行业均值的 1.69%，可见公司的资产利用率较高，如图 8 - 42 所示。这说明数字化转型在疫情来临时加快了风险管理模式升级，促使公司形成了缓冲机制，在降低损失、恢复经营和增加收入、节约资金使用等方面取得了较好的效果，保证了企业财务指标稳定性。

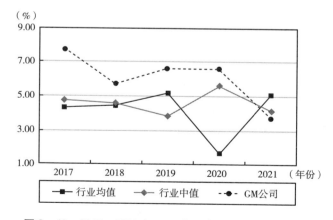

图 8 - 42　2017 ~ 2021 年 GM 公司资产报酬率变化趋势

同时，2020 年 GM 公司的销售毛利率达 28.29%，营业净利率达 3.11%，远高于行业均值的 −17.75%，如图 8 − 43 所示。数字化转型助力企业经营弹性管理，公司商业模式从线下为主向线上为主转变，线上市场销量增长，财务业绩指标表现良好，保持了公司财务业绩的稳定性。

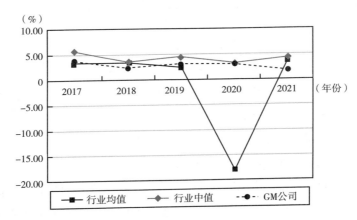

图 8 − 43　2017 ～ 2021 年 GM 公司营业净利率变化趋势

其次，改善了财务增长质量。财务增长质量的主要度量指标是经济增加值（EVA）和现金增加值（CVA）。CVA 是以现金流为基础，相比于 EVA 以财务报表项目为基础计算更具有可靠性。现金增加值 = 经营活动净现金流量 − 折旧、摊销与资产减值损失 − 利息支出 − 股权资本成本。表 8 − 4、表 8 − 5 分别列示了 GM 公司的 CVA、EVA 值及其占营业收入之比。

表 8 − 4　　　　　**2017 ～ 2021 年 GM 公司 CVA 及 CVA 占营业收入之比**

年份	CVA（亿元）			CVA/营业收入		
	GM 公司	均值	中值	GM 公司	均值	中值
2017	2.65	2.65	0.44	0.01	0.03	0.02
2018	− 1.53	3.54	− 0.54	− 0.01	0.03	− 0.02
2019	11.45	4.51	− 0.35	0.05	0.04	− 0.02
2020	6.69	3.62	− 0.38	0.03	0.03	− 0.02
2021	6.21	7.33	0.04	0.02	0.05	0.00

表 8 – 5　　　　　2017～2021 年 GM 公司 EVA 及 EVA 占营业收入之比

年份	EVA（亿元）			EVA/营业收入		
	GM 公司	均值	中值	GM 公司	均值	中值
2017	4.20	3.42	− 0.27	0.02	0.03	− 0.02
2018	1.06	3.91	− 0.32	0.01	0.04	− 0.01
2019	2.21	4.64	− 0.39	0.01	0.04	− 0.02
2020	1.96	2.54	0.32	0.01	0.02	0.01
2021	− 1.88	3.88	− 0.04	− 0.01	0.03	0.00

从表 8 – 4 和表 8 – 5 可以看出，总体上，GM 公司的 EVA 与营业收入比和 CVA 与营业收入比的趋势大致一致。尤其值得关注的关键点是，2020 年突发疫情冲击，GM 公司的价值创造能力表现较好。

从 CVA 指标看，在 2020 年疫情冲击来临时，当整个行业均值大幅下降时，GM 公司的 CVA 相关指标维持在一个较高水平。当一个企业的经营活动净现金流量足以帮助企业收回投资成本与覆盖企业的全部资本成本而有余时，企业就创造了现金增加值，此时才是真正有质量的价值创造。GM 公司通过弹性风险管理体系减少了现金流的异常波动，保证了疫情下企业财务增长的稳定性。

（四）数字化平台的顾客满意程度向好

顾客满意度是稳定市场份额，进而保证财务持续性的重要支撑变量。运用 python 爬取消费者对 GM 公司推出数字化电商平台"随心订"的评价与反馈，并对其进行词频分析和情感分析。采用词云图（wordcloud）刻画公众话语，其中，字体大小反映关键词出现的频率高低，字体越大凸显关键字出现频数多。

图 8 – 44　京东平台评价词频统计情况

根据词云图 8 – 44 和图 8 – 45 的词频统计情况可以看出，"新鲜""不错""口感好"为高频词，表明消费者对 GM 公司推出的数字化平台满意程度较高，数字化转型的效果较好。

图 8 – 45　天猫平台评价词频统计情况

进一步的情感分析将反馈的内容在通读分类的基础上，归纳概括为三种用户评价态度：肯定（正面），批评（负面），一般（中立）。统计数据显示，肯定态度占 73.15%，中立态度占 21.32%，负面态度仅为 5.53%。由此可见，GM 公司线上电商平台销售顾客满意程度向好，为稳定财务业绩创造了持续推动力。

六、讨论问题与案例思政

（一）拟讨论的重点问题

由于错失常温奶市场，GM 公司近几年发展速度放缓，试图通过数字化转型打破困境局面。2019 年 12 月，GM 公司与阿里巴巴集团达成战略合作，开启全产业链数字化转型。在公司数字化转型的初期，新冠疫情暴发，GM 公司凭借数字化转型的初期成果——线上平台"随心订"的全新升级以及风险管理体系的创新，在整个行业经营普遍受挫的情况下成功扭转困难局面，实现疫情年的利润稳步增长；而在持续抵御疫情冲击的情境下，GM 公司又加快了数字化转型的步伐。本案例分析了 GM 公司数字化转型如何推进风险管理升级和商业模式变革，并有效应对突发风险而保证了财务业绩的持续性。主要思考如下问题：

1. GM 公司布局全产业链数字化转型的动机是什么？转型经历了哪些主要过程？在新冠疫情暴发后，GM 公司的数字化转型发挥了怎样的作用？

2. 面对突发性新冠疫情对乳制品行业的巨大冲击，GM 公司的风险管理体系面临怎样的挑战？这种挑战为企业风险管理体系提供什么启示？

3. GM 公司数字化转型使得商业模式发生哪些变化？这些变化是如何改变价值创造路径的？

4. GM 公司数字化转型是如何推进风险管理升级的？升级后的风险管理体系是如何运行的？

5. 结合本案例开展讨论：企业财务质量与财务可持续性是如何相互作用的？在大数据背景下如何构建度量财务可持续性的理论框架？

（二）案例思政

1.《"十四五"数字经济发展规划》指出："鼓励和支持互联网平台、行业龙头企业等立足自身优势，开放数字化资源和能力，帮助传统企业和中小企业实现数字化转型。"结合本案例讨论中小企业数字化转型面临哪些困难。

2. 数字安全是企业数字化的基石。企业数字化转型可能面临哪些与数字化密切相关的新风险？结合《中华人民共和国数据安全法》《关于促进数据安全产业发展的指导意见》两个文件讨论之。

参考文献

［1］何帆，刘红霞. 数字经济视角下实体企业数字化变革的业绩提升效应评估 ［J］. 改革，2019（4）：137 - 148.

［2］肖静华，吴小龙，谢康，吴瑶. 信息技术驱动中国制造转型升级——美的智能制造跨越式战略变革纵向案例研究 ［J］. 管理世界，2021（3）：161 - 225.

［3］王金凤，贺旭玲，初春虹. 基于"路径 - 目标"权变理论的全面风险管理案例研究 ［J］. 审计研究，2017（1）：37 - 44.

［4］张新民，陈德球. 移动互联网时代企业商业模式、价值共创与治理风险——基于瑞幸咖啡财务造假的案例分析 ［J］. 管理世界，2020，36（5）：74 - 86.

［5］Martina K. Linnenlueckel and Andrew Griffiths. The 2009 Victorian Bushfires：A Multilevel Perspective on Organizational Risk and Resilience ［J］. Organization & Environment，2013，26（4）：386 - 411.

案例九　思患而豫：S公司依托大数据的内部控制和风险管理

专业领域/方向：智能会计、风险管理

适用课程：《内部控制与风险管理》《财务共享理论与实务》

选用课程：《数智化技术与业财融合》

编写目的：本案例旨在帮助学员了解公司数字化转型的特征，以及财务数字化从共享平台走向智能化后的内部控制和风险管理的关键控制点，分析业财融合平台在风险控制方面的作用和实现路径，以及数字化转型与传统内部控制制度可能存在的摩擦，说明在数字化进程中公司风险管理框架的优化改进，引导学员在实践中关注大数据工具在企业内部控制和风险管理方面的运用。根据本案例的资料，学员一方面可以感受业财融合平台在风险控制方面的效果，熟悉数字化转型过程的风险控制点，理解数字化可能诱发的新风险；另一方面可以在掌握大数据工具的基础上，进一步了解大数据背景下的风险来源，摸索数字化、智能化的风险管理优化路径。

知识点：数字化转型　业财融合平台　算法风险　数据治理　数字化领导力

关键词：数字化转型　业财融合平台　数据治理　智能化风险管理

摘要：本案例在实地调研的基础上，比较详细地描述了S公司数字化转型实践中的内部控制和风险管理过程。S公司是一家工程机械行业的领军企业，在数字化的快车道上，原有的业务流程被重组再造，内控风险的关键控制点转向网络与数据安全，防范网络数据风险的重点放在应对外部威胁和内部授权上。通过"业财融合"智能平台，S公司的风险管理取得了较好效果，但由于数字化转型与已有内控制度的某些摩擦形成了新的风险漏洞。为此，基于S公司大数据情景的风险管理框架，提出了风险管理的优化路径。

引言：大数据如何赋能企业内部控制与风险管理

大数据时代的浪潮席卷着各行各业，"大智移云物区"等信息技术正以跨界融合的态势飞速发展。企业在数字化转型的过程中将面临技术、思维、商业模式等多重变革，给企业带来更多不可控因素，对内部控制与风险管理提出了更高的要求。

本案例作为 H 省的优秀企业，其数字化转型领先地位备受关注，转型过程中面临的风险和内部控制制度的优化也为其他公司提供了借鉴思路。然而，数字化转型使公司原有的业务流程被重组再造，内部控制和风险管理的关键控制点也因此发生偏移。那么，在数字化进程中，S 公司面临的风险管控的关键控制点转向哪里？案例的关键点放在大数据背景下，解析 S 公司数字化进程中的内部控制和风险管理框架，以及优化方案。

一、S 公司业务系统及运作模式

S 公司是中国工程机械行业的领军企业，主要从事工程机械的研发、制造、销售和服务。公司产品包括建筑装配式预制结构构件、挖掘机械、筑路机械、混凝土机械、桩工机械和起重机械。起重机械、混凝土机械和挖掘机这三款主导产品占比销售总收入超 80%，众多主导产品早已成为国内第一品牌，全液压压路机、混凝土输送泵及输送泵车市占率在国内鳌头独占，泵车产量更是登顶世界首位。

（一）S 公司的运作模式

1. 研发体系。S 公司研发模式为自身科研开发＋产学研究合作，作为国家重点高新技术企业，S 公司形成了以长沙研究院为中心，辐射全国 18 个二级研究院的研发布局。充分发挥各地技术人才的经验、特长，实行双重管理，就近指导产业园区的生产制造并围绕核心产业进行适当延伸。长沙研究院设两个总部，一个是负责标准制定、前沿性探索的技术、研发公共研究平台和研发的管理；另一个则是负责研究开发智能产品的智能研究院本院。

除此之外，S公司还充分运用技术管理信息平台。包括为支持产品研发知识搜索而建立的数字图书馆、E-works论坛、万方期刊论文库等知识库；通过PDM系统搭建了统一的数据管理平台，各地技术人员可在平台上共享和调用标准件、设计通用件等；建立了"精益研发平台"用于支撑产品研发全流程；产品试验全过程则是利用TDM试验数据管理系统；还建立了用于标准检索和对研发过程进行物料管控的SIS标准信息化平台和用于专利检索、对手专利分析、专利申请等的企业知识产权平台。

2. 管理模式。S公司管理的核心可概括为八大机制："一票到底"制（即订单的处理全过程由服务订单一开始接手的人全程跟踪落实，使每一步骤职责分工清晰明了）、"双重督办"制（即高层与部门领导联合督办机制）、"四级监督"制（即客户，营销代表，监控中心和神秘客户四级监督）、"十五分钟响应"制（即客户来电要在15分钟内作出明确回复）、"二十四小时完工"制（即接单后24小时内完成服务订单，各项服务24小时随时响应）、"配件三级保障"制、"技能等级认证与星级管理"制和"配件授信销售与促销让利"制。还有管家模式、增值服务、快速服务、标准化的主动服务这四大服务管理上的模式。

3. 销售模式。根据工程机械产品的特点及其季节性波动，S公司的产品销售模式主要有直销和经销商代销两种。销售方法分为全款销售（交付商品后一定时间内一次性支付货款）、分期销售（在较长时间内按合同规定期限分期收取货款，一般为6~24个月）、信用销售（支付一定比例的首付款后发货，通常信用期为3~6个月）、融资销售（客户支付一定比例首付款后发货，同时公司为客户的融资提供按揭及融资租赁担保，如果客户发生违约，公司将代客户偿付剩余本金和拖欠利息，并回购作为按揭标的物的工程机械，并完全享有变卖抵债及其他权利）。

4. 核心竞争力。S公司的上游供应商相对集中，且都与其建立了长期的合作关系，而下游基建需求增长，是一个比较景气的局面。未来主要关注新增使用场景、替换需求，行业集中度提升，基建投资提升和海外销售这几个潜在增长点，公司的核心竞争力主要可概括为如图9-1所示的四大块。

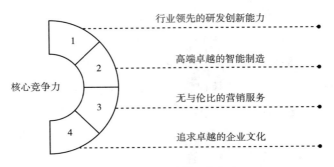

图 9 - 1　S公司核心竞争力

（二）S公司数字化转型背景

近年来，中国工程机械行业加快了工业互联网平台建设的数字化转型步伐，全面提升研发设计、生产制造、供应链管理、远程运维、客户服务等环节的数字化水平，具体推动因素如表9-1所示。

表 9 - 1　　　　　工程机械行业加快数字化升级的推动因素

推动因素	解释
设备价值增值水平不高	传统以预防为主的定期维修无法有效处理潜在或突发的异常故障，也会产生诸多不必要的拆卸和安装，造成过高的设备维护维修费用和额外的磨合损耗，甚至导致新的故障
备件管理	传统的仓储模式能够缓解一定的备件需求压力，但是相应产生了包括存储空间、物流调配、流转资金等高昂的仓储成本，还需要进行备件管理，耗费人力物力
金融生态不完善	由于工程机械设备单价高、行业金融体系不完善等原因，下游中小企业往往存在着资金短缺的问题，金融机构无法实时评估金融风险，并提供在线快速融资及贷款服务，严重制约了行业生态的发展
解决方案及服务	工程机械行业正呈现出制造业服务化趋势，即从单纯的生产加工向提供设备运营维护、支撑业务管理决策、满足个性化定制需求等服务环节延伸，增加产品附加价值，塑造企业综合优势

1. S公司数字化转型历程。作为中国最大的工程机械领军企业和世界五百强企业，S公司一直非常重视数字化和信息学的使用，准确地掌握生产数据并及时改善生产流程。S公司积极整合大数据，人工智能和工业互联网，并积极推动企业数字化转型与智能制造升级，过程如表9-2所示。

表 9 – 2　　　　　　　　　　S 公司数字化转型升级发展历程

年份	发展历程
2007	挖掘机生产线开始使用"智能化机械手"焊接机器人
2009	在起重机事业部引入"数字化工厂"，开始规划 18 号厂房
2012	18 号工厂全面投产，号称为"亚洲最大的智能化制造车间"
2013	成立集团流程信息化总部，制定集团全产业链流程信息化变革规划和互联网 + 工业的战略规划
2015	工业互联网变革完成初步目标，搭建了大数据存储与分析平台，升级 ECC 系统，搭建了互联网营销、O2O 平台，推动 CRM 系统的实施
2016	集团孵化的"树根互联工业互联网平台"成立
2018	树根互联设立了智能制造业务，作为设备数据采集的连接器，将数据汇聚，再对接到 ERP、MES 等上层系统
2019	公司在数字化战略的布局下将 18 号厂房改造升级为"灯塔工厂"，进行全方位的数字化、智能化升级
2020	将 MES 制造执行系统升级为 MOM 智能管理系统，在生产环节自动化的基础上连接 PLM、WMS 等多套系统，为未来多个"灯塔工厂"互联做准备，实现局部智能到全面智能的大跨越

2. S 公司数字化的层次递进路径。S 公司数字化转型升级迎合了服务型制造的大势所趋，在实现提质增效的制造需求基础上，集行业赋能，融数字技术，向制造服务化的商业模式深度拓展。公司融汇社会化视野，目标依托其深厚的研究和技术发展积累，打开边界，助力其他制造业数字化升级，共享全球服务能力，其层次路径如图 9 – 2 所示。

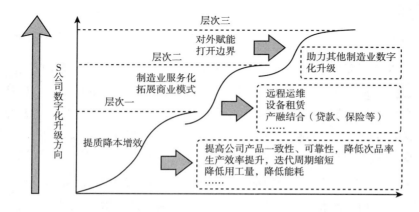

图 9 – 2　S 公司数字化发展层次递进路径

二、S公司数字化建设与运营

S公司将业财融合嵌入关键控制活动领域，对业财流程进行协同再造，逐步建立起内部财务业务一体化平台。数字化平台的搭建，促使公司建立项目业务与财务管理信息流、资金流和数据流的互联通道，实时反馈、监控业务状态，从而改进风险管理与监督。

（一）业务数字化平台

S公司全方位打造集产品研发、计划采购、生产制造、营销服务、信息管理为一体化的供应链数字化流程，如图9-3所示，建立了PLM（研发信息化）、GSP（采购信息化）、MOM（制造智能化）、CRM（营销信息化）、SCM（产销存一体化）、ECC（控制中心）等业务数字化平台，实现业务数据的自动采集，数据价值的深度挖掘以及管理流程的可视分析。打通生产物料、制造装备、营销管理、售后服务等业务与供应商、承包商、代理商、终端客户的信息联络通道，实现全业务模块的互联互通，并形成闭环控制，逐步形成业务流程精细化与生产过程自动化管理，打造出新一代智能化工厂。

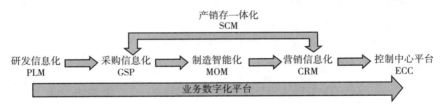

图9-3　S公司业务数字化体系结构

1. PLM提高研发创新能力。如图9-4所示，PLM系统是集研发、设计、工艺一体化的技术管理协同平台，融合了CAD等多种数字化信息技术，可以对项目研发信息获取到项目交付全过程进行集中管理和安全共享控制。PLM以项目为主线，对分析数据、实验过程、实验结果实行规范化管理，数据集中化存储，图文权限审批，保障信息安全。

PLM系统高效整合S公司的实验资源，实现研发数据统一、规范、有效的传输，并实时统计研发项目进度、成本、风险问题，跟踪注册状态和项目数量，提高项目监控的及时性，大幅缩短了产品研发周期，保证了研发过程数据的追溯性。

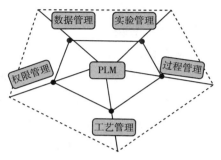

图9-4 S公司PLM研发系统

2. GSP搭建信息沟通平台。GSP系统即S公司全球供应商门户系统，囊括供需计划协同、采购计划协同、物流管理、财务管理以及供应商评估等核心业务流程。公司通过向系统发送采购计划，并对订单进行实时追踪，反馈对于订单的处理意见，达到对供应原料流程的控制。供应商通过系统，接收公司的订单，从而合理安排生产。在系统的协同下，公司与供应商完成VMI业务协作与库存共享，互通收货、质检结果，并对发票签收移交的全过程进行备份监控，降低因发票遗失或过期带来的损失。GSP系统执行订单意见的实时反馈，解决了因信息不对称造成供应商存货较高等方面的问题，在公司与供应商之间搭建起一个高效的信息沟通平台，如图9-5所示。

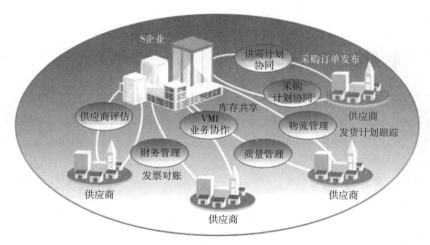

图9-5 S公司GSP供应商门户系统

　　此外，系统会对供应商的产品生产、工艺流程以及质量监管体系进行定期审查，从而对供应商资质进行认定，根据审核结果划分为临时供应商和认证供应商，以此判断供应商能否持续稳定地提供合格的产品，从而更好地稳定供应商关系，改善对供应资源的管理，降低采购风险和成本。

　　3. MOM 打造智能生产工厂。S 公司的总装车间——18 号厂房，是亚洲最大的智能化制造车间，被称为"最聪明的厂房"，也是行业内第一个"灯塔工厂"。厂房内应用了大量智能机器人和 AGV 自动引导小车，生产流程从无人化下料、智能化分拣、自动化组焊、无人化机加、智能化涂装、装配下线和智能化调试，全程做到无人化、自动化、智能化，不仅使整体生产效率提升 50%，降低生产成本，而且解决了熟练工人紧缺问题，产品制造向标准化进一步迈进，如图 9-6、图 9-7 所示。

图 9-6　S 公司智能制造信息系统

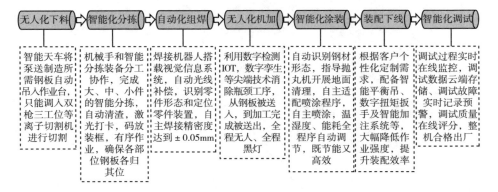

图 9-7　"灯塔工厂"智能生产化流程

2020 年 4 月"灯塔工厂"软件升级，MES 制造执行系统升级为 MOM 智能管理系统。MOM 系统象征着公司智能化制造的"指挥大脑"，打通生产、质量、物流、仓储等环节，上层连接着 PLM、WMS 等多套系统，下层连接 IoT 平台。系统维护了相关工艺、工时等生产过程的支撑数据，部署灵活，扩展性强，且不受开发资源的限制，实现闭环流程的处理。同时，系统将生产用料、开工率等现场信息实时准确反馈，为生产管理者与决策者提供准确、全面的动态信息，极大地提高了组织效率。该项目改造完成后，促进了与客户的深入互动，公司需重新进行人才分配，管理模式重心从人员管理转移到设备管理，如图 9 - 8 所示。

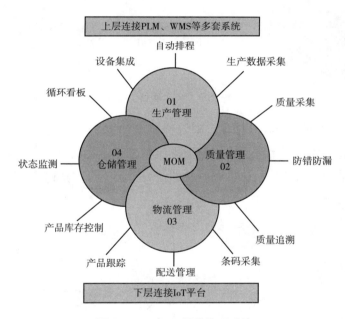

图 9 - 8　MOM 制造管理系统

4. CRM 助力终端精准营销。S 公司实行产品及零部件销售、售后服务、意见反馈及客户培训的营销模式，融入数字化模式的更新升级，打造以客户需求为导向的价值链条，实现精准营销。CRM 是公司利用信息化手段，将销售、客户和公司的关系全面呈现出来，为客户提供个性化的交互式服务过程。CRM 项目覆盖从销售需求计划到订单交付、客户问题提出到解决服务等关键性营销业务，将客户的信息、购买记录、服务过程等，通过系统自动记录，确保信息完整、客观。同时，还通过系统记录的客户进行购买习性分析，销售发掘商机，业绩预测助力管理，帮助公司挖掘潜在客户、稳固老客户，如图9-9所示。

图9-9 S公司CRM项目上线扩容进展

5. SCM协同产销存一体化。S公司SCM产销存一体化项目执行从供应商、承包商、代理商到终端客户的全供应链工作流程的管控，形成从销售至回款、从采购至付款、从研发到制造的业财对接支撑，如图9-10所示。

图9-10 S公司SCM供应链管理

在生产过程中，对于一些非核心非专业性的业务，S公司采用外包或购入外部服务的模式剥离出去，在获得抵扣，降低制造成本的同时，还能将自身资本投入聚焦在核心环节，促进内部结构优化升级。S公司通过系统，不定期地对承包商进行资质考核，对于优质承包商进行人员、管理、设备的输出，承包商投入资金作为项目支撑，实现供应链互联的协同发展。

由于工程机械品的终端需求相对分散，S公司接到终端订单后，销售给代理商，再由代理商销售给终端。资金收支两条线，销售款由代理商直接划拨S公司事业部，事业部根据其费用和差价将款项拨付代理商。在此过程中，代理商收到的货款统一归集在对公账户，公司通过银企直联系统可以实时监控终端客户交付代理商的货款，防止款项的挪用，有效防范资金风险。此外，系统根据公司物料消耗、生产效率与客户订单多样性的需求，合理制定采购计划、产能安排以及产品交期，在产供销之间建立一种有效的平衡关系，提高物流循环效率，实现库存管理的科学化。

6. ECC集成控制服务平台。ECC控制中心是S公司的客户管理系统，通过系统数据反馈，公司可对其销售在世界各地的设备工况实时监控、远程排故。S公司在每一台生产设备上植入一块自主研发的控制芯片SYMC控制器，它可以远程控制设备，实时记录设备运行位置、运行轨迹、累计油耗等数据，并反馈至ECC控制中心。一旦设备出现故障，工程师便可依据设备回传的数据，远程指导客户排查故障，或在就近服务中心实施上门服务，从而进一步提升其对客户的服务水准，增强客户黏性。

公司还可以通过ECC系统数据，清晰地知晓某台设备的开工率、开工时间等信息，从而判断设备是否实现盈利。如果设备盈利，但客户没有遵守按期还款的承诺，则说明客户存在恶意拖欠货款的可能性。此时，公司可以通过系统对客户的设备进行远程锁定，使其失去工作能力，如图9-11所示。ECC在客户管理上的应用，有利于协助公司判断客户是否存在恶意欠款的可能性，保存客户信用资质等信息，帮助公司更好地控制资金风险。

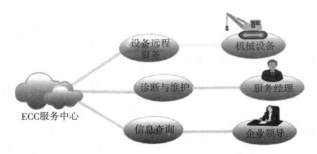

图9-11 S公司ECC控制中心

（二）财务数字化镜像

数字化是 S 公司三大战略之一，自 2018 年与中兴新云签订财务共享服务咨询项目以来，S 公司开启财务数字化建设进程。以自动化、高效、智能的"业财融合"精细化财务体系为目标，以业务数据化—数据标准化—财务数字化为思路，建设以财务共享为核心的数字化财务。结合实地调研情况，可以刻画 S 公司数字化财务建设镜像。

1. 人员再造。财务共享模式下，企业财务被重新划分为 4 个板块：业务财务、共享财务、战略财务和智能财务。与传统的财务管理相比，共享模式下财务岗位与职责变化较大，如 S 公司数字化转型之前各事业部商务财务主要是采购报账以及采购付款，建立财务共享中心后其职责变为异常采购事项处理，即纯财务转向业务财务。如图 9 - 12 所示，总部战略财务负责统筹管理和战略决策，各事业部业务财务切入企业价值链的各节点，业财融合更紧密。

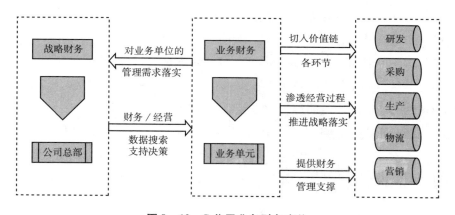

图 9 - 12　S 公司业务财务定位

随着 MPCB、MOP、FMS 等高效信息系统的引入，财务工作环境发生巨大变化，S 公司财务部员工须重新理解、学习本岗位职能与责任。针对数字化转型过程中员工观念的转变及技能的需要，S 公司聘请财务数字化转型方面的专家和财务数字化转型合作商集中对员工进行指导和培训，培训的考核结果与员工个人绩效关联，督促员工深入了解并主动参与公司数字化转型。

2. 财务组织再造。S公司在传统财务工作组织安排下，事业部财务主要负责具体业务的核算与执行。资金管理部负责资金筹集、银行资金支付与账户管理、现金的收支与管理；商务财务部主要管理采购报账和付款；制造财务负责成本核算、分析与资产盘点；营销财务主要进行收入确认、收款管理及在外货款管理；还设有总账、费用、财务分析与绩效考核税务、稽核等部门，负责费用报账审核、财务分析、税务管理等工作，如图9-13所示。财务总部总共5个部门，分别为资金管理部、会计核算部（涵括商务、制造、营销的核算）、费用管理部、纳税管理部和稽核分析部，主要负责统筹、规章政策制定、事业部考核以及总部的部分业务核算。

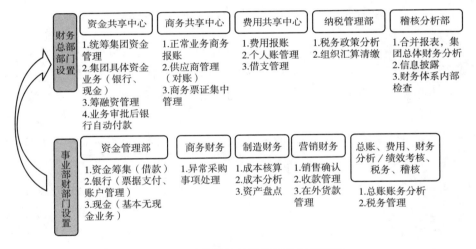

图9-13　S公司传统财务工作组织安排

数字化建设后，事业部财务更加关注业务过程的安排以及对财务的影响，总部财务更注重核算统筹、规则设置以及规则设置后系统业务处理的自动化，如图9-14所示。事业部职能部门未变，财务总部建成资金共享中心、费用共享中心和商务共享中心。事业部资金管理部门的资金支付（银行存款或者现金）业务集中在财务总部的资金共享中心，个人报账等费用报销业务集中于总部费用共享中心，供应商的遴选和采购等问题归集于商务共享中心。

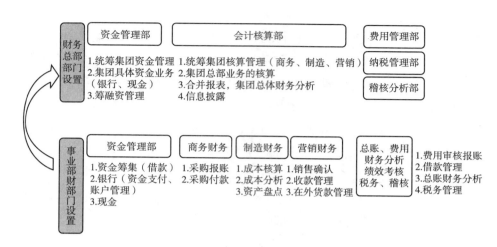

图9-14 S公司数字化建设后财务工作组织安排

3. 流程及系统再造。S公司2017年试点建设费用共享中心，至今已完成资金共享中心和商务共享中心的建设，全面共享中心和智慧财务平台尚在筹建当中。S公司致力于逐步形成以SAP为核心、9套外围系统（资金管理、合并报表管理、税务管理、财务分析、预算管理、费用共享、应付共享、应收共享、总账资产共享）为辅的主财务信息化系统框架，真正实现"数字化赋值"到"数字化赋能"的飞跃。

（1）费用共享中心。S公司各个事业部的个人报账等费用报销业务全部集中于财务总部费用共享中心，所需的相关凭证皆上传到总部系统。费用报销系统利用OCR自动采集和录入发票信息，应用财务机器人实现内部费用自动分摊结算，其与SAP深度对接，从消费、报销、财务管理着手，打通企业日常消费的全流程，让费用管控更加合规、透明，全方位提升员工报销体验及企业运营效率。自2017年11月起按照"事前全员培训、事中简化审批、事后限期稽查、内部抽查审计"的步骤实施"诚信报账"，如图9-15所示。

费用共享中心不仅极大地提升工作效率，还提供发票自动化管理服务，并且费用共享中心与SAP应付系统对接，可实现采购订单、收货单和发票三单自动匹配，实现自动报账、自动付款、自动对账，如图9-16所示。

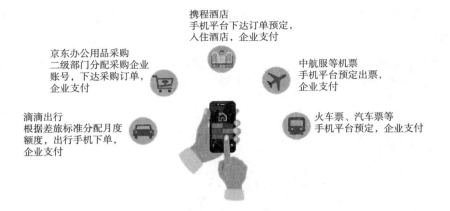

图 9 – 15　S 公司费用共享中心商旅平台

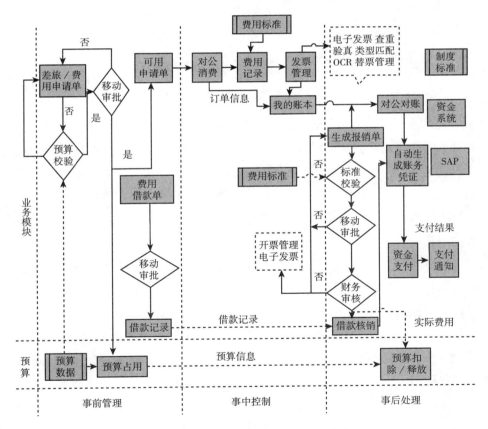

图 9 – 16　S 公司费用共享中心优化变革

（2）资金共享中心。S公司资金共享中心承担着资金管理中基础执行层面的工作，包括资金管理、银行关系与账户管理、结算管理和银行对账，通过统一支付流程、统一资金结算、统一资金调拨，以及统一银企对账，形成收支两条线的资金共享体系，如图9－17所示。

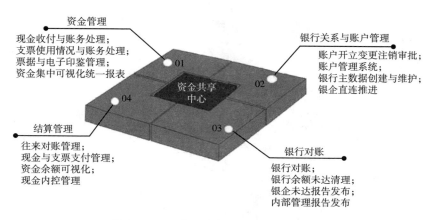

图9－17　S公司资金共享中心业务板块

公司各事业部每年有确定额度的资金拨付计划。在外部环境恶劣时，事业部的资金使用根据预算严格控制（约90%的执行率）；在外部环境稳定或者充满机遇时，考虑到效率和控制之间的平衡，资金拨付计划可适当放宽限制。S公司和合作银行签订透支账户，各事业部可透支一定额度的资金，统一结算时由总部补足。公司定期对资金的使用情况做差异分析，督促各组织提高资金的利用效率。

（3）商务共享中心。S公司三大共享中心并行运行，商务共享中心为其最大的特色。如图9－18所示。商务共享中心囊括供应商评估，招投标，产品试用，供需存管理，物流、质量及财务管理。针对供应商准入，S公司由其特定的评估体系，主要考察QCD（质量、成本和保供能力），供应商产品质量需符合公司的要求，且要上传第三方认证机构出具的质量认证报告至商务共享中心，由各事业部共享。认证供应商主要为日常批量生产供货。S公司也会存在临时供应商。初期考察其财务报表、合作方等详细公司信息，合格后成为公司的临时供应商，主要为小批量生产供货。临时供应商达到S公司的认证标准后可升级为认证供应商，长期合作。

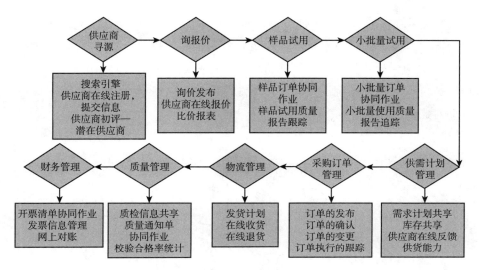

图 9 – 18　S 公司商务共享中心业务流程

（4）应收板块。S 公司应收业务流程如图 9 – 19 所示，各事业部应收账款数据传入信息平台，由平台统一管理。平台的附属系统"对账通"管理应收账款的收回问题，一般为小于 3 年的分期款。应收款到期后，对账发出催款信息，达到设定的标准后仍未收回款项，则对相应的机器进行脱机操作（机器嵌有芯片，由 S 公司控制）或者给客户发律师函。

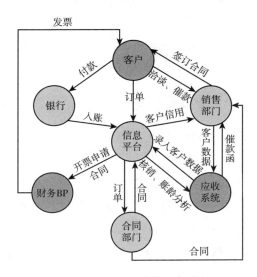

图 9 – 19　S 公司应收业务流程

S公司有直销和经销两种销售模式，经销模式终端客户直接把货款打入对公账户，便于公司利用CBS系统进行账户金额监控。

（5）应付板块。如图9-20所示，应付业务实现了自动三单匹配，自动记账与付款（达到系统设置的支付条件即可付款），自动出具资金计划清单，自动对账。

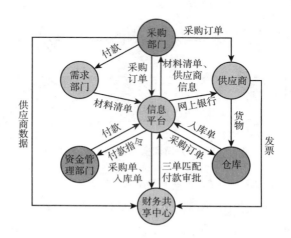

图9-20　S公司应付业务流程

供应商货款的支付先后顺序原本掌握在业务员手里，如今依据应付系统设置的条件、标准和流程自动化进行，减少了人工干预。在收支两条线的资金管理模式下，S公司通过返利系统自动与代理商进行返利结算，通过资金共享中心支付返利。

（三）业财融合平台的创建及运行

S公司根据项目的生命周期全过程，通过研发、采购、生产、物流、销售链条的各个环节，打通供应商、承包商、终端客户以及企业之间的信息沟通渠道，使得主体之间能够形成无缝对接，大大降低了沟通成本，如图9-21所示。同时，S公司将业财融合嵌入关键控制活动领域，形成各个业务流程嵌入数字化共享中心的全方位管理方式，实现项目业务与财务管理的全局掌控，费用成本核算与流程化报销并举，强化资金费用管控，达成风险控制目标。

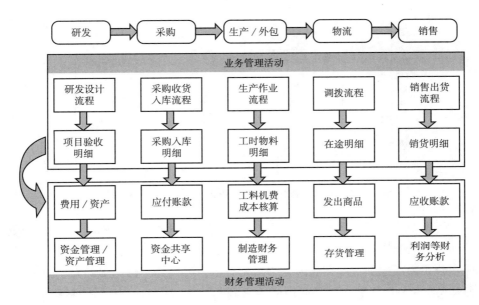

图 9-21　S 公司业财一体化平台的运行

三、S 公司内部控制的制度摩擦

依托大数据技术，S 公司业财一体化数字平台应运而生，公司的数字化系统高效便捷，但与传统内部控制制度不可避免地产生了一些摩擦，这些摩擦使公司在应对信息化进程中可能面临一系列控制风险。为保证战略目标的实现，S 公司对于战略规划和日常经营活动过程中存在的风险进行了必要的把控。

（一）内控指数知深浅

根据迪博数据库工程机械行业上市公司 2020 年内部控制指数，S 公司 2020 年内部控制指数为 722.63，略高于行业平均值 700.65，如图 9-22 所示。放眼整个工程机械行业，S 公司内部控制水平处于较为领先的地位，但相较行业龙头 X 公司内控指数 812.75，仍存在一定差距，说明 S 公司内部控制水平存在一定的提升空间。

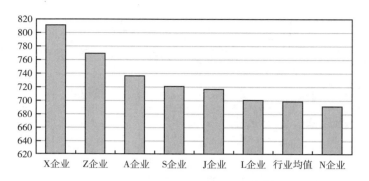

图 9 – 22　工程机械业上市公司 2020 年内部控制指数情况

　　根据迪博数据库的内部控制指数，S 公司在内部环境、风险评估、控制活动、信息与沟通以及内部监督的各个环节指数均略高于行业平均水平，说明 S 公司内部控制管理在业内处于领先态势，但优势不够明显。在信息与沟通环节，S 公司指数超出行业均值一定的差值，体现公司对于内外部信息的沟通和传递流程较为畅通，信息系统对于业务管理和财务活动过程的控制监管具有一定优化效果。从整体上看，业内对于内部监督的重视程度较高，内部监督指数远远高于其余四个环节，如图 9 – 23 所示。

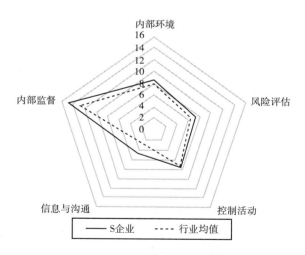

图 9 – 23　S 公司 2020 年内部控制五要素指数情况

　　从内部控制的纵向水平看，2011 ~ 2020 年 S 公司内部控制指数总体呈波动态势发展，前三年稳步增长，并于 2013 年到达近十年的最高值 913.1，内部控制管理水平得到较为稳定的发展，如图 9 – 24 所示。自 2014 年开始，内部控制指数开始了轻微的震荡局势，2018 年小幅回升后，于 2020 年达到 722.63 的水平。这期间，数字化转型形成新旧内部控制制度的调整摩擦。

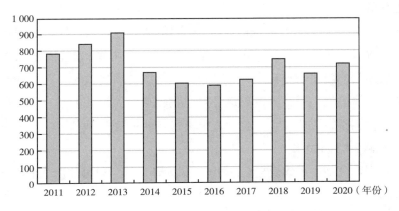

图 9 – 24　S 公司 2011～2020 年内部控制指数情况

综上，S 公司整体内控指数在稳定范围内小幅波动，且指数略高于同行业水平，内部控制管理在业内处于领先态势，充分发挥了内部控制体系的保障性作用。

（二）内控要素鉴高低

1. 控制环境谋发展。

（1）设立内控职能部门。S 公司在董事会、监事会之下设立审计委员会及战略委员会，为实现控制目标，公司专门成立内部控制项目组及风险管理委员会。董事会负责监督内部控制的设立和执行，并定期对内控执行效果进行分析评价。监事会通过参加内审委员会召开的内部控制相关会议，对董事会执行的内部控制过程及效果进行监督。监事会的监督效力远远高于内审委员会，若公司存在严重的内部控制缺陷，监事会可直接向股东大会提出反应报告。董事会下设审计委员会，对内负责完善公司内部控制制度平台设计，利用大数据平台监督内部控制执行过程，并在系统终端定期对内部控制执行效果进行考核评价，对外负责就内部控制事项与相应机构进行组织沟通。公司另设内部控制项目组及风险管理委员会，用以协调内控过程中各部门之间的数字化信息传递与沟通工作，以达到对风险的有力把控。

（2）业务调整带来人员变动。公司数字化变革的加快，使得业务处理更加多样化、复杂化，对财务人员的财务预算、数据分析以及经营决策能力提出了更高的要求。S公司智能工厂的建立，一方面使得生产效率得到大幅提高，另一方面也导致人力资源的减少。以18号厂房为例，经过大规模机器换人，厂内仅两条泵车生产线人员就缩减75%。公司数字化战略的实施，需要管理层连贯的战略指导输出，也需要员工持续的项目执行。在公司战略布局和技术路线确定之后，人员稳定是数字化转型的关键性因素。大数据带来的业务流程调整，可能导致S公司人员不稳定的风险发生。

2. 风险评估防微末。

（1）风险评估体系建设。S公司设立风险评估部门对可能面临的内外部风险进行识别和评估，管理层根据风险评估的内容和成因，对风险发生的概率进行判断，设定风险偏好及可接受程度，增强对风险的把控程度，如图9-25所示。审计委员会下设内部控制监督小组及内部控制执行小组，监督小组负责将信息化平台中业务财务数据进行整理分析，对公司运营过程中可能面临的风险进行预判，执行小组根据评估结果建立风险应对措施，采取必要的控制手段将风险降低在可接受的范围之内。由于内部控制小组并非公司内部固定的职能部门，可能存在受控于不同部门领导的情况，因此，对内控管理工作增加了难度。

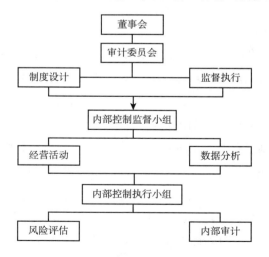

图9-25　S公司风险评估体系架构

（2）风险预警识别不够灵敏。S公司运用费用及资金共享中心后，费用报销及资金结算业务统一由集团总部直接管控，公司下属单位会计核算、财务报告相关的风险从内部风险转化为外部风险，对于集团总部而言，会计核算的集中化同样也带来了核算风险的集中，数字化系统的运用使得公司增加了更多不可控风险。

此外，S公司共享中心大多联合第三方服务机构共同研发或直接购买，系统在研发的过程中，由于公司对于系统功能实现与业务需求的认识存在断层，大多依赖以往的经验判断，导致系统无法对业务处理过程中遇到的突发状况或偶然事件作出预警反应，甚至直接忽略风险。例如，系统在处理代理商返利服务的过程中，按照发货、提交、审批、返利一般业务流程执行任务，若系统在执行一轮完整的系统流程之后，后续业务层面涉及退回、驳回、移交等业务，末端数据未能实现全方面监控，导致系统按照设定流程再次进行返利输出，增加公司业务层面的风险。

3. 控制活动保执行。S公司财务信息化模式下控制活动，根据业务特点可以细分为以下模块：合并报表管理、资金管理、应收管理、应付管理、费用管理、税务管理等。其中，应收账款、应付账款和费用报销业务流程，是S公司财务信息化模式下业务流程控制的代表性业务。

（1）应收账款控制活动。S公司财务信息化模式下应收账款关键业务流程控制点主要在合同管理、开票申请及审查、客户资信审核、账务处理等业务环节。在提交流程时，业务人员首先对合同及订单进行预审，审核无误后根据订单内容进行提单。单据到达信息平台，由审核人员进行复核，复核通过后，结合各事业部在信息平台传入的应收账款数据，对业务进行开票，并将收入确认信息录入BP系统，完成入账登记。应收账款的收回问题由平台的附属系统"对账通"管控。应收款到期后，由对账通向客户发出催款信息，达到设定的标准后仍未收回款项，公司则通过ECC系统对客户的设备进行远程锁定，以降低经营过程风险。

（2）应付账款控制活动。S公司应付账款控制活动主要集中在采购入库单、发票信息采集、付款审核等业务环节。公司财务在收到销售发票后，核实发票的真实性，并结合采购入库清单进行核验，作为后期会计处理的依据。核验通过的发票录入商务共享中心系统，依据应付系统设置的条件、标准和流程自动付款。应付业务实现了自动三单匹配，自动记账与付款、自动出具资金计划清单、自动对账，全程减少人为干预。

在生产经营过程中，经营成本的支出换来经营收入的流入，应当形成一个闭环。而信息化平台的建设运行，如若应收、应付系统未能形成业务闭环层层对接，则容易带来隐藏的内控风险。S公司商务共享中心的应付系统在未核实是否收到对方回款时，便根据合同条件自动支付了项目费用，而在业务部门提供的成本类合同中并没有此项要求，共享中心人员若是对业务信息不了解，则容易忽视其内在的控制风险，形成控制活动未闭环产生的内控失效风险。

（3）费用报销控制活动。费用报销的风险控制关键点，主要在于对费用支出的合理性、单据真实性进行把控。S公司费用报销业务主要集中于财务总部费用共享中心，员工提交报账申请后，所需的相关凭证统一上传到总部系统。费用报销系统利用OCR自动采集和录入发票信息，发票自动验真认证后，只需上级领导确认业务的真实性，审核费用发生的合理性，即可在费用报销系统上完成审批。而后，审核人员对数据进行导入并录入到SAP系统中，完成后期会计账务处理。

即使在费用共享中心的运用下，也存在资金结算方面业务量与流程数不匹配的现象。S公司在月初、月中、月末的不同阶段，资金结算方面出现资金支付业务量分配不均，业务人员工作强度不平衡等问题还比较突出，容易对资金链管理，日常资金调度造成一定压力。共享中心财务人员在月末高负荷工作，容易导致出错率上升，引发财务风险。

（4）数据信息安全性控制。S公司通过ECC控制中心的远程操控系统对销售机器设备进行追踪，在客户出现拖欠货款的情况下，公司可以锁定机器状态。但如果远程操控系统被破解，也就丧失了对客户回款的控制力。所以，随着数字化信息系统共享程度的提高，在避免员工由于业务能力不足引发的数据安全问题的同时，系统本身也存在信息丢失、数据破解、数据泄露等问题。当部分风险从公司剥离出来后，公司又承担着网络信息安全的后果，风险的未知性提高了风险防范及把控难度。除了在技术层面对应用程序和操作系统的安全性实行监控之外，内部人员及关联方的道德风险也被放大，需要加以防范。

4. 信息与沟通创联结。

（1）信息集成与共享建设。S公司根据项目的生命周期全过程，通过深入采购、生产、销售等业务链条的各个环节，借助PLM等业务数字化系统及资金共享中心等财务信息化平台，打通供应商、承包商、终端客户以及公司之间的信息沟通渠道，使得主体之间能够形成良性对接，大大降低了沟通成本。在内部管理上，信息共享平台将实物与信息联结起来，完成财务核算、资金管理和财务信息的全面共享。S公司数字化信息建设架构如图9-26所示。

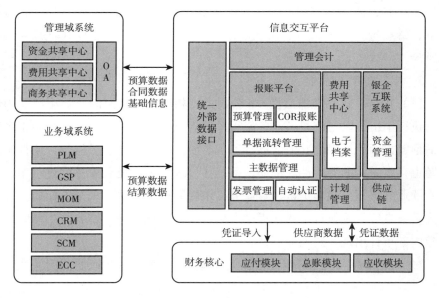

图9-26　S公司数字化下的信息建设框架

（2）业务与财务的跨部门沟通可能存在流畅性问题。S公司财务共享中心设立在北京总部，在现有环境下，共享中心与其余各地子公司及具体业务部门之间的联系不是特别紧密，许多下设子公司有着自己的工作惯例和管理模式，员工对于共享中心的系统执行可能存在理解不到位或者执行效果不佳的情况。部门间的信息沟通不畅，可能造成信息孤岛，信息系统面临建设或维护失败的风险。另外，共享中心财务人员远离业务发生的具体单位，无法深入了解业务背后可能存在的风险及特殊性，导致财务人员在按照系统规范程序执行具体业务时，容易发生操作偏差。总部共享中心与具体业务部门之间也容易产生信息沟通的延误，从而影响业务流程整体合规性，降低了共享平台风险管控能力。

（3）外部数据端口对接。对于信息沟通环节的把控，不仅体现在内部治理方面，还体现在对供应商、代理商等外部数据的连接之中。S公司在物料采购过程中，系统会对供应商的产品生产、工艺流程以及质量监管体系进行定期审查，从而对供应商资质进行认定，根据审核结果划分为临时供应商和认证供应商，以此判断供应商能否持续稳定地提供合格的产品。然而，由于外部供应商与公司信息化系统没有实现完美对接，当供应商资质发生变动时，商务共享中心无法实时更新供应商状态，可能在不知情的情况下，继续选择与不满足资质认定条件的供应商合作，无形中增加了供应链风险。

5. 内部监督守防线。

（1）内部审计存在滞后性。S公司设立相应的内部控制监督小组及内部控制执行小组，以对公司各业务流程风险进行必要管控。然而，受制于系统评估预警方面的局限性，内部审计工作实质上仍停留在事后监管，使得发现问题也存在一定的滞后性。例如，系统在处理代理商返利服务的过程中，如果后续业务层面出现非正常经营业务，末端数据则无法实现全方面监控，内审人员只有等系统执行了错误程序之后，才能发现业务报错，其中的时间差导致内部审计出现一定的滞后性。

（2）绩效考核界线不明。依托大数据技术，S公司各职能部门考核评价指标进一步细分，各种信息系统的建立在业务处理上极大地提高了工作效率。然而系统之间各业务的交融部分，给考核评价环节提出了极大的考验。一些部门与员工认为内部控制与自己部门业务不存在必然的联系，对于内部控制的重要性缺乏足够认识，风险意识比较淡薄。在系统安全受到影响和破坏时，公司虽然在风险报告中会统计每月系统报错指标，但部门权责划分不明，使得公司难以对其产生的原因进行深入分析。

四、S公司风险识别及管理框架

（一）S公司描述性风险识别

描述性风险信息是企业在定量的真实风险活动信息之外披露的与风险相

关的文本信息。在这里，描述性风险包括与安全风险、伦理风险、财务风险等描述性信息所涉及的有关风险描述。揭示 S 公司的描述性风险，采用"种子词集 + Word2Vec 相似词扩充"的方法构建描述性风险指标。首先，在阅读相关文献的基础上，收集描述性风险的种子词集。其次，通过 Python 引用 Selenium 库编写爬虫代码，爬取巨潮资讯 S 公司近三年披露的年报等公开信息，并使用 Jieba 库进行中文分词。再次，使用 Gensim 库的 Word2Vec 神经网络相似词算法，在种子词集的基础上进行词汇扩充，确定描述性风险关键词集。最后，将年报中描述性风险关键词集的词频之和在年报全文总词数中所占比例作为描述性风险指标。

1. 种子词集的选择。通过筛选现有中文文献中与描述性风险相关的词汇来确定种子词集。已有文献主要分为两类：一是与数据安全风险、信贷风险、技术风险以及法律风险相关的内部风险研究；二是与国家政策风险、市场风险、经济风险、供应商风险、消费者风险、环境风险、人力/劳动风险相关的外部风险研究。考虑到 S 公司描述性风险以内部为主，这里以第一类研究为主要参考，辅之以第二类研究，同时通过 S 公司的财务报告样本进行校验。经过层层筛选，最终确定了 6 个种子词汇（不确定性、未来、损失、复杂、困境、安全）。为了减少第一类统计错误（即某词汇在特定语境中本没有描述风险相关信息但其词频依然被计入描述性风险指标中的情况）的发生概率，在人工筛选的过程中，剔除了诸如"风险""危机"等词汇，理由如下：（1）"风险"等词汇在财报文本中除了与内部风险相关以外，还与外部风险紧密相关，这类词汇的存在会使得描述性风险指标因携带过多其他信息而失去准确性；（2）"危机"等词汇其外延远远超出了内部风险的范畴，因此也未被纳入最终种子词集。

2. Word2Vec 相似词扩充。Word2Vec 模型的使用可以直接获取描述性风险关键词在财报等财经专业语料的相似词候选集。接下来，首先找出种子词集中每个词汇的前 200 个相似词，经过去除重复词汇和部分低频词汇之后，由两名成员各自进行词汇筛选工作，然后将两名项目组成员均认可的词汇添加至关键词词集。相似词扩充完成后，总共得到了 401 个描述性风险关键词，词集构成如表 9 - 3 所示。

表 9 – 3   描述性风险关键词词集示例

种子词汇	扩充词汇
不确定性、未来、损失、复杂、数据、安全	市场竞争、商品价格、货币政策、敏感、承受能力、舞弊、偏好、经济周期、利益冲突、国家税收、供求、降低利率、可能性、经营规模、黑客软件、合同条款、不利因素、人工成本、陈旧、呆滞、违约、减值、信贷、担保金、政治、火灾、产业链、工作效率、管理效率、投融资、管理体系、承包商、业务流程、量化、GPS、异常、结构化、数据传输、偏离、金融、瓶颈………

在得到描述性风险关键词词集之后，通过邀请其他项目组成员进行核验以及对比财报文本样例的方式对关键词词集进行再次确认，最终通过计算关键词在年报文本中出现的词频比例构建出描述性风险指标。

3. 相似词扩展分析。通过种子词汇进行扩充，既可以发现 S 公司存在的描述性风险包括哪些，又可以对公司所进行的风险管理进行系统的把握。

根据表 9 – 4、表 9 – 5 可以直观看出 S 公司的风险主要来自：（1）经济风险；（2）政治风险；（3）市场风险；（4）信用风险；（5）技术风险；（6）数据安全风险；（7）资产减值风险；（8）人才流失风险；（9）财务风险（信贷、异常）；（10）战略风险；（11）金融风险；（12）自然风险。如图 9 – 27 所示。

表 9 – 4   风险管理关键词及相似词词集示例

描述性风险	大数据文本相似词
经济、政治风险	市场竞争、供求等、商品价格、降低利率等
市场、信用风险	经营规模、合同条款、承包商、呆滞、违约
技术、数据安全风险	结构化、数据传输、黑客软件
资产减值风险	陈旧、减值
人才流失风险	人工成本等
财务风险	信贷、异常
战略风险	偏离、瓶颈
金融风险	金融、投融资
自然风险	火灾等

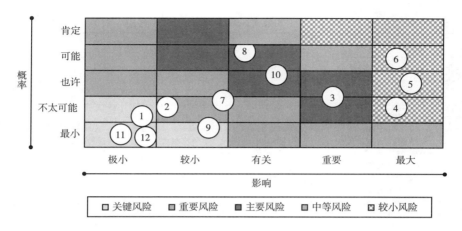

图 9 – 27　S公司风险热力图

表 9 – 5	风险管理关键词词集示例
种子词汇	扩充词汇
不确定性、未来、损失、复杂、数据、安全	财务数据、数据分析、传输、搜集、比较、人工智能、预警黑客软件、云、追溯、财务指标、异常辨别、监督机制、防范、灵活性、工程质量、建立健全、管控、调度、专款专用强化、降低成本、严格执行、低成本、管理效率、工作效率人机、搭建、业务流程、投融资、职业生涯、自动控制、管理体系、增长点、安全性、供给、剥离、保障、计划、激励机制、产品质量、技能、督导、普惠性、健康、科学管理、非核心、营造、全方位、降本、管理水平、透明化、四化建设、多样性、偏好、期货交易、商品价格、预警、控制程序、管理策略、承受能力、分散、无人化、产销率、市场占有率基建投资、环境影响、数字化、衍生、闲置资金……

　　针对表9-3的风险，从表9-6可初步知悉公司已采取的风险管理措施：经济与政治角度（搜集、防范、调度、专款专用、期货交易、商品价格）；经营流程与信用角度（自动控制、剥离、非核心、管理效率、产品质量）；技术、数据安全角度（人工智能、预警、云）；资产保值增值角度（异常辨别、管控、管理效率、工作效率、管理体系、产品质量）；人才培养角度（人机、职业生涯、激励机制）；战略角度（四化建设、数字化、全方位）；金融——套期保值角度（衍生、期货、闲置资金）；环保与社会责任角度（基建投资、环境影响）；财务角度（财务指标、异常辨别、灵活性、专款专用、产销率）。

表 9 – 6 S 公司风险管理措施

风险管理方案	大数据文本相似词
经济与政治角度	搜集、防范、调度、专款专用、期货交易、商品价格
经营流程与信用角度	自动控制、剥离、非核心、管理效率、产品质量
技术、数据安全角度	人工智能、预警、云
资产保值增值角度	异常辨别、管控、管理效率、工作效率、管理体系、产品质量
人才培养角度	人机、职业生涯、激励机制
财务角度	财务指标、异常辨别、灵活性、专款专用、产销率
战略角度	四化建设、数字化、全方位
金融——套期保值角度	衍生、期货、闲置资金
环保与社会责任角度	基建投资、环境影响

4. S 公司风险综合评价。根据相似词扩充进行公司风险定性识别，总共识别出 12 种风险。随后，通过 Python 的 Jieba 库的 Weight 函数获取词频概率，并从影响程度和发生概率两个维度构建出识别描述性风险的评估模型，得到如图 9 – 27 所示的风险热力图。其中，关键风险来自技术更迭、技术泄露及技术人员流失；重要风险来自数据泄露、下游客户纵向一体化；主要风险来自外交关系紧张、供应商问题、替代品威胁；中等风险来自信用政策不合理、国际局势不稳定、库存积压、生产工艺设置不当、生产设备无法满足新产品需求；较小风险来自会计估不合理、外汇风险、运输风险、自然灾害。总体看，S 公司所面临的风险以中等和较小为主，关键风险不多但种类涉及广，主要集中在市场风险、信用风险、技术风险、数据安全风险。

（二）ERM 框架下 S 公司风险管理机制

S 公司正处在数字化的加速阶段，依托大数据、区块链等新的信息技术，逐步建立起风险管理框架（ERM）以应对复杂多变的市场与信用风险、技术与数据安全风险等新的挑战。

图 9 – 28 表明，S 企业已建立起从"风险治理与文化"到"监控 ERM 效果"相对完整的风险管理体系。

S公司风险管理框架（ERM）

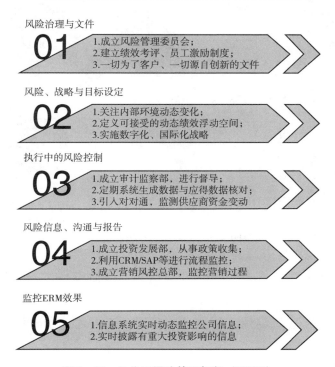

风险治理与文件
01
1.成立风险管理委员会；
2.建立绩效考评、员工激励制度；
3.一切为了客户、一切源自创新的文件

风险、战略与目标设定
02
1.关注内部环境动态变化；
2.定义可接受的动态绩效浮动空间；
3.实施数字化、国际化战略

执行中的风险控制
03
1.成立审计监察部，进行督导；
2.定期系统生成数据与应得数据核对；
3.引入对对通，监测供应商资金变动

风险信息、沟通与报告
04
1.成立投资发展部，从事政策收集；
2.利用CRM/SAP等进行流程监控；
3.成立营销风控总部，监控营销过程

监控ERM效果
05
1.信息系统实时动态监控公司信息；
2.实时披露有重大投资影响的信息

图9-28　S公司风险管理框架（ERM）

1. 风险治理与文化。在董事会下，专门设置风险管理委员会，负责S公司高管在担保业务、市场、操作等方面的风险控制监督；并根据了解对公司风险管理和内部控制提出建设性意见。以"担保为例"，对S公司所披露公告的相关词频检测发现，有多达1 044次"担保"，其中较多的是为旗下子公司提供担保，存在着因担保不良而使S公司面临法律风险、信用风险等危机。风险管理委员会的设立，使得专业人士可以对风险进行分析和管理。

绩效文化的生活化。S公司员工食堂分为三个层次，如图9-29所示，分别是：普通员工餐厅（一般员工就餐，菜式较少、桌凳舒适度及环境一般、有点拥挤）、高工员工餐厅（IT、技术工以及绩效考评良好的一般员工，菜式较好、桌凳舒适度及环境一般、拥挤度一般）、关键岗餐厅（高管以及绩效考评优秀的普通员工，菜式多样、桌凳舒适度及环境舒适、拥挤度低）。三个餐厅饭菜搭配迥异，对员工形成绩效激励的生活化，提升员工积极性。

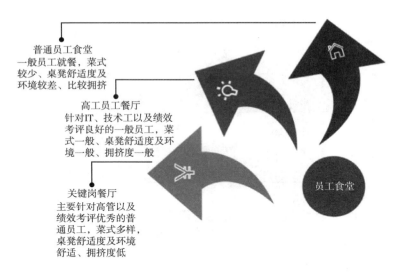

图 9 – 29 S 公司三个等级餐厅

在企业文化构建上，S 公司秉承"先做人、后做事"的观念，以"品质改变世界"的使命，以"一切为了客户、一切源自创新"作为 S 公司经营理念，努力实现"创建一流企业、造就一流人才、作出一流贡献"的愿景。

2. 风险、战略与目标设定。S 公司设立专门部门对内外部环境动态变化进行研判，并适时调整预算和监管力度。如果行情较好，则相应给营销人员更多自主权，浮动区间较宽；如果行情较差，则相应减少营销人员自主权，浮动区间较窄，增加审批流程。

S 公司充分运用自身良好的信用优势。例如，在银行存入 50 万元，则可以开出 6 个月期限的 100 万元银行承兑汇票。S 公司赢得了 50 万元现金流的使用权，避免现金流断裂的风险；因银行汇票到期银行无条件支付，也减少了违约赔偿的信用风险。

S 公司实施数字化战略，全面推进包括营销、研发、供应链、财务等各方面的数字化与智能化升级，推动 PLM、CRM、SCM、GSP、制造设备数字化等项目，公司生产运营与销售实现互联互通。

S 公司实施国际化战略。公司在东南亚、拉美等八大海外大区等进行谋篇布局、在印度、欧洲、美国设立子公司，充分抓住"一带一路"机遇，坚定推进国际化战略。

3. 执行中的风险控制。成立审计监察部，对各事业部进行督察指导。S
公司总部通过选拔、考核后在内部审计委员会下设审计监察部在各大事业部
驻扎，来监测 S 公司在数字化转型过程暴露出的风险点并指导改正。

信息系统设定后，数据会按照既定程序运行。S 公司会定期检查系统生
成的逻辑。将通过系统得出的数据与手工计算生成的数据进行对比，尤其关
注异常、大额的数据，实时监控是系统程序设置存在纰漏，还是输入原始数
据有误。

与银行合作，通过"对对通"检测销售方对公账户资金变动，防止资金
被挪用，防止对私转账，降低坏账损失风险。

4. 风险信息、沟通与报告。成立投资发展部，实时关注国家政策导向、
市场变化，为公司投融资建言献策，为闲置资金私用提供方案；将原有营销
部与风控部合并，成立营销风控部，对营销过程中的风险进行实时把控、及
时沟通、迅速解决；利用 CRM、SAP 等信息系统进行交易监控，例如，销售
与收款循环在 CRM 系统主要涉及主机会计、开票会计，先由主机会计进行
签收单审核，主要针对机械设备的型号、数量、时间和印章清晰度，而后由
开票会计进行待开票审核，生成预估的销售收入并打印纸质发票，接着进行
ECC 开票确认收入并上传快递单号，最后在 SAP 系统中生成会计凭证，确认
收入。

5. 监控 ERM 效果。信息系统实时动态监控销售与收款、采购与付款、
生产与存货、投资与融资、人力与成本循环信息；并对检测的信息及时在巨
潮资讯网等官方网站进行披露。

（三）S 公司风险管理的某些漏洞

S 公司作为机械制造龙头行业，在大数据背景下所使用的 ERM 风险管理
框架比较先进，很多方面都值得其他同行业公司借鉴。但其处在数字化转型
的探索期，框架建构仍存在某些漏洞和不足，值得警惕。

1. 风险管理的组织适应性漏洞。（1）部门衔接和数据对接存在漏洞。S
公司根据 COSO 五要素设置了较完整的评价、分析体系。在风险应对方面确
定了不同风险的严重程度，但并没有很好地建立风险组合观，没有达到从整

个集团的角度采取相应措施，各个部门之间也缺乏衔接和配合，数据传递存在混乱现象。（2）ERM 框架的实施需要各部门协力配合，从"风险治理与文化"到"监控 ERM 效果"各个部分的执行，都需要设定指标对执行情况进行评价。但 S 公司 ERM 框架效果评价并没有一个统一的标准，无法对ERM 各层级以及整体实施效果。（3）营销与风控部门合并，可能把重心由面到点集中在营销上，较好地规避营销过程中的信用、汇率、市场等风险；但存在不好有效兼顾其他部门风险的可能，比如说研发部门的研发风险等。（4）S 公司企业文化主要针对创新和服务客户，而对数字化转型的变革，缺乏明确的定义。在数字化转型中，S 公司目前仅就实施数字化进行过专门的培训，而整个集团的下属部门，尤其是一线员工的了解程度尚未到位。

2. 风险管理的操作系统漏洞。（1）S 公司数字化战略，有商务数字化、费用数字化、资金数字化三个层面，主要集中在业务流程层面，而财务岗、管理岗的重视程度相对弱化，在系统设计的针对性和操作上可能存在漏洞。（2）风险实时监控不到位，具有滞后性，无法及时发现系统设置漏洞。例如，在销售返利过程中，系统设置没考虑到销售退回、补发等情况，在第一次发出货物时就进行了返利。后面审计督察部会同 IT 部、风控部发现了程序设计漏洞，进行修正。（3）系统逻辑漏洞带来信息技术隐患。S 公司对分期应收而未收到的款项的企业，采取锁机和法律诉讼的手段；而锁机是由 ECC 系统程序控制，但在 2016 年，S 公司向所在地警方报案，称 S公司已经销售的近千台机械设备失去联系，GPS 检测不到具体位置，原因为连接设备的远程监控系统被人非法解锁，该"内鬼事件"造成公司巨额损失。

（四）数字化转型的一般性风险

云平台、移动化、物联网、人工智能、网络分析、互联网安全、云计算等所有促进数字化转型的技术都是开源形式的，这些领先技术带来的价值创造无处不在，但也可能加剧企业的现有风险，改变风险的出现方式，甚至会带来新的风险，如图 9 - 30 所示。

对系统及数据的逻辑访问

交付团队成员所担的角色越来越多，
这说明传统角色在设计、开发、测试、环境控制、发布管理和应用支持等方面的界限日益模糊。
由此提出一个疑问，
即当个人需承担多个角色时，
"基于角色"的访问控制方法是否仍奏效？

事件管理

代码部署和发布管理等跨不同团队的传统流程
日益自动化，谁将在事件中发挥主导作用？

变革管理

数字化产业越发复杂，需求变革的呼声日益高涨，
因此采用"一刀切"的方法来管理变革会产生瓶颈问题。

数据治理

数字化渠道提供了大量有关客户行为的数据，
由此对商业成功而言，相关数据质量极其重要。
而遵循监管要求及道德规范的情况愈显复杂。

图9－30　数字化加剧已有风险的复杂性

在数字化转型的进程中，业务团队与技术团队之间的界线日趋模糊，风险格局的变化速度与复杂程度更加难以确定，数字化引起的新兴风险比传统技术风险具有更大的战略影响。数字化带来的新风险涉及三个主要领域，即网络、数据隐私和监管不合规。例如，数字资产的持续增长和第三方的整合增加了其他网络威胁的切入点，与数字资产相关的数据的大量使用带来了道德和隐私问题，并且在缺乏规范性监管指南的情况下很难实现合规性，具体风险形式如表9－7所示。

表9－7　　　　　　　　　　数字化过程的新兴风险

具体风险	说明
扩展风险	对数字化职能部门以外团队的依赖性，以及这些团队能否随着数字化职能部门相关数据处理量、客户旅程及变革组合的发展变化而快速扩展
数字化渠道对不同客户群欺诈风险的影响	如果银行客户仅通过网络或移动设备等特定渠道（而非支行等实体渠道）进行交易，银行客户是否更容易被欺诈风险
工具类风险	随着数字化产业的不断发展，支持其发展的工具亦在大量增加。其中许多工具可能在过去并未引起风控团队的关注，因此应仔细考虑对相关工具（如用于代码部署的自动化控制平台）的控制级别
变革延迟风险	许多数字化团队希望更频繁地将变革举措应用到生产环节，但由于企业内某些限制因素而无法得以实施。除了因无法快速实施变革举措而产生的成本及战略风险外，从准备部署到能够部署之间较长的滞后时间通常意味着每次会推出大量累积的变革项目，这导致在事件发生后更难查明问题的症结所在

续表

具体风险	说明
企业文化和体系架构风险	随着企业数字化转型架构不断演变，其自动化程度、报告体系及治理结构各异，因而未达最佳标准的组织结构设计将在很大程度上影响企业的交付能力

就风险管理而言，大数据背景下企业面临的重大挑战不仅要处理全新类型的风险，更应关注那些难以用有效且及时的方式去识别的风险，或以不同于以往的形式显现出来的风险。企业应根据这些风险因素重新审核并调整现有的风险管理框架，以反映企业需要重点关注的风险问题及这些风险与以往风险的一些重要差异。

此外，不断发展的数字化技术也影响了一些风险的可溯源性和可审计性，而且还可能导致在很短的时间内发生较大规模的错误。

总的来说，数字化转型要求公司经历不断学习的过程。这个过程不是要规避所有相关的风险，而是要去开发工作流程和处理工具，使企业在整体风险框架和风险偏好观内可以有效进行风险识别和管理。数字化转型伴随的相关风险及其一些关键性因素说明如表9－8所示。

表9－8　　　　　　　　数字化转型相关风险及关键因素说明

企业风险类别	子类别	关键风险因素说明
模型	算法风险——偏差性	因为依赖于不断发展的数据集来驱动人工智能产生决策，使得识别模型中的固有偏差变得更加困难； 输入数据中的固有偏差可能导致运行效率低下或不公允的结果出现； 数据科学家缺乏对偏见性的考虑，使得偏差风险从一开始就注定无法得到充分解决
	算法风险——不准确性	算法类型选择不正确，数据质量不佳或算法参数选用不合理
	算法风险——反馈	未检测到不当反馈的风险增加，可能会影响解决方案产生准确结果的能力
	算法风险——滥用性	商业用户可能缺乏对复杂人工智能模型的充分理解，或错误地解释人工智能输出结果从而导致出现错误结果的可能性增加

续表

企业风险类别	子类别	关键风险因素说明
技术	信息与网络安全	当开发者不再支持、更新或免费提供开源组件（软件包，编程语言，API 等），企业对其组件的依赖性可能会引入安全漏洞； 复杂算法使得人们更难理解数字化解决方案是如何作出的决策，从而这可能会受到人类或其他机器的恶意操纵
	管理层更迭	难以识别那些为数字化解决方案提供信息的上游系统发生变化的影响，可能导致人工智能与外部环境交互时产生无法预料的后果
	IT 运营	某些情况下，数字化应用程序对大数据的显著依赖性增加了现有 IT 基础架构所带来的风险，因为后者可能与数字化应用不兼容
合规	数据保护	由于数字化的不断进步和不透明的特质，可能会使与数据保护法案（如 GDPR）相关的合规风险增加，其中包括在自动决策生成领域中的数据主体权利
	合规性	管理层很难理解并向监管机构证明复杂的数字化应用程序是如何作出这项决策的，例如那些采用神经网络的应用程序，其中包含了很多类似"黑匣子"的隐藏决策层
行为	文化	考虑到实际或可能的来自监管和道德方面的问题，大规模采用人工智能技术可能会出现文化挑战； 由于担心组织内职位变化而产生负面影响
	产品创新	已开发的产品不能满足客户需求的风险，为了使用人工智能而使用人工智能，以及可能的大规模不当销售而产生的风险
人才	岗位与职责	在人工智能全生命周期中，可能无法明确定义职位，职责和责任，同时，利益相关者（合规部，业务部，IT 部及编程人员等）缺乏持续参与和监控可能会增加出错的风险
	招聘与技术	缺乏对正在采用的数字化的理解，使用的经验或适当的监控技能都会增加风险； 组织内缺乏对于精通数字化的人力资源的整合而产生的新风险； 过度依赖少数具备人工智能知识的人才和专家
市场		对于少量的大型第三方数字化供应商的过度依赖，会增加过度集中风险，且如果其中一个实体破产或遭受重大运营损失时，可能会产生连锁反应； 如果算法对某些变量（如股价）过于敏感，则由于羊群效应而导致的系统性风险增加（即众多组织与其他市场参与者行为相同）

五、S公司风险溯源

（一）S公司风险的内部来源

1. 信息技术安全和数据安全。技术的引进为企业带来便利的同时，也新增了由外部威胁和内部漏洞组成的数据安全风险，网络威胁成为企业信息技术安全和数据安全风险的重要来源。S公司因为员工泄露程序源代码，导致多台设备失联事件表明，内部员工是信息技术安全和数据安全重大的隐患。

根据韦莱韬悦咨询公司提供的网络保险理赔数据，如图9-31所示，66%的网络保险理赔是因为员工的疏忽。如：电脑丢失、意外泄露信息，员工渎职等不良行为直接或间接造成的。相比之下，由外部威胁引发的安全问题仅有18%。

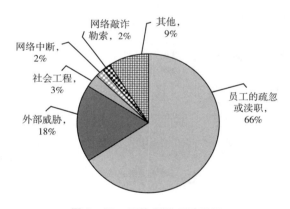

图9-31　网络保险理赔数据

2. 部门的流程和数据对接。

（1）部门流程设计问题。S公司各部门中基于规则的、标准化的工作，大多已被RPA取代，在执行方面可以进行自动化的操作，将物理世界的内部控制措施嵌入在系统流程中，因此传统的COSO框架已不完全适用，需引入COBIT控制框架对部门流程进行设计。

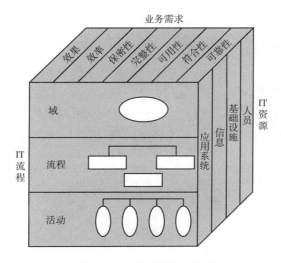

图 9－32　COBIT 框架

　　根据图 9－32 的 COBIT 框架，IT 部门在设计系统程序时，应从效果、效率、保密性、完整性、可用性、符合性、可靠性七个方面，充分考虑到业务部门的需求，整合 IT 资源，设计 IT 流程。理论上 IT 流程应该是物理世界的工作流程在信息系统中的体现，但实际工作中，IT 部门因为知识壁垒的存在，无法充分理解业务部门或职能部门的具体工作流程，导致无法满足业务需求的完整性，导致 IT 流程缺陷，并因此造成企业的损失。例如，S 公司营销系统中返利流程因为设计不完整，无法抓取所有审批状态，导致多付返利现象。

　　（2）数据对接问题。S 公司跨部门系统对接是个历史遗留问题。S 公司初始进行信息化建设时，多以业务为导向分模块购买了很多系统，系统背后的供应商、算法、协议都各不相同，没有完全做好数据标准化，导致系统与系统之间难以集成，数据接口也难以打通，一定程度上形成了数据孤岛。除企业内部数据无法对接之外，内部数据与外部数据也没有进行融合。相比内生数据，S 公司对外生数据并没有那么重视，在运营的过程中，也不注重外生数据的搜集融合，导致无法实时接收来自外部的反馈，因此当供应商资质造假或资质失效时 S 公司不能及时作出反应。

　　总之，数据对接问题源于 S 公司没有对数据进行归集，在企业内没有形成统一的数据中心，没有将数据当作资产以及对数据进行全生命周期控制。

　　3. 数字化领导力。成功的数字化转型是创造一种全新的、独特的客户体验和管理模式，需要企业管理层和每一位员工参与。管理层要掌握全局，让各部门员工在各负其责的同时，相互协同。DDI（美国智睿咨询公司）在以全球2 000 + 企业为基础上作出的《全球领导力展望》报告中，从科技驱动、迷途领航、共创整合、调动人心、全局思维五个方面，共 16 个小项对数字化时代的关键领导能力进行了归纳，如图 9 - 33 所示。其中制定数字化领导策略、适应力、落地执行、超协作、释放人才潜能、全局观对数字化转型的进程影响更大。

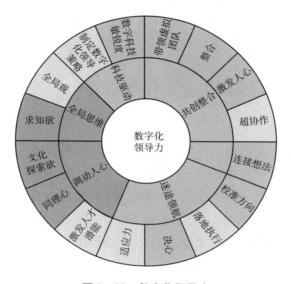

图 9 - 33　数字化领导力

S 公司管理层在制定数字化转型战略时，更注重做智能制造，对财务、管理方面的数字化转型重视程度不够，管理层的观念自上而下地影响着底层员工；在 S 公司职能部门寻求业务部门的合作时，业务部门的配合度不高，甚至有"与我无关"的想法。

4. 组织变革中的人文阻力。企业数字化转型会带来组织变革，除了"领头羊"管理层的卓越领导力之外，更需要员工的配合。正如迈克尔·哈默所说，60%的企业变革失败都是因为员工不愿为转型提供支持，如图 9 - 34 所示。S 公司数字化转型，在一定程度上改变了员工工作的方式，人与机器、设备的互动越来越突出。在这过程中创造了新的角色，带来了新的冲突。在人机共存和协作的流程中，员工的技能，如创造力、同理心和道德将比以往更加重要。

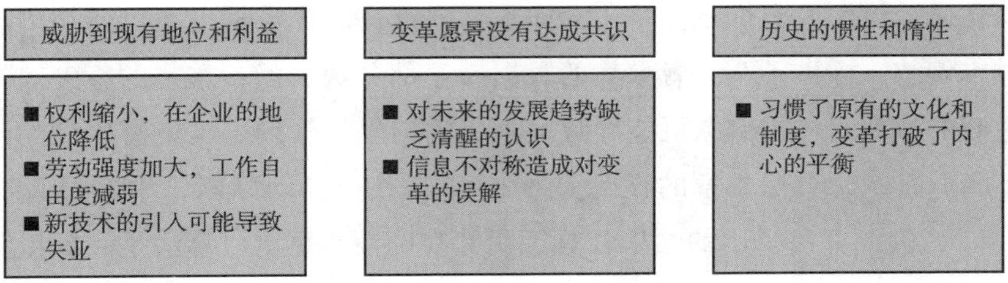

威胁到现有地位和利益
■权利缩小，在企业的地位降低
■劳动强度加大，工作自由度减弱
■新技术的引入可能导致失业
变革愿景没有达成共识
■对未来的发展趋势缺乏清醒的认识
■信息不对称造成对变革的误解
历史的惯性和惰性
■习惯了原有的文化和制度，变革打破了内心的平衡

图 9－34　员工抵制变革的原因

在 S 公司数字化转型的过程中需要更多的复合型人才，业务部门和财务部门的员工需要彼此了解，才能更好地合作。在对 S 公司一些部门的访谈中了解到，公司在这方面的准备依然是不充分的。

（二）S 公司数字化风险来源

从数字化转型过程看，S 公司数字化转型过程也面临新的相关数据风险来源，如算法风险来源、合规和道德风险来源、外部供应链风险来源、产品内容连通性风险来源等。

1. 算法风险来源。算法模型的设计和合理运用是企业信息系统和平台存在的基础。算法是系统计算的具体步骤，主要用于计算、数据处理和自动推理，它不需后台人工控制即可推算出可能的结果。除了部分“局内人”，大部分人只能看到数据输入和结果输出，算法具体运作在一定程度上是个“黑匣子”，可能具有隐形风险，具体来源如图 9－35 所示。

算法风险
数据分析
数据运用
数据收集
算法修复
数据挖掘能力
数据应用能力
数据质量
样本偏差
算法模型设计

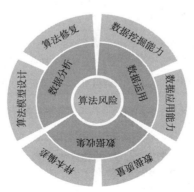

图 9－35　算法风险溯源

首先，算法的数据采集基于大样本，但是自动化数据采集也还是可能出现样本偏差，样本不全或者采集的数据属于部分缺失的、重复的、失效的或者造假的数据。样本偏差可能导致推算出的结果与管理层决策有用性的匹配度不高。其次，算法模型的设计是根据统计进行自动判断，中间过程存在"黑箱"，因此算法得出的结果较难证明其准确性。再次，算法是一项极其复杂的工程，如出现错误，其造成的损失和修复需要花费的成本将会是巨大的。最后，目标受众数据挖掘和数据应用能力的水平直接决定了推定结果的价值。这需要职能部门人员了解算法基本原理或参加相关培训，否则难以理解并合理利用算法输出的结果。在调研中，了解到 S 公司一些部门的员工缺少相关的培训。

2. 合规和道德风险来源。随着数字化监管规则的陆续出台，企业数字化进程中需要考虑并且达到监管要求，才能免于监管方面的惩罚，如表 9 - 9 所示。同时，企业数字化管理有可能产生道德风险。对内通过数字化管理员工，计算及分析员工各个时间段的工作效率及产出或者监控其行为，可能涉及员工个人隐私、挤压员工自由时间等；对外通过数字化采集供应商和客户信息，在数据应用者的价值导向和利益驱动下，隐私信息可能存在未经授权且被不当利用的情况。

表 9 - 9　　　　　　　　　　企业数字化的部分监管要求

文件名	主要内容
《指引》	要求金融业机构建立数据安全策略与标准并执行落地，保障机构数据的完整性、准确性和连续性
《中华人民共和国网络安全法》	保障网络安全，维护网络空间主权和国家安全、社会公共利益，保护公民、法人和其他组织的合法权益，促进经济社会信息化健康发展
《数据出境管理办法》	针对个人信息和重要数据出境的场景提出了明确的管理要求
《个人信息安全管理规范》	明确了个人信息收集的合规性要求、用户控制个人信息的合规性要求、企业个人信息管理制度的合规要求等
《大数据安全标准》	从法规、政策、标准和应用等角度，勾画出大数据安全的整体轮廓，综合分析大数据安全标准化需求，制定了大数据安全标准化体系框架和近几年大数据安全标准工作规划，并提出了开展大数据安全标准化工作的建议

续表

文件名	主要内容
《国家信息安全等级保护 2.0》	由公安部牵头推动，要求国境内信息系统进行安全保护等级保护，根据信息系统在国家安全、经济建设、社会生活的重要程度，以及其遭破坏对国家安全、社会秩序、公共利益以及公民、法人和其他组织合法权益的危害程度等因素定级
《通用数据保护条例》（欧盟）	是欧盟有关个人数据的收集、处理、使用和存储的新法规，任何收集、传输、保留或处理涉及欧盟所有成员国内的个人信息的机构组织均受该条例的约束

3. 外部供应链风险来源。业务数字化必然要求企业的供应链管理数字化。S公司建立了全球供应商门户系统，涵括供应商评估、招投标及采购物流管理等功能。企业数字化转型会导致业务流程以及数据需求与传统供应链管理不同，供应商能否满足企业数字化转型需求，能否与企业协同数字化，关系到供应业务的数字化成效。例如，企业转向智能化制造后，原材料特性的需求可能发生变化，供应商的保供能力受到威胁。经销商、代理商及终端客户能否适应企业营销数字化的变革，如营销系统的使用、关键数据的采集等，也会造成营销业务受阻。而且，上下游企业使用本企业的系统和平台会有技术、数据流和商业机密的泄露等顾虑，这使得供应链难以协同。此外，上游企业和下游企业风险管理和内部控制若不能根据数字化大背景作出适应性改变，一旦出现风险危机，供应链难以协调联动，企业就有可能遭遇上游断供或下游滞销的险境。

4. 产品内容连通性风险来源。数字化、智能化升级不断改变客户对产品的要求，从单一的功能需求转向全方位的配套体验，而全方位的配套体验仅靠单个企业或者局部供应链的改造无法完成，还需要产业生态系统中其他市场参与者的相互协作。在S公司逐渐由"制造生产"转为"制造＋服务"的进程中，产品个性化定制以及售后服务等附加值的价值越来越凸显出来，但客户需求导向的产品内容变化也可能导致互补产品不能与其匹配，导致产品对用户的吸引力下降。因此，产业生态系统成员间信息共享及产品内容连通性可能成为新的风险来源。

六、S公司风险管理的改进策略

（一）建立数字化情境下的数据生态系统

数据生态系统中智能过程自动化（IPA）由机器人过程自动化（RPA）、人工智能（AI）和数据分析组成，是数据采集、管理、储存、分析与应用程序的集合，如图9-36所示。通过自动化程序对不同来源的数据进行标准化处理后将其存储于共同的数据存储库中，然后通过数据分析与模型测算识别异常，开展预测，一定程度上具有提升组织业务运作和度量准确性的功能。

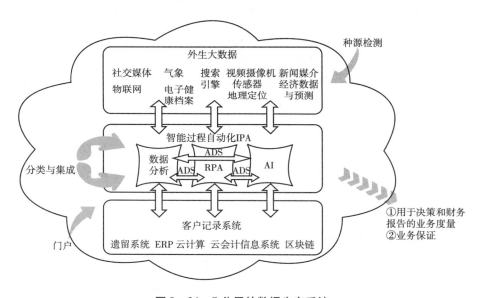

图9-36　S公司的数据生态系统

建立数据生态系统的第一步：采集大量内外部数据。内部记录系统是组织的内部信息系统，包括企业资源规划系统（ERP）、遗留系统、云计算、云会计信息系统和区块链；外部信息源为组织以外的任何来源，包括社交媒体、新闻媒介、天气、物联网、电子健康档案、搜索引擎、视频影像、传感器、地理定位、经济数据与预测等。内生数据是可见的、易得的，而大部分外部数据具备隐蔽性和不可获得性，通过IPA，组织能够更全面地从内外部不同来信息源获取数据，并发挥配置作用。在数据生态系统中，区块链技术可以增强已经存储在区块链中的数据的完整性，实时共享数据，并与 IPA 进行交互和协作。

建立数据生态系统的第二步：对数据的标准化处理。由于数据收集的来源较多，格式大不相同，数据庞杂且相互孤立，因此只有将收集到的内外部数据通过 IPA 进行清理、标准化处理和组合，才能进入后续的自动分析与运用。RPA 作用使得从客户记录系统和外部数据源捕获到的数据更具价值。如果数据是结构化的，RPA 用简单的规则直接处理，或者将其传递给数据分析模块，进行回归、集群、分类和可视化等高级分析；如果数据是非结构化的，RPA 将其传输人工智能板块，通过自然语言处理和图像识别等功能将非结构化数据转换成结构化数据，然后再次传到 RPA 进行处理。在数据生态系统中，数据分析和人工智能可以被设计为独立的模块，依赖于 RPA 的数据源，也可以嵌入组织信息系统中，直接实时捕捉和处理内部数据。

建立数据生态系统的第三步：将标准化后的数据存储于同一个数据存储库。传统管理数据的方法是分类成小块进行排序和缩减，而数据生态系统是将数据不断扩充，以分类与集成的方式存放在一起，这样的存储方式能够跟踪其整体趋势，进一步依据可用信息找出细节弊端。在这个阶段，系统将重复的、可用价值较低的数据进行自动化管理，一定程度上能够提高业务流程的合规性，减少人为错误，并提升业务报告的标准性。

建立数据生态系统的第四步：对存储库中的数据进行统计分析和模型测算。运用数据统计与机器学习，组织能够在数据存储库中实时提取的不同类型、不同结构的数据加以处理，通过不同预测模型测算以获得最新预测。在 IPA 结构中，机器学习既可以是其中的一个部分，也可以是数据生态系统中的独立模块，在分析文本、语言、图像和使用数据进行决策的过程中发挥作用，机器学习允许人工检测和计算时的数据集与初始值存在偏差，利用偏差识别异常，并找到引起偏差的特定特征和变量；数据集成分析过程中，机器学习将高度相关的数据集成在一起，还允许用户通过不同方法执行关键任务；如果给出的类别信息不完全，半监督式学习可以设定不同类别的阈值；非监督式学习则可以减少数据点的数量。利用大数据生态系统，提高业务运作效率和有效性，以即时方式识别业务风险和机会，进而在业务战略、后台运营、客户识别、供应商和合作伙伴关系，以及新产品开发等活动中掌握主动权。

（二）构建组织层面的数据安全治理框架

依据数据生命周期原理，即数据的采集、传输、储存、处理、交换和共享、销毁，构建数据安全治理的可行性方案。

数据安全治理由政策法规及标准规范、安全组织和人员与技术架构层面构成。整个数据生态系统的设计与运行必须基于政策规范、标准规范以及管理制度，在此基础上以安全组织和人员为保障，共建数据安全治理生态，如图 9 - 37 所示。

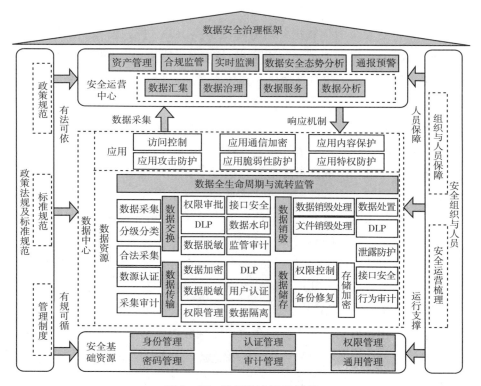

图 9 - 37　数据安全治理框架

技术架构由安全运营中心、数据中心和安全基础资源构成。安全运营中心的合规监管、实时监测、预警机制等是公司数字化转型过程中必须设置的板块，时刻检测并提醒公司数据安全性和风险；身份管理、认证管理、权限管理等安全基础资源亦是数据安全防护必不可少的；数据中心的数据资源支撑应用，应用的安全防护也是数据安全治理内容之一。

数据全生命周期的安全维护。在数据采集阶段，公司应依据监管要求，制定数据采集流程及各步骤的规范，严格按照规则执行。在数据传输阶段，公司可将数据进行加密处理，以防泄露。在数据储存阶段，除了加密处理，公司需对存储系统的安全性和备份、归档及修复功能实施定期不定期的评估，将存储数据的风险控制在可承受范围内。在数据处理阶段，可使用混淆或者脱敏的方式降低数据可用性，同时避免丢失数据或数据与其他数据集之间的联系，从而达到数据只能为公司所用的效果。在数据交换和共享阶段，严格权限管理，可以利用基于角色的访问控制技术，赋予不同角色不同的权限，使得数据交换和共享参与者才能拥有相应的权限。在交换和共享过程中，所有操作足迹须保存记录。在数据销毁阶段，数据销毁需要有申请和审批，并且实施安全审计，确保数据销毁的正确性和不可恢复性。

（三）构建以大数据为基础的企业集成风险管理机制

1. 网络安全纳入公司治理，培养网络适应力文化。

（1）网络安全专业知识纳入董事会管理。董事会或专门委员会引入"网络安全专家"，同时，董事会可以寻找第三方顾问和评估师，以确保对管理层的有效监督，或者聘请独立第三方进行网络安全强度审查和基准测试；定期召开与网络安全议题相关董事会，向小组汇报实时网络事件、趋势、漏洞及风险预测。此外，董事会应当与管理层密切合作，保持对网络风险的充分了解，使组织能够在更广泛的业务运营环境中担任起责任方角色。首席风险官应支持董事会网络安全管理决议，形成组织的整体风险观。

（2）网络安全纳入组织设计。在确定组织结构时，应确保网络安全职能在企业、内部团队和领导层中得到充分体现。首先，领导者应当了解网络安全战略、政策和执行的重要角色并明确责任划分；其次，设定网络安全和网络风险职能部门，分配相应人员并拨付预期资金，激发网络安全文化，鼓励网络安全职能部门与各级网络风险相关的所有利益相关者合作，并对数据的合规和隐私负责；设置责任人员，有权在整个组织内部协调网络风险战略，制定全面数据治理计划，落实和监督企业网络安全工作。

（3）培养网络适应力文化，提升员工网络安全意识。数字化转型不仅是设备、系统的改变，更重要的是员工工作方式和思维的转变，在这过程中创造了新的角色，带来了新的冲突。为此，企业应当注重员工的素质培养，培养更多复合型人才，为企业数字化转型提供技术和人才的支持；同时，强化员工的网络弹性行为，通过定期培训提升员工安全意识，识别可疑电子邮件，了解网络诈骗最新技术，保证最低特权访问原则。

2. 围绕战略与目标设定，执行两阶段风险管理。战略规划与目标设定是企业基础管理的重要组成，也是组织一切活动的方针指引。大数据时代，数字风险是普遍存在且难以避免的潜在问题，因此，领导者在进行战略决策时就应充分理解到数字安全问题并将其纳入目标设定范畴。围绕战略规划与目标设定的企业风险管理应当分作两阶段执行，如图 9 - 38 所示。

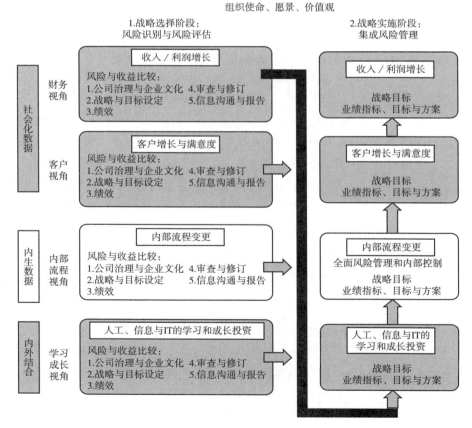

图 9 - 38　社会技术战略和风险管理集成框架

战略选择阶段，采用平衡计分卡战略规划流程来指导社会技术战略规划，基于大量的内生与社会化数据进行全面的风险评估和增量成本效益分析。通过财务信息沟通、发掘新客户或为现有客户提供新服务，会给组织带来积极的客户效益和财务绩效；基于内生数据对企业现有内部控制流程进行创新与开发；从学习和增长角度确定必要的人力、信息和IT资本投资及变化。如果风险的预期成本低于社会技术战略的预期收益，该项选择进入下一阶段。

战略实施阶段，组织首先依据人力、信息及IT资本投资变化，确定资源分配的目标、性能指标及执行计划；然后转向内部流程变革，通过社会技术主管或经理将运营风险管理的关注点和相关内部控制选择整合到业务流程，在各业务流程控制点上实现风险管理与内部控制的有效结合；接下来，面向客户需求阐明客户绩效目标、指标和具体计划，允许内控变革的效益惠及客户；最后，确定企业财务目标与绩效指标，从社会技术战略中获取和衡量财务绩效改进的举措。

3. 风险与绩效相匹配，设定风险预警阈值。根据ERM框架，当企业对风险进行识别、评估、应对时，可以用风险绩效曲线作为决策的依据，如图9-39所示。在这里，绩效被看作是企业对期望的结果或行为的一种度量，可以定性也可以定量，可以指一个单独的考核指标，也可以是一个综合的考核指标，这取决于企业情景及目标。

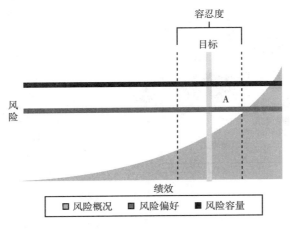

图9-39 风险绩效曲线

在风险绩效曲线中，风险概况表示企业在某个绩效目标下可能面临的风险，容忍度表示企业能接受的绩效波动范围。根据风险绩效曲线，公司应预先确定组织的风险偏好、绩效目标。一般情况下，风险偏好都应低于组织的风险容量，以应对紧急情况。绩效目标则设置在风险偏好与风险概况相交点 A 的左侧，如果设置在右侧，公司可能设定了一个激进、冒险的绩效目标。

风险概况或者说风险曲线并不是一成不变的，它的斜率、形态取决于企业所处的市场环境和企业的风险应对措施。因此，风险绩效曲线图并不是静态的，它每时每刻都在变化着，想让风险绩效图动起来，就需要大数据技术实时获取相关数据并进行分析，如图 9 - 40 所示。

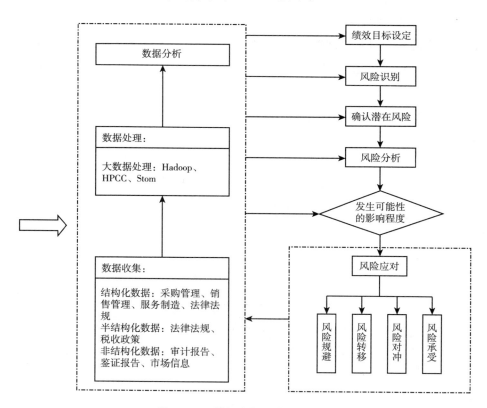

图 9 - 40　基于大数据的绩效流程

S 公司通过数据生态系统、数据治理，在保障数据可用、完整、安全的基础上，对风险偏好、绩效目标进行设定，利用数据分析对面临的风险进行识别、评估，企业决定采取哪种应对措施后，计算机再收集分析该应对措施会产生的影响，重新设定风险偏好、绩效目标，如此形成一个循环往复的过程。随着数据量的增加和计算机的自主学习，计算分析的结果会更加的准确。

4. 实时审查与修订，保持绩效持续监控与改进。在COSO-ERM框架中，企业进行审查与修订时应考虑以下三个方面：（1）评估重大变化；（2）审查风险与绩效；（3）改进风险管理。审查与修订可以看作是对前两个要素：战略和目标设定、绩效的持续监督与改进。

S公司的数字化转型使公司处在重大变革中，人事、技术、环境、市场与转型前都有很大的不同，而S公司的风控与营销绑定在一起，无法全面了解公司的重大变化。因此，S公司可考虑成立独立的风险管理部门，由董事会、监事会、审计委员会组成，必要时还可加入业务部门、职能部门，通过数据生态系统，对经营过程中内外部环境的变化进行识别、评估，对风险管理效果和绩效的完成情况进行审查，根据评估审查结果，结合业务部门、职能部门的反馈，对风险管理进行改进，如图9-41所示。

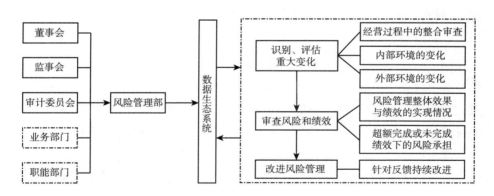

图9-41 基于大数据的审查与修订

5. 加强数据生态系统内协作，打通内外部信息沟通与报告，如图4-42所示。

（1）加强数据生态系统协作，实现跨部门数据对接。跨部门系统对接始终是解决企业数字化转型过程中的历史遗留问题，为解决信息化建设初期，

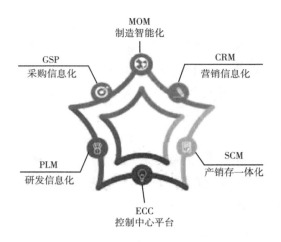

图 9 - 42 数据生态系统协作

公司分板块购买和形成的多个业务板块系统问题，企业应当重新协调系统背后供应商、算法及协议，做好数据标准化，打通各业务板块间信息传递的壁垒，或者重新开发集研发、供产销与营销服务于一体的系统，简化数据集成，建立统一数据中心，增强业务关联。同时，公司还应当建立各系统对数字风险的共识，确立系统的应对方法。企业资产与数据生态系统具有较强的相互依赖性，每个连接的设备都是网络攻击的潜在入口或执行点，任何一个接口受到破坏，都会对企业整体数据和资产安全造成威胁。

（2）寻求政府和执法部门协作，推动内外部信息共享。当前许多数字生态系统出现的风险可能是单个组织难以有效识别和应对的，要面对这一挑战，就需要企业与外界组织就外部冲击方面实现实时、透明的信息共享，把握风险的整体情势与走向。管理网络风险需要的信息往往跨越国家和区域边界，因而在进行信息实时共享时应考虑到对国家安全的影响。推动信息共享的一个关键因素是加强对受害者的监管保护，从受影响各方获取网络攻击和违规行为相关的信息，而不必担心后果，执法部门和政府是企业预防和应对这类危机的关键合作伙伴。

（3）发挥数字化领导力，推动产业链数字化升级。企业要想实现完全意义上的数字化转型，必然需要来自供应链上企业的通力配合。S 企业作为为数不多的向数字化转型的大型制造企业，可以向供应商和客户企业数字化提供一定技术支持和信息共享，协助其建立信息互联的数字系统。只有当企业整体实现数字化转型，组织间信息联通增强，企业在供应商评估、招投标、采购、物流管理及市场营销方面的信息障碍才能有效化解。

七、讨论问题与案例思政

（一）拟讨论的重点问题

搭乘数字经济的快车，越来越多的国内大企业开启了数字化转型之路。依托大数据的内部控制和风险管理相应地成为管理的重要环节。本案例重点思考如下问题：

1. S公司数字化转型为开展大数据情景下的风险管理提供了哪些条件？S公司的数字化转型有哪些特征？

2. S公司的财务数字化是如何从共享平台拓展升级的？S公司的"业财融合"平台在风险控制方面富有成效，该平台是如何实现风险控制的？

3. 依托大数据技术，S公司的"业财一体化"数字平台大大提高了公司数字化系统的效率，但与传统内部控制制度产生了一些摩擦，这些摩擦主要表现在哪些方面？在数字化进程中，S公司的风险管理框架有哪些特征？有哪些值得借鉴的方面？

4. S公司处在数字化转型的探索期，其风险管理框架是否存在不足？你如何评价？

5. 结合本案例开展讨论：如何运用大数据工具对S公司的风险进行有效描述？在大数据背景下S公司的风险管理可通过怎样的路径优化？

（二）案例思政

1. 党的二十大报告提出，"加快发展数字经济，促进数字经济和实体经济深度融合……"结合S公司数字化转型的风险管理实践，说明数据安全不仅是企业风险管理的新方向，更是产业安全、国家安全的重要议题。

2. 随着企业数字化转型，财务共享系统逐步转向"业财一体化"数字平台的智能系统，数据风险、数据伦理问题凸显出来，会计受托责任、会计职业道德应赋予怎样的新内涵？

参考文献

［1］用友网络科技股份有限公司．企业数字化：目标、路径与实践［M］．北京：中信出版集团，2021.

［2］寇武强．财务共享服务中心的风险管理研究——以 A 集团公司为例［J］．中国总会计师，2016（·12）：58－60.

［3］张庆龙．下一代财务——数字化与智能化［M］．北京：中国财政经济出版社，2021.

［4］张瑞君，陈虎，张永冀．企业集团财务共享服务的流程再造关键因素研究［J］．会计研究，2010（7）：57－64.

［5］Tim V. Eaton, Jonathan H. Grenier, David Layman. Accounting and Cybersecurity Risk Management ［J］, Current Issues in Auditing, 2019, 13（2）：C1－C9.

［6］CGMA. Cyber-security Tool：Cyber-security Risk, Response and Remediation Strategies ［R/OL］. Global Consultation Paper, https：//www. cgma. org, 2017.

［7］AICPA. AICPA's Cybersecurity Risk Management Framework ［R/OL］. https：//www. aicpa. org, 2017.

［8］International Accounting Education Standards Board. Information and Communications Technology Literature Review ［R/OL］. https：//www. iaesb. org, 2018.